조선 전국 잔혹사

· 배상열 지음 ·

설계자 이방원의
냉혹하고
외로운 선택

배상열 지음

조선 건국 잔혹사

추수밭

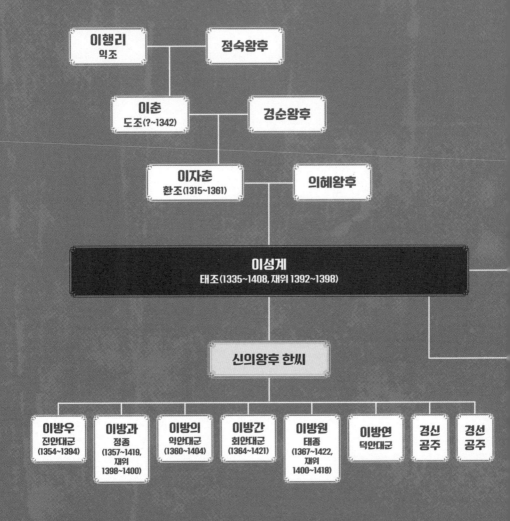

이행리
익조

정숙왕후

이춘
도조(?~1342)

경순왕후

이자춘
환조(1315~1361)

의혜왕후

이성계
태조(1335~1408, 재위 1392~1398)

신의왕후 한씨

이방우
진안대군
(1354~1394)

이방과
정종
(1357~1419,
재위
1398~1400)

이방의
익안대군
(1360~1404)

이방간
회안대군
(1364~1421)

이방원
태종
(1367~1422,
재위
1400~1418)

이방연
덕안대군

**경신
공주**

**경선
공주**

조선 태조 가계도

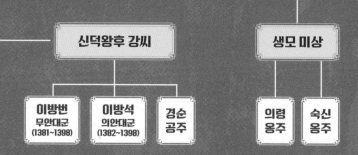

신덕왕후 강씨			생모 미상	
이방번 무안대군 (1381~1398)	이방석 의안대군 (1382~1398)	경순 공주	의령 옹주	숙신 옹주

끝과 시작의 교차점에 선 두 사람,
정몽주와 이방원

정몽주鄭夢周를 모르는 사람이 있는가! 역사를 떨어 울린 위대한 성현들 가운데서도 첫손가락에 꼽히고 월식의 밤하늘을 가르는 혜성처럼 눈부신 정몽주의 행동반경은 충절에 제한되지 않는다. 조선의 정신을 구성하고 지금의 우리와 직접 연결된 유학이 처음 들어왔을 때, 그는 불과 열 권도 되지 못하는 서적을 통해 성리학의 본질에 심층적으로 접근하고 토대를 세웠다. 조선의 유학에 지대한 영향을 끼친 학자로서 정몽주는 '조선의 공자'로까지 추앙되는 퇴계 이황李滉보다 윗길이다.

정몽주가 전쟁에도 능했다는 사실은 지금까지 널리 알려지지 않았다. 그는 불세출의 장군 이성계李成桂의 참모로 여러 차례나 출전해 승리에 크게 기여했거니와, 자신이 직접 군대를 이끌고 나가 외적을 격파하고 대승을 거두기도 했다. 문무를 겸비해 '백두산 호랑이'로 위명이 드높았던 김종서金宗瑞가 한참이나 모자랄 지경으로 전쟁터를 누볐던 정몽주가 아니었다면 그의 조국은 훨씬 빨리 유통기한을 다 했을 터였다.

　정몽주는 외교에서도 천재적이었다. 그가 인간이 사는 곳으로 여겨지지 않던 일본으로 건너가 담판하라는 명령을 받았을 때 돌아오리라고 생각한 사람은 아무도 없었다. 그러나 정몽주는 일본에 건너가 왜구들의 두목을 만나 담판을 지었을 뿐 아니라 포로로 잡혀간 백성들까지 데리고 돌아왔다. 게다가 정몽주는 비천한 신분을 딛고 명明을 창건한 다음 조선의 왕까지 머슴 부리듯 대했던 주원장朱元璋을 감복시키기까지 했다. 임진왜란 당시 종주국 명과의 외교를 전담하고 아무리 털어도 먼지밖에 나지 않는 곳간을 피땀으로 채워 조국을 위기에서 구한 류성룡柳成龍도 정몽주에 한참이나 미치지 못할 것이 분명하다.

　위대한 학자와 외교관과 실무행정가를 겸했던 정몽주는 정치에서도 적수가 없었다. 패배를 모르는 이성계를 필두로 당대 최강을 자부하던 장군과 두뇌들이 빗발처럼 퍼붓는 공세를 정몽주는 혈혈단신으로 마주쳐나갔다. 뇌사 상태에 빠진 조국은 어차피 멸망할 것이었고, 이성계가 애타게 손을 내밀었기 때문에 마음만 먹으면 누구보다도 잘 살 수 있었음에도 정몽주는 끝내 핸들을 돌리지 않았다. 오히려 정몽주는 자신과 대등할 정도로 천재적이었던 정도전鄭道傳을 비롯한 적들을 벼랑 끝까지 몰아세웠다.

이성계는 주저했지만 독사의 두뇌와 호랑이의 심장을 가진 이방원李芳遠은 정몽주를 그냥 둘 수 없었다. 이방원이 여러 차례에 걸쳐 정몽주를 죽일 것을 주장했어도 이성계가 받아들이지 않았다. 그러자 이방원이 직접 정몽주를 만난 자리에서 넌지시 뜻을 전달했지만 〈하여가何如歌〉가 〈단심가丹心歌〉에 의해 무력화되기에는 긴 시간이 필요하지 않았다. 최선을 다해 전달한 뜻이 냉정하고 단호하게 반박당하자 정몽주를 죽이려던 결심이 더욱 표독하게 굳어졌다.

그 이상 완벽할 수 없는 대척의 위치에 선 이방원과 정몽주가 주고받은 설전 역시 그들만큼이나 유명하다. 특히 정몽주의 〈단심가〉는 시기를 막론하고 중고등 교과서에 빠짐없이 실리고 있다. 유통기한을 다하고 멸망으로 치닫는 조국을 위해 목숨마저 바치는 처절한 충성이 날것 그대로 묻어나는 〈단심가〉는 정몽주 자체라고 해도 과언이 아니다. 이순신이 거북선으로 상징되는 것처럼 〈단심가〉로 치환된 정몽주가 국어와 역사 교과서에서 주요한 위치를 차지하는 것에 누구도 이의를 제기하지 않는다.

정몽주 암살사건의 재구성,
우리가 아는 〈단심가〉는 없다

그러나 나는 오래 전부터 이방원이 정몽주를 죽였다는 역사에 의문을 가졌었다. 가장 먼저 대입되는 사실은 두 사람의 나이다. 정몽주(1337~1392)가 죽을 당시 56세였던 것에 비해, 이방원(1367~1422)은 26세에 지나지 않았다. 당시의 이십대가 지금의 이십대와 같지 않았겠지만, 오십대 역시 마찬가지다. 지금의 오십대보다도 훨씬 우월했을 당시 정몽주는 권력을 장악하고 국가를 이끄는 수상이었다.

그러나 스물여섯은 그때나 지금이나 열정을 무기로 시행착오를 통해 배우고 익혀야 할 나이다. 장유유서와 연공서열이 지금과 비교할 수 없이 엄격했을 그 시대에 이방원이 정몽주의 뜻을 떠본다는 것은 오늘날 상식으로도 가능하지 않다. 게다가 이성계의 아들들 가운데 막내였던 데다, 문과 출신으로 무력기반도 갖추지 못했던 이방원은 그때까지는 존재감이 없었다. 어떻게 접근해도 '정몽주 암살사건'의 주역이 이방원이라는 기존의 사실에 합리적 의심이 제기될 수밖에 없다.

그러나 이방원이 위대한 제왕 태종太宗으로 타의 추종을 불허할 업적들을 식은 밥 물 말아먹듯 이룬 것이 마음에 걸렸다. 그 정도 인물이면 서른도 되지 않은 나이에 주도적으로 나설 수 있겠거니와, 결정적인 것은 정몽주였다. 어렸을 때부터 반복적으로 주입된 〈단심가〉는 그에 대한 모든 것에 약간의 의심조차 가지지 못하게 만들었다. 정몽주가 선죽교에 뿌린 선혈과 비교할 수 없는 위력으로 직접 사고에 작용하는 〈단심가〉가 떠오를 때마다 이방원이 주역이기 어렵다는 의심은 수면 아래로 가라앉아야 했으니까.

희석되던 의심에 회생을 주입한 것은 어이없게도 〈단심가〉였다. 《조선왕조실록朝鮮王朝實錄》에는 〈단심가〉와 〈하여가〉는 물론, 이방원과 정몽주가 만나는 광경조차 나오지 않는다. '역사는 승자의 기록'이라는 명제에 의해 붓을 부려먹는 자가 자신에게 불리한 것은 당연히 삭제하거나 떠넘기겠지만, 정몽주를 죽인 것은 그렇지 않다. 고려를 온몸으로 감싸고 떠받치던 정몽주를 죽인 것은, 게다가 이성계의 반대를 무릅쓰고 거사한 것은 역사에 보기 드문 공로이자 대사건이다. 실제로 그때의 사건은 이제까지도 모든 매체를 통틀어 극찬을 받으면서 가장 확실한 흥행카드로 보장받는다.

그러나 실록에서도 유아독존의 지위를 보장받은 '정몽주 암살사건'에는 〈단심가〉와 〈하여가〉는 물론, 두 사람이 만나는 광경조차 나오지 않는다. 만일 정몽주의 죽음이 그런 과정을 경유하지 않았다면 오늘의 좌표가 부여되기 쉽지 않을 터다. 역사에 길이 남을 문학적 설전을 통한 회유와 반박이 있었기 때문에 정몽주가 기억되는 것인바, 설전은커녕 만남조차 실종된 실록의 페이지는 어이없음을 넘어 현기증까지 일어나게 했다.

그러나 대부분의 실록은 진실을 말하고 있지 않다. 실록을 위시한 사료는 편찬하는 자들의 입맛에 따라 예사로 첨삭하고 날조와 왜곡으로 점철되었다고 해도 과언이 아니다. 그렇기 때문에 실록에 〈단심가〉와 〈하여가〉가 나타나지 않는다고 해도 정몽주의 충절에 미세한 흠도 가지 않는다.

지금부터 제출할 것은 '정몽주 암살사건'을 새롭게 부검해 적출한 진실이다. 앞서 말했던 합리적 의심과 실록의 페이지를 근거로 부검한 결과 정몽주를 죽인 범인은 이방원이 아니라는 결과를 얻었다. 진범이 누구라는 것은 물론, 왜 그렇게 알려졌는지 등에 대한 모든 진실을 이 책을 통해 제출할 것이다.

이방원의 재구성, 왕자의 난에서 주인공은 누구인가?

또한 나는 이방원의 즉위 과정에도 의심을 품었다. 이방원이 주도한 '1차 왕자의 난'의 결과 이성계가 보위를 잃은 것 역시 한국사 교과서에 빠짐없이 기술되어 있지만, 그때의 진실은 '정몽주 암살사건' 이상으로 왜곡되어 있다.

친군위도진무親軍衛都鎭撫 조온趙溫 또한 대궐 안에 숙직하고 있었는데, 정안군(이방원)이 사람을 시켜 조온과 박위朴葳를 부르니, 조온은 명령을 듣고 즉시 휘하의 갑사 및 패두 등을 거느리고 나와서 말 앞에서 배알하고, 박위는 한참 응하지 않다가 마지못해 칼을 차고 나오니 정안군이 온화한 말로써 대접했다. 박위는 군대의 세력이 약한 것을 보고 이에 고했다. "모든 처분은 날이 밝기를 기다리겠습니다."

그는 날이 밝으면 군사의 약한 형세가 나타나 여러 사람의 마음이 붙좇지 않을 것이라 여겼던 것이다. 정안군이 그를 도당都堂으로 가게 했는데, 회안군이 정안군에게 청해 사람을 시켜 목 베게 했다.

정안군이 조온에게 명해 숙위하는 갑사를 다 나오게 하니, 조온이 즉시 패두 등을 보내어 대궐에 들어가 숙위하는 갑사를 다 나오게 했다. 이에 근정전 이남의 갑사는 다 나와서 갑옷을 벗고 무기를 버리니, 명하여 각기 제 집으로 돌아가게 했다.

이방원이 반역했던 당일의 실록 가운데 결정적인 대목이다. 백에서 이백 가량으로 추정되는 병력과 사병을 대동한 이방원이 이성계의 호위와 경복궁의 경비를 책임지는 조온과 박위를 부르자 두 사람이 밖으로 나왔다. 이때 따르지 않던 박위가 참살당한 다음 이방원의 명을 받은 조온이 휘하 병력의 무장을 해제하고 해산시키는 바, 그것이 반역이 성공하는 결정적 계기가 된다. 실록에 그렇게 나타나고 거의 대부분의 관련 저술과 창작물들도 동일하게 나타나지만, 결코 진실일 수 없다.

경복궁을 지키고 이성계를 호위하던 조온은 이성계의 외종질로서 이성계가 가장 믿을 수 있는 심복이자 친족이었다. 게다가 조온이 지휘하던 숙위군은 양과 질의 모든 면에서 이방원이 이끌었던 반란군과 상대가 되지 않을 정도로 뛰어났다. 그뿐 아니라 조온은 이방원보다 스무 살이나 많았다. 그런 조온이 이방원의 명령 한 마디에 이성계를 배신하고 반역이 성공할 수 있도록 결정적으로 협조하는 상황이 과연 상식적일까?

대한민국의 역대 지도자 가운데 가장 강한 권력을 휘둘렀던 사람이 박정희 전 대통령이라는 데에는 이론의 여지가 없다. 박정희 전 대통령이 몸이 좋지 않아 치료를 받고 있는 상태에서 부친에게 불만을 품은 박지만이 약간의 병력과 조직폭력배들을 이끌고 청와대로 쳐들어갔다고 가정하자. 지금도 크게 사정이 다르지 않겠지만 당시의 청와대는 사격메달리스트들로 편성된 근접경호팀과 특수부대에서도 고르고 고른 정예들은 물론, 수도방위사령부에서 자체 양성한 최강의 병력이 겹겹이 포진한 상태였다.

게다가 그들을 장악하고 지휘하는 경호실장이 그 유명한 차지철이다. 차지철 경호실장은 박 전 대통령의 특별한 신임을 받고 최후까

지 함께했던 최측근이다. 그런 차지철이 박지만의 호출에 응해 청와
대 밖으로 나간 데다, 다시 박지만의 명령을 받아 근접경호팀을 비롯
한 모든 병력의 무장을 해제하고 아예 제대까지 시켜서 귀가 조치했
다면 제정신으로 납득할 수 있는 사람이 몇이나 되겠는가!

　물론 무엇보다 중요한 것은 물증이다. 나는 조선이 태동하던 시기
를 극적으로 조명했던 두 사건을 철저히 부검했다. 지금부터 정몽주
가 이방원에게 죽지 않았다는 것과 함께, 이방원이 처음부터 끝까지
반역을 주도해 보위를 쟁취했다는 것이 진실이 아니라는 물증을 적
출해 제출하겠다.

2018년 여름날 의정부에서

배상열

차례

3부 · 함흥차사 살인사건, 반란의 재구성

1장 · 이성계는 함흥차사를 죽이지 않았다

2장 · 조사의의 난은 없었다

3장 · 그들은 떠나고 조선만이 남았다

1부

• 정몽주 암살사건의 재구성

1장

⋮

실록은 진실만을
이야기하지 않았다

공민왕, 고려의 부활을 꿈꾼 개혁가

홍륜은 남양南陽 사람으로 시중 홍언박의 손자다. 공민왕이 나이가 젊고 용모가 아름다운 자를 뽑아서 자제위子弟衛를 설치했는데 홍륜과 한안, 권진, 홍관, 노선 등이 모두 여기에 소속되어 음란하고 추잡한 짓으로 총애를 받았다. 그러나 홍륜 등은 궁중에서 늘 숙직하면서 때로는 일 년 내내 휴가를 얻지 못했기 때문에 원한을 품게 되었다.

왕이 홍륜 등으로 하여금 비빈들과 간통하도록 해 그 사이에서 난 아들을 후사로 삼으려 했는데 마침 익비益妃가 임신했다. 환관 최만생이 왕을 따라 변소에 가서 "신이 익비전益妃殿에 갔더니 익비께서 '임신한 지 이미 5개월이 되었다'고 말씀하셨습니다"라고 은밀히 보고했다.

왕은 "내가 영전影殿(후계)을 부탁할 데가 없는 것을 늘 염려했는데 비가 임신했으니 내가 이제 걱정이 없다"라고 기뻐하다가 잠시 후 누구와 관계를 가졌느냐고 물었다. 최만생이 "익비께서 홍륜이라고 말씀하셨습니다"라고 대답하자, 왕은 "내일 창릉에 참배하러 가 일부러 주정을 부리며 홍륜 무리를 죽여 입을 막겠다. 너도 이 계획을 알았으니 또한 죽음을 면하지 못할 것이다"라고 말했다.

겁이 난 최만생이 홍륜, 한안, 권진, 홍관, 노선 등과 짜고 이날 밤 삼경(밤 11시에서 밤 1시 사이)에 침전에 들어가서는 왕이 대취한 틈을 타 칼로 치니 뇌수가 벽에 뿌려졌으며 이어 권진, 홍관, 노선, 한안 등이 왕을 난자했다. 이에 김흥경, 윤선, 윤가관이 "반적이 외부로부터 침입했다!"라고 외쳤으나 호위 군사들은 다리를 떨면서 감히 움직이지 못했으며, 재상과 모든 집사들 또한 변란의 소식을 듣고도 아무도 오지 않았다.

《고려사高麗史**》**

고려의 31대 공민왕은 실질적인 고려의 마지막 왕이다. 이 땅에 명멸했던 어떤 왕보다 치열하게 살았던 그에 대한 기억의 형태는 극히 부정적이다. 공민왕이 연산군과 광해군을 합친 것 같은 형태로 기억되는 이유는 왕비의 죽음에서 발원한다. 유일하게 사랑했던 왕비 노국대장공주가 난산 끝에 아기와 함께 목숨을 잃은 다음부터 공민왕은 모든 것이 붕괴되었다.

이후 《고려사》에는 공민왕이 '나이가 젊고 용모가 아름다운 자를 뽑아서 자제위를 설치한 용도'에 대해 동성애를 즐기기 위함으로 기술한다. 역사를 살펴면 지배자들이 가장 가까이서 자신을 지키는 무사들에게 안전장치를 걸어둘 목적으로 육체관계를 맺는 경우가 왕왕 있었지만, 공민왕의 동성애는 즐기는 자체에 목적이 있었다. 게다가 아예 정식으로 즐길 목적으로 관청까지 설치하는 공민왕은 결코 연

고려 말기 왕 가계도

```
                    쿠빌라이 칸

        제국공주 ──────── 충렬왕

  계국공주 ──── 충선왕

        충숙왕 ──── 명덕태후

  충혜왕      공민왕 ── 노국대장공주

    충목왕       충숙왕
```

산군의 아래가 아니다.

놀랍게도 공민왕은 그것으로 그치지 않았다. 자제위들로 하여금 어여쁜 비빈들과 난교를 벌이도록 하고 관음하던 그는 그것을 이용해 후계자를 얻을 궁리까지 하게 된다. '왕이 홍륜 등으로 하여금 비빈들과 간통하도록 하여 그 사이에서 난 아들을 후사로 삼으려 했는데'가 바로 그것이다. 왕비 노국대장공주 이외에도 복수의 왕비는 물론, 다수의 후궁까지 두고 있던 공민왕이 후사를 잇기 위할 목적으로 어명을 내린 결과 왕비 가운데 익비가 홍륜의 자식을 가지게 된다.

목적을 이룬 공민왕은 매우 기뻐했다. 상당히 취한 상태에서 내관 최만생의 보고를 통해 익비가 홍륜의 자식을 잉태한 것을 알게 된 공민왕이 자제위들을 몰살시켜 입을 막을 것을 말했다. 게다가 공민왕은 해서는 안 될 말까지 입에 담았다. '너도 이 계획을 알았으니 또한 죽음을 면하지 못할 것이다'라고 말하자 최만생은 그만 공포에 질리고 말았다.

공민왕이 수족 같은 내관들을 죽인다는 것은 생각하기 어렵거니와, 당시 상당히 취한 상태임을 감안하면 진심일 것 같지 않다. 그러나 공민왕이 시도한 일련의 과정을 전부 알고 있는 최만생의 입장은 전혀 다르다. 그렇다면 자신까지 죽게 될 것을 우려한 최만생이 홍륜 등과 공모하는 바람에 공민왕이 처참한 죽음을 당하는《고려사》의 광경이 과연 사실일까?

종이와 영상매체를 통틀어 공민왕의 모습은 그렇게 전달된다. 사료에 의하면 공민왕이 죽음을 당한 직접적인 원인은 최만생과 자제위의 선제공격을 당한 데 있다. 자신들을 이용한 다음 모조리 죽이려는 공민왕에 대한 분노가 극에 달했을 자제위와, 시키는 대로 충실히 따랐음에도 죽음의 위기에 처한 최만생의 심정은 납득하고도 남는다. 그들이 공민왕을 죽인 것은 정당방위에 의한 선제공격으로 보아도 하등 이상할 것이 없다.

그러나 그들을 전부 죽이는 것과 비밀이 유지되는 것은 별개의 사안이다. '익비가 임신한 지 이미 5개월이 되었다'면 적어도 반년 전부터 육체관계가 시작되었을 것인 데다, '왕이 홍륜 등으로 하여금 비빈들과 간통하도록' 했다는 것까지 감안하면 비밀이 지켜지는 것은 불가능에 가깝다. 의외로 비밀이 유지되지 않는 대궐의 속성으로 보아도 그렇거니와,《고려사》에 나타난 공민왕의 처신으로 보았을 때 엄격하게 비밀이 지켜진다는 것은 기대하기 어렵다.

그리고 왜 익비만 임신을 했는가?《고려사》에는 '홍륜 등으로 하여금 비빈들과 간통하도록' 명령한 이유가 '그 사이에서 난 아들을 후사로 삼으려 했는데'로 분명하게 기록되어 있다. 그렇다면 자제위는 익비 이외의 왕비는 물론 다수의 후궁들과 정사를 벌였을 것은 의심의 여지가 없다. 게다가 어명으로 비빈들을 마음대로 간음할 수 있었던 자제위들이 궁녀들도 가만둘 리 만무하다. 그런 상태로 반년 이상이 지났다면 여기저기서 희소식이 만발해야 할 것인데 익비 하나만 임신했다는 상황 역시 상식적으로 납득되지 않기는 마찬가지다.

그런 방식을 통해 후계자를 얻고 가능하지도 않을 비밀을 지키려다 오히려 목숨을 잃는 자체가 믿을 수 없거니와, 당시의 공민왕은 이미 아들을 둔 상태였다. 그런 내용을 설명하기 이전에 신돈辛旽부터 말하는 것이 순서다.

신돈, 새로운 세상을 바란 개혁가

신돈은 영산인靈山人으로 어미가 계성현 옥천사의 종이다. 어려서 중이 되어 이름은 편조遍照이며 자는 요공耀空이라 한다. 어미가 천하므로 사찰에 참여하지 못하고 항상 산방에 거처했다.

공민왕이 꿈에 누군가 칼을 빼어 자신을 찌르는데 어떤 중이 구원해 화를 피했으므로 이튿날 태후(명덕태후)에게 고했다. 마침 김원명이 신돈을 보이는데 용모가 매우 닮았으므로 왕이 크게 이상히 여겼다. 신돈은 지극히 총명하고 지혜가 넘치고 거침이 없어 스스로 도를 얻었다 하며 자신 있게 말하니 왕의 뜻에 맞았다. 왕이 평소에 부처를 믿고 또 꿈에 나타났기 때문에 은밀히 자주 궁중에 불러들여 여러 도리와 불도를 기탄없이 나눴다.

신돈은 글을 알지 못했으나 항상 서울을 비롯한 여러 곳을 두루 다니며 불도에 인연 맺기를 권하며 여러 과부들을 꾀어 간음했다. 그러나 왕을 뷘 후로 거짓으로 꾸미기에 힘써 외모를 마른 나무같이 해 여름이나 겨울이나 찢어진 장삼을 입으니 왕이 더욱 중히 여겼다. 왕이 의복과 음식을 보내되 반드시 정결히 하며 버선까지도 반드시 이마에 받들어 공경하자 이승경李承慶이 말하기를 "국가를 어지럽힐 자는 반드시 이 중이리라" 했고 정세운鄭世雲은 '요승'이라 여겨 죽이고자 하니 왕이 비밀히 피신하게 했다.《**고려사**》

신돈이라면 요승이란 평가와 함께 음행이 떠오르기 십상이지만 실상은 그렇지 않다. 어미가 사찰의 노비로서 신분이 천하고 글도 모른다는 기술은《고려사》를 편찬한 배신자들의 입장에 지나지 않는다. 조선의 건국에 지대한 공을 세운 정도전마저 모친이 노비라고 덧칠당하는 판에 공민왕의 오른팔을 초월해 동반자로 활약했던 신돈은 오죽하겠는가. 반역자들이 편찬한 사서에조차 '지극히 총명하고 지혜가 넘치고'라고 되어 있는 만큼, 문맹이라거나 과부들을 유혹해 간음을 일삼았다는 내용들은 반대로 이해하는 것이 타당하다.

신돈은 공민왕을 만나기 이전부터 학식이 탁월하고 인품이 뛰어나 '생불'로까지 불릴 정도였다. 게다가 자신을 추종하는 사람들을 빈부귀천을 따지지 않고 대하고 빈민 구제에 힘쓰는 등, 불교뿐 아니라 전국을 통틀어 유일하다고 해도 과언이 아닐 정도로 진보적인 인물이었다. 그런 신돈이 혁명에 가까운 개혁으로 일관했던 공민왕의 눈에 들어오는 것은 당연한 귀결이라 하겠다.

372년, 고구려 소수림왕 2년에 전래된 불교가 통일신라를 경유해 고려 말기에 이르렀을 때는 모든 삶에 완전히 용해되고 흡수된 상태였다. 몽골이 침략했을 때는 불타의 신통력에 호소하기 위해 팔만대장경을 아로새겼으며, 모태에서 모태로 전해진 민중의 신앙은 밀레의 〈만종〉처럼 스스럼없는 형태였다.

그러나 신앙이 착취의 도구로 전락한 것 역시 오래 전이었다. 불타께서 거주하는 신성한 공간이 날이 다르게 거대하고 화려해지기에는 긴 시간이 필요하지 않았다. 건축의 규모와 재질이 신심과 비례하는 것으로 굳어진 다음부터 사찰은 세금 먹는 하마로 변신했다. 원元을 등에 업고 갖은 전횡을 일삼던 매국노들은 물리적으로 제거할 수 있었지만 불교 세력은 그렇지 못했다.

공민왕은 세금과 부역을 면제받던 사찰에 세금을 부과하고 노비들을 부역에 내보내도록 했다. 왕의 허가 없이 사찰을 건축하지 못하게 하는 것은 물론, 군역까지 피할 목적으로 승려가 되는 것을 막기 위해 정식으로 공부하고 허가받은 자 외에는 승려가 될 수 없도록 강제했다.

그러나 권력과 용접된 것처럼 단단하게 얽혀 있는 불교 세력의 개혁이 요원하거니와, 해야 할 일이 산더미 같았기 때문에 계속 매진하기 어려웠다. 게다가 왕사로 삼았던 고승 보우普雨마저 기대에 미흡하고, 개혁의 전면에 내세웠던 이제현李齊賢 등의 정통 관료들도 한계에 봉착하자 새로운 가능성을 찾아야 했다.

공민왕의 선발 기준은 능력과 청렴이었다. 애초부터 권력과 무관하고 불교계의 아웃사이더였던 신돈은 청렴에도 적수가 없었다. '언제나 찢어진 장삼을 입었다'는 모습은 남들에게 보이기 위해서가 아니라 본래의 모습일 것이다. 비밀리에 신돈에 대해 철저하게 조사한

공민왕 부부 어진. 이성계가 1395년 종
묘를 창건하며 경내 신당에 봉안했다.
다른 이도 아닌 태조가 전 왕조 군주의
그림을 신당에 봉안한 까닭은 아직까지
밝혀지지 않았다. 국립고궁박물관.

영호루 현판. 공민왕이 홍건적의 난을
피해 안동에 머물 무렵 썼다. 국립중앙
박물관.

공민왕은 김원명을 보내 발탁하기에 이르렀다.

'공민왕의 꿈에 누군가 칼을 빼어 자기를 찌르는데 어떤 중이 구원해 화를 피했으므로'라고 되어 있는 《고려사》의 대목은 사실이다. 왕이 국가이던 시대에 나라를 좀 먹는 것은 공민왕을 해치는 것이며, 그런 세력을 척결하는 것이 바로 공민왕을 구하는 것 아니겠는가. 실제로 신돈은 그러고도 남을 능력의 소유자였다.

신돈은 무엇을 어떻게 추진해야 할지 충분히 파악하고 있었다. 사찰과 권력이 한몸이라는 기본적인 것부터 시작해서, 유착과 결탁의 형태와 이득이 생성되고 분배되는 모든 과정을 낱낱이 알고 있는 신돈만큼 적임자가 없었다. 그에게 메스를 쥐어주어 고려를 갉아먹는 적폐들을 외과적으로 제거하겠다는 공민왕의 의도는 자신도 경악할 정도로 적중하기 시작했다.

신돈이 제대로 일할 수 있게 된 계기와 노국대장공주의 죽음은 무관하지 않다. 1364년(공민왕 13)부터 등용되어 활약하던 가운데 1365년(공민왕 14) 2월에 노국대장공주가 난산 끝에 아기와 함께 목숨을 잃자 공민왕은 크게 동요했다. 공민왕과 노국대장공주는 단순한 부부 사이가 아니었다.

왕비는 원의 공주였음에도 이전의 원 출신 왕비들처럼 위세를 부리지 않고 공민왕을 위해 최선을 다했다. 본국의 간섭과 위협을 온몸으로 막아내고 오직 고려를 위해 헌신하던 노국대장공주가 아니었다면 공민왕이 제대로 된 정치를 펴기 어려웠으리라. 그런 왕비가 그토록 바라던 후계자를 낳다가 함께 죽음을 당한 다음 공민왕은 영혼을 뽑힌 인형처럼 멍하게 허공을 바라볼 따름이었다.

개혁가들의 시간, 고려의 마지막 기회

공민왕이 일손을 놓자 신돈은 더욱 정력적으로 일했다. 신돈의 업적을 일일이 말하기 어려운 관계로 축약하면 '전민변정도감田民辨整都監'을 통한 일련의 개혁이다. 신돈은 권력자들이 부정한 수단을 통해 강탈한 광대한 토지를 압수한 다음 백성들에게 돌려주는 정책을 폈다. 백성들이 뜨겁게 환영했거니와, 권력자들이 납부하지 않던 세금이 토지를 돌려받은 백성들을 통해 확충되었기 때문에 국가의 체력이 든든해지는 효과를 거두었다. 아울러 권력자들에 의해 노비로 전락한 자들에게 자유를 주고 자립할 수 있게 도와주는 등, 어느 나라의 누구도 실현하지 못한 성과를 거둔 신돈은 이후에도 발현하기 어려운 인물이었다.

그러나 백성들의 환영을 받는 사람이 권력자들의 환영을 받기 어려운 법이다. 축재의 수단을 상실한 권력자들은 물론, 그들과 결탁해

받은 시주를 세탁해주고 갖은 비리를 저지르던 불교 세력이 가만있지 않았다. 그들은 공민왕에게 '신돈의 권력이 왕보다 높다!', '장차 신돈이 왕이 되려 한다!'고 입을 모아 고자질하기 시작했다.

공민왕도 처음에는 믿으려 들지 않았지만 나중에는 그렇지 않았다. 실제로 신돈이 장악한 권력이 공민왕을 능가할 지경이었고 명에서까지 국상國相으로 인정할 정도였다. 공민왕도 비로소 심상치 않게 바라보았지만, 신돈은 애초부터 '개혁을 하기 위해서는 전권을 달라'고 요구한 사실이 있었다. 게다가 노국대장공주의 죽음으로 인해 실의에 빠진 공민왕을 대신해 한창 성과를 거두는 중이었기 때문에 신돈에게 계속 무게를 실어줘야 마땅한 상황이었다.

그러나 신돈을 배척하는 세력들이 줄기차게 모함한 데다, 공민왕도 의심이 많은 인물이었다. 결국 반역하려 한다는 모함에 의해 전격적으로 체포당하고 수원으로 압송당한 신돈은 1371년(공민왕 20) 7월에 참수형에 처해졌다.

신돈은 무고했다. 이인임李仁任을 비롯해 신돈이 발탁해 일을 맡긴 인물들은 행정력을 갖춘 정통관료들이 대부분이었거니와, 성균관에 대한 지원도 아끼지 않았다. 장차 성균관을 통해 배출된 인재들로 하여금 국정을 맡기기 위한 의도였던 바, 실제로 정몽주와 정도전을 필두로 하는 엄청난 인물들이 성균관에서 배출되었다.

그것만 봐도 신돈이 억울하다는 것이 입증되고도 남음이 있겠으나 문제는 공민왕의 뜻이었다. 공을 세우고도 죽음을 당한 사례는 신돈이 처음이 아니었다. 전쟁의 시대라고 해도 과언이 아니었던 공민왕의 시기는 목숨을 걸고 적과 싸워 공을 세웠던 장군들 가운데 우직한 최영崔瑩을 제외하고 살아남은 사례가 없었다. 공을 세우고 민심을 얻은 장군들이 의문사를 비롯한 죽음을 당했던 공민왕의 시대가 좀 더 연장되었다면 이성계도 화를 면치 못했을 개연성이 높다.

그리고 공민왕은 의심이 많을 수밖에 없었다. 가장 신임하던 심복들에게 두 차례나 반역을 당하는 바람에 하마터면 목숨까지 잃을 뻔했었던 공민왕은 계속되는 모함에 초연하기 어려웠다. 신돈에게 전권을 맡겼다가 제 발등을 찍었던 공민왕이 경호까지 겸하는 자제위를 설치한 것은 나름의 대책이었다. 그러나 권력자들의 시각에서 국왕의 직속기관으로 외부의 영향을 받지 않고 공민왕의 측근에서 보좌하던 자제위도 신돈과 다르지 않았다.

우왕은 신돈의 자식이 아니다

우왕禑王의 어릴 적 이름은 모니노로, 신돈의 비첩 반야의 소생인데 어떤 사람은 이렇게 말하기도 한다. "당초 반야가 임신해 만삭이 되자 신돈이 자기 친구인 승려 능우能禑의 모친 집으로 보내 해산하게 했는데 능우의 모친이 맡아 길렀으나 돌도 못 채우고 아이가 죽어버렸다. 신돈의 책망을 겁낸 능우가 죽은 아이와 생김새가 비슷한 아이를 찾다가 이웃집 대졸隊卒의 아이를 몰래 훔쳐내 다른 곳에 숨겨두고는, 신돈에게 아이가 병이 났으니 다른 곳으로 옮겨서 기르겠노라고 청해서 신돈의 허락을 받았다. 그로부터 한 해 뒤 신돈이 자기 집으로 데려와 기르면서 동지밀직사사 김횡이 뇌물로 바친 노비 금장을 유모로 삼으니 반야도 자신의 아이가 아닌 것을 까마득히 몰랐다."

공민왕이 후사를 두지 못한 것을 늘 걱정하다가 하루는 평복 차림으로 몰래 대궐을 나와 신돈의 집에 갔더니 신돈이 그 아이를 가리키며 "전하께서는 이 아이를 양자로 들여 후사로 삼으소서"라고 말했다. 왕이 곁눈질하고 그냥 웃을 뿐 대답하지 않았지만 내심 허락했다. 신돈이 몰래 한 패거리인 오일악을 시켜 "부디 관음보살의 제자인 신돈의 소생 모니노가 이 나라에서 복록과 수를 누리며 살게 해주소서"라는 글을 지어 낙산사의 관음에게 치성을 드리게 했다. 신돈이 수원에 유배되자 왕은 근신들에게 "과거 내가 신돈의 집에 가서 그 집 여종을 가까이 해 아들을 낳았으니 절대로 경거망동하지 말고 그 아이를 잘 보호하라"고 당부했다.《**고려사**》

공민왕의 아들이자 32대 왕으로 즉위한 우왕은 출생에 대해 의혹이 제기된다. 생모가 신돈의 노비였다가 애첩으로 출세한 반야라는 기술에서 의혹이 발생하지 않을 수 없는 데다, 반야가 낳은 아기마저도 일찍 죽는 바람에 전혀 관련되지 않은 아기를 데려와 공민왕을 기만했다는 기록까지 나타날 지경이다. 실제로 우왕은 신돈의 자식이라는 의미의 '신우辛禑'로 기술되거니와, 나중에 폐위되고 죽음을 당할 때도 동일한 혐의가 목에 걸리게 된다. 게다가 왕으로 재위하다 죽었음에도 시호조차 받지 못하고 아들 창왕昌王과 함께 반역자로 기록되는 치욕까지 당해야 했다.

그러나 우왕이 공민왕의 아들이 아니라는 확증도 없다. 생모 반야가 신돈의 애첩이었다는 사실로 인해 의혹이 강하게 돌출되기는 해도 그 자체가 결정적 확증이 되기 어렵다. 상식적으로 생각해도 우왕이 신돈의 아들이었다면 신하들이 결사반대할 것이 분명하거니와, 왕족 가운데 가장 가까운 혈육을 양자로 삼아 후계를 잇는 것이 상식적이다. 그럼에도 불구하고 우왕이 세자를 거쳐 보위를 물려받을 수 있었던 것은 정통성이 충분했다는 것 이외의 이유가 제출되기 어렵다.

우왕이 신돈의 자식이 아니라는 정황은 공민왕 자신에게서 찾을 수 있다. 신돈을 반역자로 규정해 재판도 없이 처형해버린 공민왕의 입장에서 만일 모니노가 신돈의 자식이라는 의혹이 약간만 들었더라도 결코 아들로 받아들이지 않았을 것이다. 그리고 신돈을 요승으로 부르고 음탕하기가 끝이 없었다고 기록한 자들은 《고려사》를 편찬한 조선의 충신들이었다. 당시의 고려에서는 신돈을 요승으로 부르지도 않았을 뿐더러 이인임을 비롯한 중신들도 신돈을 폄훼하지 않았다.

비록 공민왕이 신돈을 버렸더라도 공민왕을 향하는 신돈의 충심은 의심할 수 없었다. 여색을 즐기지도 않았던 신돈이 반야를 공민왕에게 이끈 것은 주군의 후사를 잇기 위해서였다. 왕비 노국대장공주가 사망한 이후 급격히 붕괴되는 공민왕을 안타깝게 바라보던 신돈은 우려가 날로 더했다. 공민왕이 후계를 잇지 못하는 날에는 국가대계가 흔들리는 것은 물론, 자신을 비롯한 모든 것이 파멸이었다. 한참 탄력을 받는 개혁을 성공시키기 위해서는 어떻게든 후사가 이어져야 했음에도 공민왕이 그럴 뜻이 없으니 참으로 큰일이었다.

그러던 어느 날 신돈은 묘책을 생각하게 된다. '반야가 노국대장공주와 흡사하게 닮았다'는 일설이 신빙성 있게 떠돌았던 바, 신돈이 노국대장공주와 흡사하게 닮은 젊은 여자를 발굴한 다음 공민왕에게 알리자 즉효였다. 노국대장공주가 난산 끝에 죽었다고 했으니 공민왕의 생산력은 의심할 필요가 없다. 실제로 반야는 모니노를 낳았지만, 신분이 너무 천한 것이 문제였다.

조선 21대 왕 영조英祖는 생모가 무수리였음에도 즉위할 수 있었던 것에 비해, 왕실의 혈통을 보존할 목적으로 근친혼까지 성행했던 고려는 왕의 생모가 천하다는 것은 있을 수 없었다. 게다가 대궐에 들일 수 없는 상태에서 신돈의 자택에서 밀회하다 출생했으니 공민왕도 심히 겸연쩍었을 터였다. 그래도 언젠가는 사실을 밝히고 후계자로 삼으려고 하는 과정에서 자신의 손으로 신돈을 죽이는 최악 이상의 사태가 벌어지고 말았다.

신돈이 수원에 유배되자 왕은 근신들에게 "과거 내가 신돈의 집에 가서 그 집 여종을 가까이 해 아들을 낳았으니 절대로 경거망동하지 말고 그 아이를 잘 보호하라"고 당부했다. 신돈이 사형당한 후 왕이 모니노를 명덕태후전으로 데려다 놓고서 수시중 이인임에게 "원자元子가 있으니 나는 아무 걱정이 없소"라고 말하고는 "신돈의 집에 예쁜 여자가 있었는데 아들을 낳을 수 있다기에 가까이해서 이 아이를 얻었던 게요"라고 설명했다. 뒤에 왕이 모니노를 세자로 삼으려고 공부를 시키자고 요청했으나 태후는 "조금 더 커서 공부를 시키더라도 늦지 않소이다"라며 반대했다. 왕이 지신사知申事 권중화를 전 정당문학 이색의 집으로 보내 문신들을 모아 놓고 모니노라는 이름을 고치는 일에 대해 의논하게 하고서 여덟 글자를 추천받아 그 중 우禑를 골라 이름으로 삼았다. 이어서 시중 경복흥, 밀직제학 염흥방, 정당문학 백문보를 불러 의논한 후 우왕을 강녕부원대군江寧府院大君으로 책봉하고 백문보, 전녹생, 정추 등으로 하여금 가르치게 했다.

공민왕 23년(1374) 9월에 왕이 우왕을 죽은 궁인 한씨韓氏의 아들이라 사칭하고서 한씨의 증조부, 조부, 부친과 외조부까지 관작을 추증했다. 갑신일에 최만생과 홍륜 등이 왕을 시해하는 사건이 벌어지자 태후가 우왕을 데리고 내전으로 들어가 왕의 죽음을 비밀에 붙인 채 초상난 것을 알리지 않았다.

병술일에 보방寶房에 왕의 빈소를 차리고 우왕이 재추宰樞와 함께 초상을 고하며 애도의 의식을 거행했다. 다음날 태후와 경복흥은 종친을 옹립하려 하고 이인임은 우왕을 옹립하려고 해 결론을 내지 못했다. 도당都堂의 재상들도 서로 눈치만 보면서 감히 말을 꺼내지 못하고 있는데 판삼사사 이수산이 "오늘의 계책은 마땅히 종실에 있소이다"고 말했다. 그러자 영녕군 왕유와 밀직 왕안덕 등은 이인임의 비위를 맞추느라 "돌아가신 주상께서 대군을 후사로 삼았으니 이 사람을 버리고 달리 어디서 구하겠소?"라고 큰소리로 말했다. 이에 이인임이 백관들을 거느리고 우왕을 왕으로 옹립하니 그때 우왕의 나이 열 살이었다.《고려사》

공민왕은 모니노를 사망한 순정왕후 한씨의 아들이라고 발표하는 편법을 사용했다. 당시 수상이었던 이인임을 비롯한 중신들도 모니노의 존재를 충분히 인식했거니와, 중요한 것은 공민왕의 후사가 이어지는 것이기 때문에 굳이 반대할 이유가 없었다.

이후 공민왕이 죽은 다음 후계를 정하려 할 때 명덕태후가 우왕을 반대한 것은 출생에 의문을 가졌기 때문이라는 주장들이 많다. 그러나 공민왕이 죽은 당일에 '태후가 우왕을 데리고 내전으로 들어가 왕의 죽음을 비밀에 붙인 채 초상난 것을 알리지 않았다'는 기록을 보라. 공민왕을 낳고 기른 명덕태후가 어찌 친손자를 알아보지 못하겠는가.

그렇지만 우왕이 지나치게 어린 것과 함께, 손자라고 해서 바로 지지하는 것은 곤란하다고 느꼈을 것이다. 그때 '태후와 경복흥은 종친을 옹립하려 하고'의 기록은 일단 겸양하는 모습을 보이는 것과 함께, 공민왕의 후계를 이을 정도로 보위에 근접한 종친이 존재하지 않았다는 것을 의식한 행동일 수 있다. 그런 상황에서 대놓고 우왕을 지지한다면 역풍을 맞을 우려가 적지 않다.

상식적으로 생각해도 명덕태후가 우왕이 공민왕의 핏줄이 아니라는 것을 알아챘다면 마지막까지 결사반대했을 것이 틀림없다. 왕실의 가장 큰 어른으로 국왕을 임명하고 폐위할 수 있는 권위까지 가진 태후가 즉위를 인정했다는 자체로 우왕의 정통성에 대해서는 더 이상 논할 필요가 없을 줄 안다.

그런 왕우의 존재는《고려사》가 주장하는 자제위의 용도를 의심하게 만들기에 충분하다. 공민왕이 최만생과 자제위들에 의해 죽었을 때는 왕우가 이미 열 살이었다. 그렇다면 굳이 아들을 만들 필요가 없거니와 설령 그렇게 아들을 얻는다고 해도 후계자로 공인받는 것은 불가능에 가깝다. 왕우조차 신돈의 핏줄이라는 의심을 받는 판에 자제위들로 하여금 비빈들을 간음하게 해 태어난 자식들이 어떻게 정통성을 부여받을 수 있겠는가.

심신의 과부하로 인해 돌연사했을 공민왕은 물론, 그가 권력자들을 견제하기 위할 용도로 설치된 국왕의 측근기관인 자제위를 그렇게 매도하는 자체가《고려사》의 신빙성을 극도로 떨어뜨린다.

김용의 난을 둘러싼 미스터리

공민왕이 경험한 두 차례의 반역은 1352년(공민왕 1) '조일신의 난'과 1363 년(공민왕 12) '김용의 난'이다. 특히 '흥왕사의 변'으로 일컬어지는 김용의 난 당 시에는 김용이 직접 공민왕을 노리고 죽이려 했을 정도로 극히 위태로웠다.

조일신과 함께 공민왕이 원에 있을 때부터 섬겼던 김용은 충신용장들을 그 냥 두지 않았다. 1363년 다시 침범해 개경까지 함락시킨 홍건적을 격파하고 국난을 평정한 총사령관 정세운을 비롯해 안우와 이방실, 김득배 등 장군들 이 크게 민심을 얻었다. 김용은 먼저 공민왕의 어명을 위조해 안우와 이방실, 김득배 세 사람으로 하여금 정세운을 죽이도록 했다. 김용은 다시 그들에게 죄를 뒤집어씌워 참살한 다음, 피난에서 돌아와 흥왕사에 머물던 공민왕까지 죽이려다 실패하고 사지를 찢어 죽이는 거열형에 처해진다.

'흥왕사의 변'에서는 의아한 점이 있다. 김용이 총사령관을 죽이라는 어명 을 함부로 위조하기 어렵다는 점과 함께, 김용을 비롯한 관련자 전부가 죽었 기 때문에 사실관계의 입증이 불가능하다는 것이다.

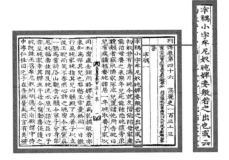

《고려사》에서는 우왕을 신돈의 아들 이라 해서 〈세가〉가 아닌 〈열전〉에 배 치했다. 성 또한 왕이 아닌 신으로 표 기했다. 《고려사》 권133 〈신우 열전〉 가운데.

"짐은 그 아이를 조카로 인정할 수 없네!"

유씨를 후궁에 맞아들였다. 유씨는 임금의 잠저潛邸(즉위하기 이전 거처) 때의 첩으로 대사헌 조박의 족매(누이뻘의 먼 친척)다. 일찍이 다른 사람에게 시집가서 이름이 불노佛奴라는 아들이 있으며 죽주에 살고 있었는데, 이때에 와서 조박이 임금에게 아뢰니 임금이 유씨와 그 아들을 맞이해 그 집에 두었다. 그리고 장비를 갖춰 궐내에 들어오게 하고 그를 책봉해 가의옹주嘉懿翁主로 삼은 다음 그 아들을 일컬어 원자元子라 했다.

《태조실록》 7년(1398) 11월 7일

공민왕에 대해 얘기하기 위해서는 조선 정종, 이방과도 함께 소환해야 한다. '1차 왕자의 난'을 일으킨 이방원에 의해 강제로 물러나게 된 이성계가 어쩔 수 없이 장남 이방과李芳果(훗날 정종)를 후계자로 삼았을 때의 일이다. 느닷없이 세자로 책봉된 이방과의 정식부인 김씨는 전혀 생산이 없는 반면, 일곱 명의 후궁들이 열다섯 명의 아들과 여덟 명이나 되는 딸을 낳았다. 보위에 오를 시기만을 노리고 있던 이방원의 입장에서는 형수 김씨가 생산을 하지 못하는 것이 매우 다행스러웠을 터였다.

그런데 이방과가 놀랍게도 후계자를 책봉할 움직임을 보였다. 게다가 실권을 빼앗긴 다음 보위를 물려주는 것밖에 할 것이 없었던 이성계까지 찬성해 불로를 원자로 일컫는 등 자칫했다가는 닭 쫓던 개 신세가 될 판이었다.

사헌부에서 상소한 대략에 이르기를 "신하의 죄는 두 가지 마음을 품는 것보다 더 큰 것이 없으니, 두 가지 마음을 품은 죄는 마땅히 중전重典에 처해야 합니다. 지난번에 평원군 조박은 다행히 전하의 인친으로 인해 훈신의 열에 참렬하고 그 지위가 재보宰輔(재상)에 이르렀으니, 총영을 입은 것이 지극합니다.

그러나 도리어 족친 유씨의 아들 불로를 상왕上王(정종)의 아들이라 거짓 일컬어 궁중에 들이고 원자로 삼기를 청했는데, 상왕께서 아들이 아니라고 거절하고 받아들이지 않았으니 거짓 일컬은 것이 분명합니다. 그리고 온 나라 신민들이 모두 전하에게 귀부하는데, 조박만이 두 가지 마음을 품고 불궤한 일을 도모했으니 그 간사하고 불충한 죄는 마땅히 법에 의해 처치해야 할 것이나, 그 몸이 이미 죽었으니 …

임금이 말하기를 "조박은 성품이 본래 추솔麤率(거칠고 까불어서 차근차근하지 못함)해 상왕께 청해 불로를 원자로 삼고자 했다. 바야흐로 그때에 내가 몹시 위의한 지경에 처해 몸 둘 바가 없어 불로가 아들이 되는 것

을 기쁘게 여겼으나, 상왕께서 자식이 아니라고 맹세했다. 또 박포朴苞
가 가만히 회안懷安(이방원의 셋째형 회안대군 이방간)을 꾀어 거사했기 때
문에(2차 왕자의 난), 내가 마침내 여기에 이른 것이다. 또 불노를 상왕께
서 이미 아들로 삼지 않았고, 하물며 실지 아들이 아니니 어찌 의심하겠
는가? 조박은 녹권祿券을 추탈하고 자손을 금고禁錮하라” 했다.《태종실
록》9년(1409) 12월 19일

유씨는 고려 우왕의 시기에 권세가 당당하던 임견미林堅味의 사위
인 반복해라는 자의 첩이었다. 임견미를 위시해 조정의 문고리를 틀
어잡고 국정을 농단하던 간신들이 이성계와 최영에 의해 숙청당할
때 반복해도 목숨을 잃게 된다. 이후 유씨는 이방과의 첩이 되어 아
들을 낳았는데 정종 이방과가 원자로 삼으려던 아들이 바로 유씨가
낳은 아들 불노다. 유씨가 정종에게 오기 전부터 이미 임신한 상태라
는 기록도 있지만, 불노가 반복해의 자식이었다면 정종이 후계자로
삼을 리 만무하다.
　　그러나 이방원이 그대로 두고 볼 리도 만무하다. 보위에 오르기까
지 무수한 피를 뿌린 데다, 약간이라도 위협이 될 것 같으면 서슴없
이 죽여 버리는 이방원이 아무렴 불노를 그대로 두겠는가. 이방과가
자신이 무슨 짓을 벌이고 있는지 깨닫기에는 긴 시간이 필요하지 않
았다. 정종은 불노가 자신의 아들이 아니라고 부정한 다음 눈물을 머
금고 궐 밖으로 내쳐야만 했다. 사랑하는 아들을 살리는 길은 그것밖
에 없었다.
　　이때 이방원이 “불노가 아들이 되는 것을 기쁘게 여겼으나”라고

말했지만 본심일 리 만무하다. 이후 지방으로 쫓겨난 불노가 "내가 정종의 아들!"이라고 주장해 물의를 일으키기도 했는데 이방원은 굳이 목숨까지 빼앗지는 않았다. 만일 불노의 주장이 허위였다면 자신 하나가 죽는 것으로 그치지 않았을 터였다. 왕이 될 수도 있었던 불노는 반강제로 승려가 되어야 했지만, 천수를 누릴 수 있었던 것이 다행이었다.

"정종조차 공정왕으로 폄훼되었으니!"

공정왕恭靖王(정종)의 휘는 이방과로 즉위한 뒤에 이름을 경으로 고쳤다.
태조의 둘째아들이고, 어머니는 신의왕후다. 타고난 자질이 온화 인자하
고 공손 공경하며, 용맹과 지략이 남보다 뛰어났다. 고려에서 벼슬해 관
직을 거듭해서 장상에 이르렀고, 항상 태조를 따라 출정해 공을 세웠다.
무인년(1차 왕자의 난이 발생한 1598년) 8월에 태조가 편찮았으므로 책봉
을 받아 왕세자가 되고, 9월에 내선內禪(왕이 생존한 상태에서 보위를 전함)
을 받아 즉위해 정사에 너그럽고 어진 것을 숭상했다. 경진년 2월에 동
모제同母弟 정안공(이방원)이 책봉을 받아 왕세자가 되었는데, 적자가 없
었기 때문이었다. 그해 겨울에 병이 있어 세자가 선양을 받아 즉위하고
인문공예상왕仁文恭睿上王이라고 호를 올렸다. 왕위에 있은 지가 3년이
고, 한가하게 지내면서 봉양을 받은 것이 20년이었다. 수는 63세였다.

《정종실록》

이방원은 정종을 조선의 왕으로 대우하지 않았다. 비록 명의 제후 국이었어도 자체적으로 정통성을 확보한 조선은 왕이 죽은 다음 업적에 따라 조와 종의 묘호를 사용했음에도, 이방원은 명에서 내린 시호인 공정왕으로 기록하게 했다. 고려의 마지막 왕인 공양왕恭讓王의 의미가 '공손하게 양보했다'는 의미인 것을 감안하면 이방과의 머리에 씌워진 공정왕은 '공손하고 고분고분했다'는 의미 이상은 되지 않는다. 고려의 왕에 훨씬 가까운 이방과가 정식으로 정종의 묘호를 받은 것은 죽은 다음 281년이나 지난 숙종 7년(1681)이었다. 조선의 왕조차 그렇게 수모를 당하는 판에 공민왕은 오죽하겠는가.

이방원이 이방과를 정상적인 왕으로 대우하지 않는 이유 가운데는 '태종'의 칭호를 양보할 수 없었던 것도 포함된다. 국가를 건국한 왕은 왕조를 개창한 태조太祖의 묘호를 받게 되거니와, 태조에게 보위를 물려받아 왕실을 든든히 한 왕은 태종의 묘호를 받게 된다.

고려의 경우 왕건이 유일하게 태조의 묘호를 받았으며 조선 역시 당분간 그리했다. 역대의 어떤 왕과도 차별적인 태조는 어차피 이성계의 몫일 수밖에 없겠지만, 종의 묘호를 시작하는 태종의 묘호 역시 충분한 차별성을 갖추고 있다. 그런데 2대 왕으로 즉위한 이방과의 정통성을 인정하게 되면 자신이 받아야 할 태종의 묘호를 도둑맞게 되는 결과가 초래될 수 있다. 그것을 막기 위해서라도 이방과를 폄훼할 수밖에 없었던 것이다.

공민왕은 누구보다도 영민하고 총명한 지배자였다. 어렸을 때부터 원으로 들어가 충성심을 검증받고 그들의 공주를 왕비로 맞아 고려에 들어온 다음 즉위하는 것은 이전의 왕들과 같았지만, 공민왕은 허수아비로 전락하는 것을 단호하게 거부했다. 공민왕의 업적 가운데 특히 주목되는 것은 요동 정벌도 포함된다. 공민왕은 즉위했을 때부터 국방력의 배양에 전력을 기울였다. 마침내 즉위 6년(1357), 공민왕의 명령을 받은 고려의 대부대가 함성을 지르며 압록강을 건넜다. '1차 요동정벌'을 명령한 공민왕은 요동이 한민족의 영토임을 분명히 밝혔다. 대대적인 공격을 받은 원의 잔존세력과 고려의 배신자들은 오래 버티지 못했다. 비록 보급이 여의치 않아 퇴각하기는 했어도 고구려의 웅지가 꿈틀거리고 발해가 계승했던 한민족의 영토에 우리의 깃발이 나부낀 것은 그때가 마지막이었다.

새롭게 일어나는 명과 손을 잡은 공민왕이 오래도록 사용하던 원의 연호와 복식을 폐지하자 조야朝野가 격동했다. 원이 전성기와는 비교할 수 없을 정도로 약화되기는 했어도, 쿠빌라이칸이 24대 왕 원종을 책봉한 이후 공민왕이 즉위하기까지 거의 백 년이나 고려를 지배했던 제국이다. 그동안 친일파 뺨치는 친원파들이 득세했을 것은 불문가지인 바, 특히 기씨奇氏 일파가 대표적이었다. 원에 공녀로 보내졌던 기철奇轍의 누이동생이 황제 혜종의 눈에 들어 황후가 된 다음 (보현숙성황후 기씨) 황태자까지 생산한 다음부터 고려는 기씨들의 나라라고 해도 과언이 아니었다. 오래도록 고려의 목에 빨대를 꽂았던 친원파를 비롯한 적폐를 뿌리 뽑고 나라를 일신한 것은 아무나 할 수 있는 일이 아니다.

공민왕을 좌절시킨 또 한 가지는 전쟁이었다. 홍건적과 왜구, 여진족들의 의한 외부의 침공에 의해 필설로 형용하기 어려운 피해가 속출했다. 이전부터 원에게 바치는 것은 물론, 무능한 왕들과 친원파들에 의해 피폐할 대로 피폐했던 고려에게 계속되는 전쟁은 결정타로 기능했다. 공민왕이 사랑하던 왕비가 죽은 다음 실의에 빠지고 그로 인해 정치에 뜻을 잃었다고 기록되었지만, 그때는 나라가 회복하기 어려운 지경에 빠진 다음이었다. 그럼에도 최선을 다하려던 공민왕의 육체는 천형처럼 지속된 과부하를 견디지 못했다.

고려에 특히 치명적이었던 것은 왜구들이다. 원 말기에 곳곳에서 반란을 일으켰다가 밀려나는 바람에 고려로 침입한 홍건적들은 한때 수도 개경까지 점령할 정도로 강력했지만, 반격과 제압이 가능했었다. 그에 비해 일본의 역사와 궤를 함께 할 정도로 전통적이고 직업적인 왜구는 박멸하는 자체가 불가능했다. 특히 공민왕 당시에는 일본의 정권이 둘로 갈라져 치고받는 시대여서 중앙의 통제가 가능하지 않았다. 이런 시기를 틈타 지방에서 발호한 왜구들은 고려와 명은 물론 일본의 정권까지 위협할 정도로 세력이 강했다. 그런 시대상황에서는 공민왕이 아니라 세종대왕이라도 대책이 없을 터였다.

게다가 당시에는 원의 영토나 다름없는 제주도에서 반란이 일어난 탓에 용장 최영이 자리를 비운 상태였다. 그런 시기에 공민왕이 돌연사를 당하자 세력이 강했던 이인임이 재빠르게 움직였다. 이인임은 왕의 측근기관으로 눈엣가시 같았던 자제위를 모조리 체포하고 처참한 고문을 가해 원하는 대답을 이끌어냈다. 끝까지 자백을 거부하는 자들이 없지 않았지만, 권력의 칼자루를 잡은 이인임에게는 문제가 되지 않았다.

이인임이 권력을 잡았을 때는 고려의 유통기간이 얼마 남지 않을 무렵이었다. 이후 고려를 폐기한 반역자들에 의해 기록된 역사에 공민왕을 비롯한 고려의 왕들이 인간 이하로 매도되는 것은 패배한 적에게서 전리품을 빼앗는 것만큼이나 당연했다.

　동서고금을 막론하고 새로운 왕조와 국가가 자신들에 의해 폐기당한 국가를 좋게 평가하지 않는다. 특히 전쟁을 통해 정당하게 멸망시키지 않고 반역을 이용해 뒤엎은 자들은 자신들을 변명하기에 급급할 수밖에 없었다. 조선 정종조차 태종의 정통성 획득을 목적으로 공정왕이라는 시호로 폄훼되었던 바 전 왕조의 군주인 고려 공민왕은 말할 것도 없었다. 그들의 날조와 왜곡에 의해 공민왕은 입에 담기조차 추잡한 황음荒淫을 저지르다 목숨을 잃은 왕으로 매도당하고 후계자의 정통성까지 부정당했다.

2장

⋮

고려는 그렇게 멸망하지 않았다

새로운 역사의 새로운 등장인물들

공민왕의 즉위를 전후해 대륙의 정세가 뒤흔들렸다. 오래도록 고려를 부마국으로 삼고 압제했던 원이 주원장에 의해 건국된 명에 밀려 북방의 초원으로 돌아가자 공민왕은 기회를 놓치지 않았다. 갖은 전횡을 일삼던 기철을 위시한 매국적폐들을 제거한 공민왕은 명을 종주국으로 섬기는 정책을 펼쳤다. 주원장도 공민왕을 책봉하는 등으로 호응했다.

공민왕 후기에 중용된 인물이 앞서 말한 신돈과 함께 이색李穡이다. 고려는 물론 원에서 실시한 과거에서까지 놀라운 성적으로 급제한 이색은 조정을 이끌면서 유교적 이념을 정립하고 명과의 외교를 전담하는 등 입지를 넓혀나갔다. 신돈의 혜택을 톡톡히 받았던 이색의 문하에는 출중한 젊은 인재들이 모여들었다. 유능한 소장파 학자들 가운데 정도전과 정몽주는 발군의 쌍두마차였다.

공민왕과 신돈의 적극적인 지원으로 활성화된 성균관의 중책을 맡을 정도로 인정받던 정도전도 공민왕의 죽음에 휩쓸렸다. 신돈이 1371년(공민왕 20)에 처형당한 다음 급격히 흔들리던 공민왕마저 돌연사하고 수사를 맡은 이인임이 집권하자 성균관도 뒤흔들렸다.

불과 열 살밖에 되지 않은 우왕을 즉위시키고 조종하던 이인임은 공민왕이 추진하던 개혁을 반대로 돌렸다. 당시의 기득권층은 개혁정책의 피해자적 입장인 데다, 주원장이 무리한 요구와 위협을 계속하는 것을 이유로 종주국을 원(이때는 북원北元)으로 복귀하려 했다. 특히 명의 사신이 암살당하는 사건까지 발생해 주원장이 격분하고 고려가 반발하는 과정에서 북원과의 외교를 복원하려 하자 이색의 문하라고 해도 과언이 아닌 신진관료들이 거세게 반발했다.

그들 가운데서도 정도전은 특히 과격하고 극렬했다. 정도전은 북원의 사신을 접대하라는 명령이 내려지자 "사신의 목을 베어야 마땅하다!"며 정면으로 반박했다. 권력자들에게 정면으로 항거한 대가는 파직과 유배였다. 관직을 떼인 정도전의 유배지는 전라도 나주로 결정되는 바, 이때가 그의 나이 34세였던 1375년(우왕 즉위년)이다.

조선은 물론 역대를 통틀어도 맞수를 찾기 어려운 천재 정도전이 유배지에서 마주친 백성들의 고통과 애환을 체감하기에 긴 시간이 필요하지 않았다. 그들을 도우면서 배운 농사를 지어 자급자족하는 와중에도 저술에 힘쓰던 정도전은 2년 후에 유배가 풀렸어도 복직이 허락되지 않았다. 한성과 부평 등에 거처하고 후학을 양성하면서 저술을 계속하던 정도전이 당시 49세였던 이성계를 찾아간 것은 1383년(우왕 9) 가을이었다.

임금(이성계)을 따라 동북면에 이르렀는데, 정도전이 호령이 엄숙하고 군대가 정제整齊된 것을 보고 나아와서 비밀히 말했다. "훌륭합니다. 이 군대로 무슨 일인들 성공하지 못하겠습니까?"

이에 임금이 일렀다. "무엇을 이름인가?"

정도전이 답했다. "왜구를 동남방에서 치는 것을 이름입니다."《태조실록》7년(1398) 8월 26일

제도권 밖에 있던 정도전이 이성계를 방문해 "이 군대로 무슨 일인들 성공하지 못하겠습니까?"라고 했던 발언이 의미심장하다. 이성계도 심상치 않았던지 "왜 그런 말을 하느냐?"고 힐문했을 정도였다. 정도전이 이성계를 주목하게 된 본질적 이유는 이성계가 보유한 군사력이 절대적일 정도로 강한 것과 함께, '굴러온 돌'이라는 것도 포함된다.

역설적이게도 이성계는 고려의 목숨을 결정적으로 연장해주고 있었다. 스무 살 무렵 역사에 처음 등장한 1356년(공민왕 5) 이래 이성계는 한 차례도 패배하지 않았다. 부친 이자춘李子春이 다스리던 동북면(오늘날 함경도 지역)을 세습한 이후 벌어진 모든 전쟁에서 이성계는 승리를 거듭했다. 홍건적과 왜구와 주원장의 명에 의해 북쪽으로 밀려난 북원은 물론, 내전과 반란 등 모든 전투와 전쟁에서 승리를 거둔 이성계가 아니었다면 고려는 진즉에 유통기한을 다했을 터였다. 불세출의 용장 최영과 이성계는 고려를 지탱하는 든든한 버팀목으로 기능했다.

이성계의 덕택으로 수명이 연장되면서도 고려의 기득권층은 그를

받아들이지 않았다. 고려의 입장에서 이성계는 배신자의 후손에 지나지 않았다. 이성계의 고조부로서 목조로 추존된 이안사李安社는 전주에 살던 호족이었다. 이안사는 개인적인 이유로 인해 삼척으로 갔다가 다시 의주로 이주했다. 고려 조정에서 이안사를 병마사로 임명해 원의 침략을 방비하게 했는데 오히려 고려를 배신하고 원으로 넘어갔다.

이후 백 년 가까이나 함흥 인근에 거주하면서 원의 관리를 역임하던 가운데 이성계의 부친 이자춘의 대에 이른 다음 1355년(공민왕 4)에 또다시 원을 배신하게 된다. 원의 지배에서 벗어나기 위해 절치부심하던 공민왕은 이자춘의 귀순을 크게 기뻐하면서 관직과 다스리던 지역을 계속 유지하라고 당부했다.

고려 24대 원종元宗 시기에 반역자들이 서경(평양)을 중심으로 하는 서북면西北面(오늘날 평안도)의 대부분을 원에게 바치는 사건이 발생했다. 1270년(원종 11) 원 세조 쿠빌라이칸은 서북면 지역을 동녕총관부로 하고 서경에 동녕부를 설치해 자신들의 영토로 편입했다. 이후 항쟁을 포기한 고려가 충성을 다하는 모습을 보이고 꾸준하게 반환을 요청함에 따라 1290년(충렬왕 16)에 동녕부를 요동으로 이전하고 고려에 반환해줬다.

쌍성총관부 역시 반역자들에 의해 고려에서 강제로 분리당했다. 고려 23대 고종高宗(재위 1213~1259) 시기에 몽골이 침공한 일을 계기로 1258년(고종 45) 반역자들이 철령 이북에서 천리장성까지의 영토를 바쳤다. 그때 역시 쿠빌라이가 쌍성총관부를 설치해 자신들의 영토로 편입한 다음 반역자들로 하여금 다스리게 했다.

동녕부가 오래 전에 고려에게 반환된 데 비해 쌍성총관부는 그렇지 않았다. 원이 약화된 것을 기회로 삼아 친원파 매국노들을 처단한 공민왕은 쌍성총관부를 탈환하기 위한 전쟁을 벌이는 등 적극적으로 움직였다. 원이 설치한 쌍성총관부는 북방의 핵심지역으로 반드시 탈환해야 했지만, 성공하지 못하고 퇴각할 수밖에 없었다. 그런 상황에서 거의 백 년 동안이나 동북면을 근거지로 하여 속속들이 알고 있던 이자춘의 배신은 큰 힘이 되었다.

마침내 1356년(공민왕 5)에 쌍성총관부를 탈환할 수 있었지만 공민왕은 원을 배신한 그를 믿지 않았다. 공민왕은 이자춘이 세운 공에 보답한다는 명분으로 개경으로 불러들이고 높은 관직을 하사해 동북면에서 분리한 다음 다른 자를 보냈다. 그러나 토민들의 반발이 심하고 제대로 다스려지지 않자 공민왕은 다시 이자춘을 임명했다. 공민왕은 이자춘이 병으로 죽은 이듬해인 1362년(공민왕 11)에 이성계로 하여금 세습하게 했다.

이자춘을 세습한 이성계가 두각을 나타낼 수 있는 이유 가운데는 보급에 부족을 겪지 않았다는 점도 포함된다. 남부 지방은 왜구로 인해 피폐하고 다른 지방도 혹독한 세금으로 인해 피폐한 데 비해 동북면 사정은 그렇지 않았다. 동북면의 병력은 사병보다 결집력이 강한 가병家兵으로 구성되어 전투력이나 결집력이 다른 지역들과 비교가 되지 않는 데다, 여진족들까지 상당수 포함되는 등으로 인해 외부의 침입에 의한 피폐를 겪지 않을 수 있었다.

게다가 원과 결별하려는 공민왕의 정책에 의해 중앙에 바칠 세금 가운데 상당수를 직접 사용할 수 있는 등 다른 지역에 비할 수 없이 보급이 용이했다. 전쟁 수행에 가장 중요한 보급까지 자체적으로 해결이 가능했던 요인은 전투력이 더욱 강화될 수 있는 상승효과로 작용하였거니와, 급진적이고 과격한 성향의 정도전이 주목하는 요인이 된다.

이후 정도전이 방문했을 때는 굴지의 명장으로 자타가 공인했어도 고려에서 이성계는 굴러온 돌 이상은 아니었다. 집안이 백 년에 이르도록 원의 관직을 역임해 이미지가 좋지 않은 데다, 여진족과 통혼하는 등으로 인해 고려인으로서의 정체성이 의심되기까지 했다. 그런저런 이유로 이성계는 고려의 생존에 필요하기는 했어도 중요하게 여겨지지는 않았다.

지지기반이 취약한 것을 우려하던 이성계도 나름대로 노력했다. 이성계가 즉위하기 직전에 사망한 첫째부인 한씨韓氏가 함흥 인근 지역 출신이기에 처가의 지원을 받기 어려웠던 데 비해, 스물한 살이나 차이가 나는 둘째부인 강씨康氏의 친정은 세력이 만만치 않았다. 또한 아들들의 혼인을 통해 실력자들과 사돈을 맺기도 하는 등 지지기반을 확보하기 위해 노력했지만 권력 내부로의 진입은 여전히 요원했다.

지키려는 자와 뺏으려는 자

마침내 이성계가 중앙에 진출하는 결정적인 계기가 다가왔다. 이인임이 노쇠해 은퇴한 것이나 진배없이 생활하는 가운데 염흥방과 경복흥, 임견미 등의 권세와 포악이 이인임을 능가할 지경에 이르렀다. 불안에 떨던 우왕이 1388년(우왕 14) 초에 최영에게 밀명을 내렸다. 개경은 권신들의 사병이나 다름없는 군대가 장악하고 있는 상태였기 때문에 최영은 은밀히 이성계에게 연락을 취했다. 그렇지 않아도 존경하던 최영의 요청을 받은 이성계가 휘하를 이끌고 개경에 쳐들어간 다음 최영과 합세해 단숨에 장악해버렸다.

염흥방과 임견미 등의 일당은 물론 권신을 대표하던 이인임까지 제거하는 데 결정적인 공을 세운 이성계는 수문하시중守門下侍中이 되고, 최영은 수상 격인 문하시중에 오른다. 또한 우왕이 최영의 서녀를 왕비로 맞이하는 바, 이때부터 심상치 않은 기류가 흐른다.

이색과 정몽주로 대표되는 신진세력이 고려를 수호하는 반면, 정도전과 남은南誾, 조준趙浚 등 급진파가 이성계를 지지하면서 어긋나는 조짐은 확연해졌다. 우왕을 감싸는 최영과 배후에 정도전이 도사린 이성계는 긴밀하게 협조하고 의지하면서 서로를 지지하던 그때까지의 관계가 끝나게 된다. 그러나 두 사람 사이에 심상치 않은 기류가 형성되는데도 정작 최영 본인은 심각하게 인식하지 않았다.

공민왕이 돌연사를 당하지 않았다면 정도전은 정몽주 등과 함께 고려를 부흥하는 데 결정적인 역할을 했겠지만, 시대의 계절이 바뀐 이상 새로운 가능성을 설계해야 했다. 그러나 최영의 존재는 거대한 바위 같았다. 이성계를 앞세운 정도전으로서도 만만치 않았던 가운데 예상하지 않았던 방향에서 계기가 나타났다.

명에서 철령 이북의 땅을 요구하자 요동 정벌을 논의하다 처음에 명 황제가 말하기를 "철령을 따라 이어진 북쪽과 동쪽과 서쪽은 원래 개원로開元路에서 관할하던 군민이 소속해 있던 곳이니 중국인, 여진인, 달달인(타타르), 고려인을 그대로 요동에 소속시켜야 된다"고 했다. 최영이 백관을 모아 이 일을 의논하니, 모두 말하기를 "명에 줄 수 없습니다" 했다.

우왕은 최영과 비밀히 의논해 요동을 치려고 하매 공산부원군 이자송이 최영의 사제에 나아가서 옳지 못함을 힘써 말하니, 최영은 자송이 임견미에게 편당偏黨해 붙었다고 핑계하고는 곤장을 쳐서 전라도 내상으로 유배시켰다가 얼마 후에 그를 죽였다. 우왕이 서북면도안무사의 "요동 군사가 강계에 이르러 장차 철령위鐵嶺衛를 세우려 한다"는 보고를 받고 울면서 말하기를 "여러 신하들이 나의 요동을 공격하려는 계책을 듣지 않다가 이 지경에 이르렀다" 했다. 명에서 다시 요동백호遼東百戶 왕득명王得明을 보내 철령위를 세움을 알렸다. 《태조실록》 총서

명의 주원장이 고려의 영토인 철령은 물론 인근의 요지까지 자신들의 것이라고 억지를 부렸다. 주원장은 기초외교가 수립된 공민왕 시절부터 무리한 공물을 계속 요구해왔다. 게다가 갈수록 형편이 어려워지는 상황에서 "쌍성총관부 지역에 철령위를 설치하겠다!"는 통보까지 들어왔다. 그러나 함경도와 강원도가 연결되는 요충인 철령은 절대 양보할 수 없었다. 그럼에도 주원장은 한 술 더 떠 통보하는 것으로 그치지 않고 왕득명을 보내 철령위의 설치를 기정사실화했다.

주원장은 '쌍성총관부는 원의 영토였으므로 원을 몰아낸 우리가 차지하는 것은 당연한 권리의 행사'라는 논리를 내세웠다. 그러나 쌍성총관부를 되찾기 위해 전쟁까지 불사했던 것이 엊그제였던 고려로서는 결코 받아들일 수 없는 요구였다. 게다가 그것을 허용하는 날에는 동해안에 근접한 철령과 서해안에 인접한 자비령을 잇는 축선의 북쪽, 그러니까 동녕부와 쌍성총관부 지역을 통째로 넘겨야 하는 사태까지 촉발될 수 있었다. 억지를 한참이나 초월한 주원장의 요구는 전쟁으로까지 치닫게 된다.

정도전의 입장에서 고려군이 다시 압록강을 건너 요동으로 진격하는 사태는 어떻게든 막아야 했다. 고려군과 명군이 충돌하는 날에는 굴욕을 감내하면서까지 조성한 외교가 물거품이 되거니와, 명과

적대하게 된 고려가 북원과 협력할 개연성이 확실했다. 그것이 망국적인 친원으로 반동함은 물론, 최영으로 대표되는 기득권의 세력이 공고해지는 결과가 초래되기 때문에 쿠데타로 타도할 수밖에 없었다는 것이 이제까지의 주류다.

이성계는 명을 공격할 수 없다고 하지 않았다

'킹메이커' 정도전과 무력을 가진 이성계가 합작한 하이라이트는 '위화도 회군'이다. 고려가 멸망하기 4년 전인 1388년(우왕 14)에 최영이 요동을 공격할 것을 주창하고 어명을 받아낸다.

우왕이 평양에 머물면서 여러 도道의 군사를 독려 징발해 압록강에 부교를 만들고, 또 중들을 징발해 군사를 만들고, 최영을 팔도도통사로 삼고, 창성부원군 조민수를 좌군도통사로 삼고, 태조(이성계)를 우군도통사로 삼아 보냈다. 좌군과 우군이 합해 5만여 명인데, 여러 사람이 10만 명이라 선전했다.

군사가 출동하려 하는데 우왕은 술에 취해 해가 늦도록 일어나지 아니하니, 여러 장수들이 하직하지 못했다. 조금 뒤에 술이 깨매, 석포石浦에서 배를 띄우고 놀다가 저녁때가 되어서야 돌아와 여러 장수들에게 술을 마시게 했다. 여러 군대가 평양을 출발하는데, 최영이 우왕에게 아뢰기를 "지금 대군이 출전하는 도중에 있는데 만약 열흘이나 한 달 가량 지체한다면 대사가 성공하지 못할 것이니, 신이 가서 이를 감독하기를 청합니다"했다.

이에 우왕이 말하기를 "경이 간다면 누구와 더불어 정사를 하겠는가?"했다. 최영이 굳이 청하니, 우왕이 말하기를 "그렇다면 과인도 또한 가겠다"했다.

어느 사람이 이성泥城으로부터 와서 말하기를 "요사이 요동 군사가 모두 오랑캐 정벌에 갔기 때문에 성중城中에는 다만 한 사람의 지휘관이 있을 뿐이니, 대군이 만약 이른다면 싸우지 않고도 항복시킬 수 있습니다" 하니, 최영이 크게 기뻐해 그 사람에게 물품을 후히 줬다. 우왕은 홍무洪武의 연호를 정지시키고, 나라 사람들로 하여금 오랑캐 의복을 다시 입게 하고, 상시 대동강에 나가서 오랑캐의 음악을 부벽루에 베풀어 놓고 자기 스스로 호적胡笛을 불면서 즐거워하여 돌아올 줄을 잊고 있었다.

매양 나가서 놀 적에는 문득 오랑캐의 음악을 연주하게 하고 창우倡優(연예인)들로 하여금 갖가지 유희를 보이게 하여, 최영은 날마다 군사를 거느리고 드나들면서 피리를 불고 임금과 신하가 주색에 빠져 사람을 죽임이 날로 심하니 백성들이 원망했다. 우왕이 사자를 보내어 여러 장수들에게 금과 은으로 만든 술그릇을 내렸다.《태조실록》총서

5만에 달하는 부대를 좌군과 우군으로 편성한 최영이 총사령관인 팔도도통사에 취임했다. 계속해서 조민수曹敏修가 좌군도통사를 맡고

수문하시중을 역임하던 이성계가 우군도통사를 맡았다. 게다가 중앙 군인 경군이 일만이나 넘게 배속되어 고려의 역량이 전부 투입되었다고 해도 과언이 아니다. 용약 북상해 압록강에 도달한 군단이 위화도에서 회군한 것이 결정타가 되어 고려의 숨통이 끊기는 바, 실록에는 이성계가 전쟁에 반대한 것으로 되어 있다.

> 4월, 봉주鳳州(황해북도 봉산)에 머물렀다. 태조에게 이르기를 "과인이 요동을 공격하고자 하니 경 등은 마땅히 힘을 다하라" 하니, 태조가 아뢰기를 "지금에 출사하는 일은 네 가지 옳지 못한 점이 있습니다. 작은 나라로서 큰 나라에 거역하는 것이 한 가지 옳지 못함이요, 여름철에 군사를 동원하는 것이 두 가지 옳지 못함이요, 온 나라 군사를 동원해 멀리 정벌하면 왜적이 그 허술한 틈을 탈 것이니 세 가지 옳지 못함이요, 지금 한창 장마철이므로 활은 아교가 풀어지고 많은 군사들은 역병을 앓을 것이니 네 가지 옳지 못함입니다" 하니, 우왕이 자못 옳게 여겼다.
>
> **《태조실록》 총서**

이것이 그 유명한 이른바 '사불가론四不可論'이다. 자신에게 부여된 군사력을 악용해 쿠데타를 일으키기 직전에 이성계가 주창했다는 사불가론은 가소롭기 짝이 없다. 명을 공격해서 안 되는 네 가지 이유 가운데 첫머리가 '작은 나라가 큰 나라를 거슬러서는 안 된다'는 것이다. 그것이 반역을 일으킨 주안점인데, 그렇다면 '작은 나라가 큰 나라를 공격하면 안 된다'는 주장이 반역의 명분이 될 정도로 중요한 명제였을까?

물론 아니다. 말을 달릴 수 있는 모든 곳까지 정복한 칭기즈칸의 몽골도 처음에는 유목부족 가운데 하나에 지나지 않았으며, 청의 시조인 누르하치가 후금後金을 건국했을 때 국력도 명에 한참이나 미치지 못했다. 조선의 이순신李舜臣도 명량에서 불과 13척을 가지고 수십 배나 우세한 적을 격파하였거니와, 이성계의 논리에 대입하면 이순신은 동서고금을 통틀어 유례없는 대첩을 거두기는커녕 항복하거나 도주해야 마땅하다.

그리고 당시에 그렇게 반박했다가는 즉시 파면되어 압송당하기 십상이었기 때문에 이성계가 그런 주장을 하는 자체가 가능하지 않다. 게다가 이성계는 공민왕이 명한 1차 요동정벌에 참전한 경험까지 있었다. 당시 요동의 중심인 요동성까지 함락하고도 요동을 영유하지 못한 것은 보급 부족이 원인이었기 때문에 이번에도 직접 공격해 함락하는 자체는 어렵지 않았다. 또한 당시의 요동이 텅 빈 것이나 마찬가지라는 정보까지 입수한 상태에서 이성계가 그렇게 반대하는 것은 매우 타당하지 못하다.

이성계가 사불가론을 들어 전쟁을 반대하면 안 되는 절대적인 이유는 반역을 성공시킬 수 있는 절호의 기회를 맞았기 때문이다. 최영이 요동을 공격하자고 주창한 다음 갑자기 실행되지 않았을 것은 상식적이다. 각지의 부대를 소집해 군단을 편성하고 보급이 준비되어 출발하기까지 상당한 기일이 필요했을 것 역시 상식에 해당한다. 이성계가 우군도통사에 임명된 다음 정도전은 그 기회를 이용해 반역을 계획했을 것이다.

그렇다면 이성계는 전쟁에 반대할 것이 아니라 적극적으로 찬성해야 마땅하다. 실록에 나타난 것처럼 반대했다가 최영이 이성계를 파면하고 다른 장군을 임명하면 어쩌겠는가. 정도전이 미치지 않고서야 굴러들어온 기회를 차버리지 않을 것이다. 게다가 이미 우왕이 결재한 사안을 우왕의 면전에서 정면으로 반대한다는 것도 있을 수 없거니와, 전쟁을 명령한 우왕이 "자못 옳게 여겼다"는 것 역시 생각하기 어렵다.

다음으로 반대한 내용들은 비교적 현실적이다. 요동을 공격하기 위해 전국의 병력을 집결하면 그 틈을 노린 왜구의 준동이 우려되고, 습기로 인해 활의 접착에 사용된 아교가 풀어지는 등 거시적인 우려와 미시적인 현상까지 두루 지적되었다. 또한 '많은 군사들이 역병을 앓을 것'이라며 자상한 면까지 보였기 때문에 '작은 나라가 큰 나라를 공격할 수 없다'는 패배적이고 관념적인 주장에 비해 훨씬 현실적으로 보인다.

그러나 그런 난점은 최영도 당연히 알고 있었을 것이다. 그럼에도 불구하고 최영이 그 시기를 택한 것은 주원장 역시 그렇게 생각하고 있을 것이기 때문이다. 당시 주원장은 고려가 전쟁을 걸어올 줄은 전혀 예측하지 못했을 것인 데다, 전쟁에 곤란한 시기에 도전하는 것 역시 꿈에서조차 생각하지 않았을 터다. 최영은 주원장의 의표를 완전히 역으로 찌른 셈인 바, 완벽한 기습의 형태로 전쟁을 시작할 수 있기 때문에 성공할 가능성이 훨씬 높아지게 된다.

이성계가 사불가론을 주장할 수 없는 이유, 정확히 말해서 정도전이 절호의 기회를 놓칠 수 없는 이유 가운데는 당시의 군단을 전국적으로 소집해 편성한 것도 포함된다. 당시 이성계의 병력과 전투력이 여타의 장군들과 비교하기 어려운 수준에 있는 것은 분명하지만 그 것으로는 반역에 성공하기 어렵다. 명분 자체가 성립되기 어렵고 최 영을 비롯한 다른 장군들의 공적이 되면 극히 곤란할 수 있거니와, 여진족과 가까움 등의 거부감으로 인해 실패할 개연성이 높다.

그러나 위화도 회군의 경우 전국에서 소집되어 명분의 확립이 가 능했다. 게다가 조민수가 먼저 회군할 것을 요청하는 등으로 인해 주 도권을 잡을 수 있던 데다 개경이 텅 빌 정도로 취약했던 등으로 인 해 반역이 성공할 수 있는 요인이 중첩된 상태였다.

이성계의 브레인이었던 정도전은 그런 요인들을 충분히 예상했거 니와 '최영이 군단을 이끌고 나간 틈을 이용해 이인임의 잔당들이 반 란을 일으키려 한다'는 루머까지 퍼뜨렸다. 최영에 대한 우왕의 의존 도가 절대적인 데다, 공민왕이 죽음을 당한 시기도 최영이 제주도에 서 발생한 반란을 진압하기 위해 도성을 비웠던 때였다. 현실성이 충 분히 함유된 루머로 인해 공포에 질린 우왕은 최영이 곁에 있어줄 것 을 애걸할 수밖에 없었다.

최영 역시 위력과시 용도의 일시적 교전이 목적이었기 때문에 직 접 지휘할 필요를 느끼지 못한 상태였다. 게다가 루머로 인해 직접 나가 지휘하지 않아도 될 명분까지 충족되었기 때문에 주변의 눈치 를 보지 않고 원정군을 출발시킬 수 있었다. 반역의 골조를 완성하고 최영을 개성에 붙들어 놓아 반역을 결정적으로 성공시킨 정도전의 능력은 정몽주와 우열을 가리기 어려울 정도다.

역사적인 사기꾼들

최영이 명과의 전쟁을 주창하고 실행에 옮긴 것은 차후의 판도를 십분 고려했기 때문이다. 어차피 명이 대세라는 것을 받아들일 수밖에 없겠지만, 그렇다고 해서 시키는 대로 하는 것은 결코 바람직하지 않다. 명이 통보한 도저히 받아들이기 어려운 요구가 고려를 길들이기 위한 방도라는 것을 간파한 최영은 극약처방으로 맞섰다. 반드시 전면적으로 충돌하지 않더라도 만만치 않은 모습을 보이면 함부로 다루기 어렵겠거니와, 고려가 북원과 제휴하는 최악의 상황을 피하기 위해서라도 이전과 달리 대할 수밖에 없을 것이다.

최영도 지금 상황에서 명을 멀리하고 다시 북원과 가까이하면 어떤 결과가 초래된다는 것은 충분히 짐작할 터였다. 그렇기 때문에 강한 모습을 보여야 했다. 명이 전쟁의 빌미를 제공한 것도 그만큼 고려를 만만하게 여겼기 때문일진대, 지금 확실하게 보여주지 않으면

한도 끝도 없을 것이 분명했다.

고려의 국력을 회복하고 체신도 살릴 수 있으려면 전쟁까지 불사할 수 있다는 것을 강력하게 어필하고, 여차했다가는 북원과 손을 잡을 수도 있다고 경고할 필요가 있었다. 최영은 앞으로 지속될 명과의 관계에서 대등한 위치를 점유하고 유리한 지분을 확보할 수 있는 가장 확실한 해법을 제시한 것이다. 그렇게 대입해도 이성계가 반대할 명분이 더욱 없어지는 셈인 바, 기가 막히게도 최영은 자신이 제시한 해법으로 인해 조국이 멸망하게 될 줄은 꿈에서조차 모르고 있었다.

군중에서 거짓말이 나기를 "태조가 휘하의 친병을 거느리고 동북면을 향하는데 벌써 말에 올랐다" 하니 군중이 떠들썩했다. 조민수는 어찌할 바를 모르고 단기로 달려 태조에게 와서 울면서 말하기를 "공은 가시는데 우리들은 어디로 가겠습니까?" 하니, 태조는 말하기를 "내가 어디로 가겠습니까? 공은 이러지 마십시오" 했다.

이에 태조는 여러 장수들에게 타이르기를 "상국上國의 국경을 범해 천자에게 죄를 얻는다면 종사와 생민의 재화災禍가 즉시 이르게 될 것이다. 내가 순리와 역리로써 글을 올려 군사를 돌이킬 것을 청했으나, 왕 또한 살피지 아니하고, 최영 또한 늙어 정신이 혼몽해 듣지 아니하니, 어찌 경 등과 함께 왕을 모시고 친히 화되고 복되는 일을 진술해 임금 측근의 악인을 제거해 생령을 편안하게 하지 않겠는가?" 했다.

그러니 여러 장수들이 모두 말하기를 "우리 동방 사직의 안위가 공의 한 몸에 매여 있으니, 감히 명령대로 따르지 않겠습니까?" 했다.

이에 군사를 돌이켜 압록강에 이르러 흰 말을 타고 동궁彤弓과 백우전을 가지고 언덕 위에 서서 군사가 다 건너기를 기다리니, 군중에서 바라보고 서로 이르기를 "예부터 지금까지 이 같은 사람은 있지 않았는데 지금부터 이후로도 어찌 다시 이 같은 사람이 있겠는가?" 했다.

이때 장마가 수일 동안 계속했는데도 물이 넘치지 않다가, 군사가 다 건너가고 난 후에 큰물이 갑자기 이르러 온 섬이 물에 잠기니 사람들이 모두 이를 신기하게 여겼다.《태조실록》총서

실록에 의하면 당시의 상황이 극히 위태로웠다는 것이 회군의 직접적 원인으로 작용한다. 그러나 위화도에 주둔하던 가운데 '장마가 수일 동안 계속했는데도 물이 넘치지 않다가, 군사가 다 건너가고 난 후에 큰물이 갑자기 이르러 온 섬이 물에 잠기니 사람들이 모두 이를 신기하게 여겼다'는 대목은 허구에 가깝다. 이성계와 조민수를 위시한 지휘관들이 장님이 아닌 다음에야 장마로 인해 위태로운 위화도에 주둔하지는 않았을 것인 데다, 위화도 자체가 대군이 주둔하기에 적합하지도 않다. 압록강을 건너 싸울 생각이 없었을 조민수와 가볍게 합의한 이성계는 위화도로 들어가지도 않은 상태에서 창끝을 반대로 돌렸을 터다.

그렇다면 최영은 무엇 때문에 그토록 무리한 작전을 계속 진행시키다가 반역을 당했을까? 최영의 의도는 전면적인 전쟁에 있지 않았다. 주원장이 전혀 예측하지 못하는 시기에 기습을 성공시킨 다음 기존의 불합리한 관계에서 벗어남은 물론, 차후 협상의 칼자루까지 잡는 것이 목적이었기 때문에 작전을 계속 진행시켰던 것이다.

당시 고려의 국력으로 요동에서의 장기전이 곤란하다는 것은 누

구보다도 최영이 잘 알았을 것이다. 단기적이고 신속한 전투를 벌여 주원장을 공포에 몰아넣은 다음 보란 듯이 철수할 의도였던 최영은 작전의 취소나 연기를 받아들일 수 없었다. 그 이전에 이성계가 사불가론을 주장했다는 자체가 허구에 가깝기 때문에 북방으로 출격한 군단이 느닷없이 반역했다는 것을 전혀 인식하지 못했을 것이다.

한편 주원장은 기절초풍했다. 명이 고려에게 "쌍성총관부에 철령위를 설치할 테니 영토를 넘기라!"고 요구한 것은 전형적인 '뻥카'였다. 비록 주원장이 1368년에 원을 몰아내고 명을 건국했다지만 원의 세력과 직접 충돌한 결과는 아니었다. 원 내부의 권력투쟁이 격화되는 상황에서 봉기한 세력들이 원과 싸우다가 체력이 소진된 다음 차례로 격파하고 흡수하면서 최후의 승리를 쟁취했던 것이다.

명을 건국한 주원장이 계속 북원을 공격한 데는 전략적인 목적과 함께 황제로서의 체통을 세우려는 의도도 적지 않았다. 그러나 카라코룸으로 돌아간 다음 북원으로 변신한 원의 세력은 만만치 않았다. 주원장이 즉위한 이후 북원을 계속 공격했어도 끝내 성공하지 못한 데다, 요동의 상황도 심각한 수준이었다. 특히 나하추納哈出가 골칫거리였다. 원의 후예로서 20만이나 거느린 독자적인 군벌에 가까웠던 나하추는 요동 북방지역을 세력권으로 하면서 계속 저항하다가 1387년(우왕 13)에야 투항했다.

이후 한숨 돌린 주원장은 만리장성 밖의 요동을 노릴 수 있게 된다. 요동에는 원 시절부터 각지에 건설된 군사지역이 적지 않았다. 고려에 설치한 동녕부를 이동시킨 동녕위東寧衛가 대표적이거니와, 요양과 심양, 개원 등의 요충에 직할병력을 파견한 원은 요동을 다스리는 방법을 본능적으로 알고 체득한 상태였다.

고려인과 여진족과 한족들이 군데군데 모여 사는 요동에서 가장 사납고 인구가 많은 부류는 여진족이다. 그들 가운데 유력한 자들에게 관직과 생존에 필수적인 교역권을 주면서 거주지를 위衛로 승격시켜주겠다는 미끼를 던지면 대부분 물게 마련이다. 자신을 제외한 전부가 적대적인 야생의 환경에서 생존에 직결되는 교역권은 물론, 황제가 서명한 관직까지 받게 되면 충성을 맹세할 수밖에 없게 된다. 그런 자들로 하여금 서로를 견제하게 만들어 힘들이지 않고 안전을 취하는 원의 지배전략은 주원장에게도 충분히 유용했다.

그러나 고려는 여진족들의 연합체 따위가 아니었다. 문화와 사회 등의 전반적인 수준이 만만치 않거니와, 400년을 훨씬 넘겨 생존하는 과정에서 세계 최강 몽골이 무려 30년을 공격했어도 끝내 버틴 강인함까지 갖춘 국가였다. 게다가 쌍성총관부를 탈환함은 물론, 요동으로 이동한 동녕부를 말살하기 위해 압록강을 건너 전쟁을 일으키기까지 했던 고려에게 철령위를 설치하겠다는 요구가 통하지 않으리라는 것은 누구보다도 주원장 자신이 잘 알았다.

그럼에도 고려에게 무리하게 요구한 것은 허장성세였다. 입장을 바꿔 생각해도 피를 흘리면서까지 회복한 영토를 그냥 내줄 리가 만무하다. 그렇다고 북원을 배제하는 것을 기본으로 삼아 설정된 관계를 파기할 수는 없을 테니까 외교적 해결책을 모색할 것 역시 상식에 가깝다. 고려가 사신을 보내 애걸하면 주원장은 못이기는 척 쌍성총관부를 양보하는 대신 공물은 물론, 그동안 전쟁을 치르느라 소모된 물품을 더욱 많이 요구할 것임은 깊이 생각할 것도 없다. 실제로 주원장은 고려에게 금 500근과 은 5만 근에 5,000필의 말은 물론 엄청난 양의 보급품을 강요한 상태였다.

그런데 고려가 보낸 것은 개구리처럼 엎드리고 울상을 짓는 사신이 아니었다. 놀랍게도 고려는 전쟁을 벌일 기세였다. 게다가 시기마저도 최악 이상이었다. 설마 고려가 그렇게 나올 줄을 전혀 몰랐던 주원장은 심장이 멎을 정도로 놀랐다. 고려가 비록 작았어도 홍건적과 왜구를 위시한 외적과의 전쟁으로 단련된 데다, 요동에서의 작전 경험까지 갖춘 나라였다.

게다가 나하추가 투항하게 된 이유가 이성계에게 패배한 탓이라는 소문이 나돌 정도였거니와, 전쟁을 명령한 최영도 무패의 용장으로 위명이 쟁쟁했다. 또한 최영은 홍건적의 소탕에 협력해달라는 원의 요청에 호응해 요동은 물론 중원에서도 작전을 펼친 경험까지 갖춘 인물이다. 그뿐 아니라 일단 고려와 전쟁이 벌어지는 날에는 북원이 가만히 있지 않을 것은 너무나 명백했다. 고려와 북원이 연합하는 것은 상상하기조차 끔찍했지만, 정도전에 의해 앞장세워진 이성계 덕분에 주원장은 겨우 외통수에서 벗어날 수 있었다.

1588년 6월 1일은 실질적인 고려 최후의 날이었다. 이성계와 조민수가 앞 다퉈 개경의 수창궁에 난입해 우왕의 신병을 확보하고 최영을 체포했다. 이후 최영은 이성계에 의해 목숨을 잃고 끝내 고려까지 멸망당하는 바, 이성계에게 대군을 배속한 것이 결정적 패착이라는 시각이 오늘의 대세다. 교과서에도 '이성계에게 모든 병력을 주어 보낸 최영의 실책'으로 기술되어 있지만 사실과 다르다.

당시 최영으로서는 이성계를 보낼 수밖에 없었다. 그때까지의 이

명 태조 주원장. 어진을 제작할 때 어느 정도
의 미화는 이뤄지기 마련이지만 주원장의 경
우에는 전혀 다른 사람이라고 해도 좋을 정
도로 다른 형태의 초상화들이 전해지고 있
다. 후덕한 얼굴과 턱이 두드러진 추남형의
얼굴 가운데 어느 쪽이 더 실제 모습과 가까
운지는 알 수 없다.

성계는 누구보다도 믿을 수 있는 장군이었다. 싸울 때마다 승리를 거두고 고려의 수명을 연장시켜준 이성계를 내보내지 않으면 누구를 내보낸다는 말인가. 또한 전략적 목적이 전면전을 통해 요동을 영유하는 데 있지 않았다. 기습적인 선제공격을 통해 '계속 이런 식이라면 큰 코 다칠 것'을 경고하고 "경우에 따라서는 북원과 연합할 수도 있다!"고 위협해 칼자루를 잡는 차원이었기 때문에 이성계를 보내면 충분히 목적을 달성할 수 있다고 확신했을 것이다.

실록에는 '목자木子(이씨李氏)가 나라를 얻는다'는 동요가 퍼지는 등 이성계의 반역을 암시하지만, 이성계가 그런 기미를 보였다가는 최영이 그냥 두지 않았을 것이다. 얼굴만 비치고 철수하면 될 정도로 단기적이고 과시적인 전쟁에서 최강 이성계를 보낸 것은 지극히 당연한 결정이거니와, 이성계의 배후에 있는 정도전을 경계하지 않은 것이 패착이라고 해야 타당하다. 쉽게 말해 최영은 사기를 당한 셈이다. 그리고 대부분의 사기는 믿었던 사람에게 당하기 마련이다.

북원은 언제 멸망했을까?

북원은 이후로도 누르하치를 계승한 청 태종에 의해 1635년에 멸망할 때까지 존속했다. 과거의 영광이 퇴색하고 이름뿐인 제국으로 전락한 지 오래였지만 그럼에도 꽤 오래 버텼으나, 칭기즈칸의 적손이라는 권위를 상징하는 옥새마저 빼앗기는 바람에 완전히 멸망당하고 말았다.

위대한 군주의 미심쩍은 출발

이성계가 창끝을 돌렸을 때 이번 이야기의 주인공 이방원은 무엇을 하고 있었을까?

요동 공략에 나선 장수의 가족을 볼모로 삼으려 하자, 태종(이방원)이 포천의 가족을 피신시켰다. 처음에 신의왕후神懿王后(한씨)는 포천 재벽동의 전장田莊에 있고, 강비康妃(신덕왕후 강씨)는 포천 철현의 전장에 있었는데, 전하(이방원)가 전리정랑이 되어 서울에 있으면서 변고가 발생했다는 말을 듣고 … 전하가 왕후와 강비를 모시고 동북면을 향해 가면서, 말을 탈 때든지 말에서 내릴 때든지 전하께서 모두 친히 부축해주고, 스스로 허리춤에 불에 익힌 음식을 싸 가지고 봉양했다. 경신공주, 경선공주, 무안군撫安君(이방번), 소도군昭悼君(이방석)이 모두 어렸으나 또한 따라왔으므로, 전하께서 자기가 안아서 말에 태우고 길이 험하고 물이 깊은 곳에는 전하가 또한 말을 이끌기도 했다.

가는 길이 매우 험하고 양식이 모자라서 길가의 민가에서 밥을 얻어먹었다. 철원관을 지나다가 관리들이 잡고자 한다는 말을 전해 듣고, 밤을 이용해 몰래 가면서 감히 남의 집에 들어가지 못하고 들판에 유숙했다. 이천의 한충韓忠 집에 이르러서 가까운 마을의 장정 백여 명을 모아 행오를 나누어 변고를 대비하면서 말하기를 "최영은 일을 환하게 알지 못하는 사람이니 반드시 능히 나를 뒤쫓지는 못할 것이다. 비록 오더라도 나는 두려워하지 않을 것이다" 했다. 이레 동안 머물다가 일이 안정된 것을 듣고 돌아왔다. 처음에 최영이 영을 내려 정벌에 나간 여러 장수들의 처자를 가두고자 했으나, 조금 후에 일이 급박해 과연 시행하지 못했다. 《태조실록》 총서

실록에 의하면 이성계가 위화도에서 회군했을 당시 이방원은 한창 젊은 스물두 살에 전리정랑典理正郞을 하고 있었다. 개경에 있던 이방원은 부친에 의한 변란이 발생했다는 것을 알게 되자 급히 행동한다. 최영에게 붙잡혀 인질이 되는 사태를 피하기 위해 생모 한씨는 물론, 강씨와 가족들까지 이끌고 고향 동북면을 향해 움직였다.

이때 이방원이 재빠르게 행동해 한씨와 강씨를 비롯한 가족들을 피신시킨 것은 적지 않은 공일 수 있다. 만약 최영이 보낸 자들에게 체포되어 인질이 되는 날에는 이성계에게 적지 않은 부담이 되었을 것이다. 게다가 나중에 세자가 되는 이방석까지 구해내는 등 이방원의 등장은 성공적인 것으로 보인다.

그러나 당시 개경에 있던 아들은 이방원 하나가 아니었다. 장남으

로 일찍부터 개경에서 생활했던 이방우李芳雨가 있었기 때문에 앞장서서 움직였을 개연성이 높다. 이방우가 거의 알려지지 않은 것은 일찍 요절했기 때문인 바, 이성계가 반역했을 당시에 이미 30대 중반이었다. 당시 20대 초반으로 관직을 얼마 경험하지 못했을 막내아들 이방원보다는 장남이자 30대 중반으로 관직 경험도 풍부했을 이방우에게 아무래도 무게가 실린다.

이방원이 일족의 피신을 주도했다는 주장을 펴는 것에 대한 근거는 '다른 아들들이 이성계를 따라 참전했기 때문'에 있다. '그에 따라 이방원이 혼자서 가족들을 구할 수밖에 없는 상황'이라는 주장은 이방우의 존재로 간단히 퇴치된다. 이성계가 장남으로 하여금 관직을 받고 개성에서 살게끔 조치한 것은 깊게 생각할 것도 없이 장차 가족들을 건사하기 위함이다.

그런 장남을 전쟁터로 대동한다는 것 자체가 상식적이지 않거니와, 둘째아들 이방과가 어렸을 때부터 부친을 따라다니면서 군사적인 후계를 담당한 상태였다. 게다가 전쟁 상황으로 현직의 관리들은 더더욱 자리를 지켜야 했기 때문에 어떻게 접근해도 이방우 역시 개성에 있을 수밖에 없는 상황이다. 또한 당시의 반역이 정도전에 의해 주도되었다는 것을 감안하면 이방원의 비중은 더욱 희박하다. 정도전은 당연히 개경에 남아 있는 이성계의 가족들을 보호하기 위한 조치를 강구했을 것이며, 그것은 이성계가 과감하게 회군할 수 있었던 근거가 될 수 있다. 그렇지 않고 위화도 회군이 우발적으로 벌어졌다면 이방원까지 떼죽음을 당할 개연성이 높다. 이성계가 반역한 상황에서 모든 가족들이 무사할 수 있었던 까닭은 일차적으로 정도전의 역할에 의한 것이며, 이차적으로 정도전의 귀띔을 받은 이방우가 가족들을 대피시킨 것으로 보아야 타당하다.

믿음이 가지 않기는 이방원이 전리정랑으로 근무했다는 실록의 내용도 마찬가지다. 전리정랑이 정5품이기는 해도 인사를 담당하는 노른자위 관직이다. 이방원은 17세였던 우왕 9년(1383)에 문과에 급제했기 때문에 위화도 회군 당시는 관직에 입문한 이후 불과 5년밖에 경과하지 않았다.

게다가 22세에 불과한 이방원과 충분한 검증을 거친 중견 이상의 관료가 임명되어야 할 전리정랑은 너무나도 어울리지 않는 중책이다. 사법고시에 합격한 다음 불과 5년 만에 중앙의 부장급 판사나 검사가 되거나, 행정고시에 합격한 이후 그 기간에 행정자치부의 기획조정실장이 된 것과 다르지 않다.

이방원이 이성계의 아들들 가운데 유일하게 과거에 급제한 경력이 있고 비범한 편린을 보인 것은 사실이다. 특히 조선의 왕을 통틀어 유일하게 과거에 급제한 경력은 대단할 수 있겠지만, 이성계가 본격적으로 두각을 나타낸 시기였다는 사정과 무관하지 않다. 이방원의 급제는 이성계의 노고에 대한 급부의 하나일 수도 있겠는데, 그렇다고 해도 불과 5년 만에 전리정랑에 승진하는 것은 상식적으로 받아들이기 어렵다.

이방원의 출발에 의심을 가지는 이유 가운데 하나는 인질을 잡으려는 시도 자체가 명확하지 않기 때문이다. 최영이 실제로 그런 시도를 했다면 조민수를 비롯한 주요한 인물들의 가족들 가운데 상당수가 끌려갔어야 마땅하다. 그럼에도 전혀 그런 기미가 없다는 것은 시도가 없었던 것으로 판단해도 무방하다.

당시 최영은 인질을 잡을 시간과 명분이 충분했다. 이성계가 사불가론을 들면서 출전을 연기하거나 심지어 불가하다는 태도를 보였을 때 강하게 질책하면서 가족들을 인질로 잡아도 할 말이 없을 것이다. 그때는 가만 있던 최영이 막상 사태가 닥친 다음에야 부하들을 보내는 것도 우습거니와, 최영이 그렇게 그릇이 협소한 인물도 아니다.

그리고 이성계가 반역한 이상 인질을 잡느라 시간을 허비하기보다는 방어할 준비에 들어가는 것이 현실적인 데다, 인질을 죽이는 사태가 벌어지기라도 했다가는 좋을 것이 아무것도 없다. 승산이 희박한 상태에서 원한까지 샀다가는 개경이 초토화되고 우왕까지 참살당하는 최악의 사태가 벌어질 수 있기 때문이다. 그런 사태를 피하기 위해서는 인질을 잡는 것은 절대 피해야 할 어리석은 짓에 지나지 않는다. 어떻게 접근해도 이방원의 역사 속 첫 등장에 의혹이 제기될 수밖에 없다.

"그럼에도 누군가는 고려를 지켜야 합니다!"

우왕이 밤에 환자宦者(내관) 80여 명과 함께 갑옷을 입고 태조 및 조민수, 변안열邊安烈의 집으로 달려왔으나, 이들이 모두 전문 밖에서 군사를 둔치고 집에 있지 아니한 까닭으로 살해하지 못하고 돌아갔다. 《태조실록》 총서

얼마 되지 않는 개경의 수비군을 몸 풀기라도 하듯 간단하게 격파한 다음 최영을 체포하고 유배한 이성계와 조민수는 그것으로 그치지 않았다. 조민수와 이성계가 좌시중과 우시중이 된 상태에서 새로운 왕을 옹립해야 하지 않느냐는 의견이 대두되기에 이르렀다. 폐위가 바로 죽음이라는 위기감에 휩싸인 우왕이 벌인 이판사판의 도박은 어이없이 무산되었다.

우왕이 대동한 80여 명의 내관은 자신을 가장 근접해 경호하는 시

위내시侍衛內侍로서 무공이 탁월했을 것이다. 그러나 그 정도로 이성계와 조민수는 물론 용장 변안렬까지 급습해 죽이는 것이 가능할 것 같지는 않다. 게다가 우왕이 직접 나섰다는 것도 믿기 어렵거니와, 이성계 등이 자택에 있지 않아 실패했다는 것은 믿기 어려운 차원을 넘어 황당하기조차 하다.

우왕이 실제로 그럴 의도였다면 목표의 동선을 파악하는 것은 기본 가운데서도 기본이다. 그러나 이성계와 조민수 등이 자택에 있었다고 해도 기습에 성공하는 것은 불가능에 가깝다. 앞서 소개된 실록의 내용은 어차피 제거해야 할 우왕의 목에 억지로 걸어준 빌미에 지나지 않는다.

폐기가 결정된 우왕의 후계가 논의되는 과정에서 이성계와 조민수가 반목하게 된다. 이성계 일파가 왕족 가운데 참신한 인물을 세울 것을 주장하는 반면, 조민수 일파는 우왕의 외아들 창昌을 옹립하는 것이 옳다고 맞섰다. 당시 창은 아홉 살에 지나지 않았어도 우왕의 아들로 후계권이 확실하거니와, 어린 나이에 보위를 이은 사례가 없지 않기 때문에 조민수 일파가 명분에서 우위를 점할 수 있었다.

우왕이 왕위를 사양하고 강화에 있었다. 태조가 왕씨의 후손을 골라 왕으로 세우고자 하니, 조민수가 우왕의 장인 이임의 인척인 관계로 우왕의 아들 창을 세우고자 하여, 이색에게 묻고 마침내 의논을 정해 창을 세웠다. 《태조실록》 총서

일단 창왕으로 보위가 전해지지만 그것으로 승부가 끝난 것은 아

니었다. 비록 함께 반역하기는 했다고 해도 조민수와 이성계가 같을
수는 없다. 대등한 것은 도통사라는 직책일 뿐 힘과 장악력에서 비교
하기조차 어려운 차이가 날뿐더러, 조민수는 이성계처럼 정도전을
필두로 하는 참모 진용도 갖추지 못했다. 그 바닥에서 필수적인 함량
이 크게 미달하고 기반도 없는 주제에 우연히 굴러든 기회를 어떻게
든 잡아보려는 조민수가 이색에게 향하는 것은 구슬이 자석에게 끌
리는 것처럼 자연스런 현상이기도 했다.

　한편 정몽주는 세인들의 예상처럼 우왕의 폐위에 앞장서서 반대
하지 않았다. 오히려 정몽주는 폐위에 적극적으로 찬동했을 뿐 아니
라 이성계에게 협력하는 모습까지 보였다. 정몽주에게 경악과 의혹
의 눈길이 집중되는 가운데 이색을 중심으로 뭉친 충신들이 승부수
를 던졌다.

　공민왕이 세상을 떠난 후로부터 천자가 매양 집정대신執政大臣(고려의 수
　상)을 부를 때마다 모두 두려워해 감히 가지 못했다. 문하시중 이색이
　창왕에게 친히 조회하도록 하고, 또 왕관王官(중국에서 임명한 관원)으로
　국사를 감독하려고 해 입조를 자청하니, 창왕이 이색과 첨서밀직 이숭
　인을 보내어 경사(당시 명의 수도 남경)에 가서 정조正朝(명 조정)를 하례하
　고, 또 왕관으로 국사를 감독하기를 청했다.
　태조가 이색을 칭찬하면서 말하기를 "이 노인은 의기가 있다" 했다.
　이색은 태조의 위엄과 덕망이 날로 성해, 조정과 민간에서 마음이 그에
　게 돌아감으로써 자기가 돌아오기 전에 변고가 있을까 두려워해 태조
　의 아들 하나와 종행從行를 청하니, 태조가 전하(이방원)를 서장관으로

삼았다.

입조할 적에 관인 한 사람을 여관^{旅館}(공식적으로 머무는 숙소)에서 만났는데, 그 관인이 이색에게 말하기를 "너희 나라 최영은 정병 십만을 거느렸지만 이성계가 그를 잡은 것이 파리를 잡는 것처럼 쉬웠다. 너희 나라의 백성들은 이성계의 한없는 덕을 무엇으로 갚겠는가?" 했다.

경사에 이르니 천자가 평소부터 이색의 명망을 듣고 있었으므로 조용히 말하기를 "그대가 원에 벼슬해 한림^{翰林}이 되었으니 응당 중국말을 알 것이다" 하니, 이색이 갑자기 중국말로 대답하기를 "왕이 친히 조회하기를 청합니다" 하매, 천자가 이해하지 못해 말하기를 "무슨 말을 하였느냐?" 하므로, 예부의 관원이 전해 이 말을 아뢰었다.

이색이 오랫동안 중국에 들어와 조회하지 않았으므로 말이 자못 어려워 통하지 아니하니, 천자가 웃으면서 말하기를 "그대의 중국말은 꼭 나하추^{納哈出}와 같다" 했다.

돌아오다가 발해에 이르러 두 객선과 동행했는데, 반양산에 이르러 회오리바람이 크게 일어 두 객선은 모두 침몰했다. 전하가 탄 배도 또한 구원되지 못할 것 같았으므로, 사람들이 모두 놀라고 두려워해 넘어졌으나 전하는 신색이 태연자약해 마침내 보전되어 돌아왔다.

이색이 돌아와서 사람들에게 말하기를 "지금 이 황제는 마음에 주장이 없다. 내 생각에 황제가 반드시 이 일을 물을 것이라 여겼으나 황제는 묻지 아니하고, 황제가 묻는 것은 모두 내가 생각한 것은 아니었다" 하니, 당시의 논의로 기롱^{譏弄}하기를 "대성인의 도량을 속유^{俗儒}가 평론할 수 있겠는가?" 했다. 《태조실록》 총서 이색이 노린 의도는 주원장으로 하여금 창왕을 승인하게 하는 데 있다. 이미 공민왕 시절부터 오래도록 예속했던 원과의 관계를 끊기 위해 갖은 예를 다해 섬기고 무리한 요구를 들어주었거니와, 주원장이 공민왕을 책봉했었던 만큼 '명과 정식으로 수교하기 위해 남경으로 가는 것'은 정해진 수순이라고 해도 과언이 아니었다.

실록에는 이색이 창왕을 대동해 입조한 다음 정식으로 승인을 받는 것과 함께, 명의 관리로 하여금 고려를 감독하는 방안을 추진한 것으로 되어 있다. 그러나 '왕관으로 국사를 감독하기를 청했다'는 것은 자주성의 상실을 의미하기 때문에 현실성이 부족하다. 게다가 그렇게 되면 장차 즉위할 야심을 가진 이성계에게 크게 불리할 텐데도 이색을 칭찬하는 것 역시 사실이기 어렵다.

이색의 의도는 좋았지만 창왕이 직접 입조하는 것은 너무 어려웠기 때문에 가능하지 않았다. 그래도 일단 사신단을 꾸려 입국한 다음 찬찬하게 진행하면 소기의 성과를 달성하는 것은 어렵지 않을 것 같았다. 공민왕의 아들로 보위에 오른 우왕을 이어 창왕이 주원장의 승인을 받게 되면 공민왕의 손자라는 혈연적 정통성과 함께, 종주국에서 인정한 정통성까지 확립되기 때문에 우왕처럼 함부로 폐위할 수 없게 된다.

그렇게 되면 상황을 역전하는 것이 불가능하지 않다. 이성계가 노리는 것, 정확하게는 정도전의 의도가 고려의 산소호흡장치를 떼고 보위를 양보받아 새로운 국가를 건국하는 데 있기 때문에 시간적인 여유가 없지 않았다. 그런 상태에서 창왕이 정식으로 승인받게 되면 우왕의 정통성까지 확립되는 결과를 얻을 수 있다. 그때는 이성계 일

이색. 고려 말 유학자. 익재 이제현에게 사사했으며 원에 유학해서 과거 회
시에 응시, 장원으로 급제했다. 문하에 정몽주, 정도전, 길재, 하륜 등을 두
고 가르쳤다. 제자인 정몽주가 살해된 이후 잠적했으며, 또 다른 제자 정도
전은 그런 그를 참하려 했다.

파에게 우왕을 폐위한 대역죄를 추궁하면서 역전할 수 있는 지렛대를 박고 흔들 수 있는 만큼 이번의 기회를 놓칠 수 없었다.

"왕이 친히 조회하기를 청합니다"는 이색의 발언은 짧지만 함유된 비중은 형언할 수 없이 육중했다. 이때 주원장이 즉답을 주지 않더라도, "지금은 시기가 좋지 않으니까 나중에 입조하라"는 정도로만 말해도 절반은 성공하는 것이 분명했다. 그러나 주원장은 긍정적인 언질조차 주지 않았다. 주원장이 원하는 대로 그들의 언어로 주청했음에도 굳이 통역을 통해 들은 다음 "그대의 중국말 하는 것은 꼭 나하추와 같다"는 말로 얼버무렸다.

이색의 의도를 모를 리 만무한 주원장이 저렇게 나오는 것은 "나는 상관하지 않을 테니 너희 나라 일은 너희들이 알아서 하라"는 대답과 같다. 툭하면 고려의 내정에 간섭하고 무리한 요구를 밥 먹듯 일삼았던 주원장이 저렇게 나오는 것은 갑자기 '민족자결주의의 원칙'에 입각했기 때문이 아니다.

최영이 전쟁을 벌이려는 것을 알게 된 주원장은 혼비백산하는 차원을 넘어 아예 넋이 빠졌었다. 어찌나 놀라고 당황했던지 점쟁이를 불러 어떻게 될 것인지 재촉하기까지 했던 기억이 생생한 주원장은 새로운 우환거리를 만들지 않으려 했다. 고려 내부 사정을 어느 정도 파악했을 주원장은 장차 이성계가 즉위하려 한다는 것도 알고 있었을 것이다. 그런 상황에서 창왕을 승인하는 것은 절대 피해야만 했다.

전쟁에 관한 만큼 적수가 없는 이성계는 물론 그가 거느린 군단 역시 누구와 싸워도 패배하지 않았던 최강 가운데서도 최강이었다. 지금 상황에서 이성계의 비위를 건드려서 좋을 것은 아무것도 없지 않은가. 어차피 이성계의 세상이 될 것 같으면 입 꾹 다물고 지켜보는 것밖에 다른 수가 없었다. 무관심한 것 같지만 전혀 무관심하지 않은 주원장의 결정은 결정적인 상황을 결정짓게 만드는 결정적인 촉매로 기능했다.

승부수로 던졌던 창왕의 승인이 실패로 돌아가자 승자와 패자의 희비가 엇갈렸다. 가장 약점이었던 우왕을 폐위한 죄를 추궁당하지 않게 된 반역자들은 창왕의 정통성까지 안심하고 훼손할 준비에 들어갔다. 반면 이색을 비롯한 충신들은 물론 주제 모르고 끼어들었던 조민수까지 줄줄이 실각해 유배당하는 가운데 결정타가 준비되었다.

11월, 김저金佇가 몰래 우왕을 황려부黃驪府(여주)에서 알현하니, 우왕이 울면서 말하기를 "내가 평소부터 곽충보와 사이가 좋으니, 그대가 가서 계획을 세워 이성계를 제거한다면 나의 뜻은 성취될 수 있다" 했다. 김저가 와서 충보에게 알리니, 충보는 거짓으로 응낙하고는 달려와서 태조에게 알렸다. 김저와 정득후鄭得厚를 체포하려 하니, 정득후가 김저와 같이 모의하고 밤에 태조의 저택으로 잠입하다가 문객門客에게 잡히자 스스로 목을 찔러 죽었다.

김저를 순군옥巡軍獄에 가두니 공사供辭(국문에 의한 조사)가 변안렬邊安烈 등에게 관련되었다. 대간이 변안렬을 목 베기를 청하므로, 태조가 극력 구원했으나 창왕은 듣지 아니했다. 《태조실록》 총서

앞서 80명 정도 되는 내시들을 이끌고 이성계를 급습하려다 실패하는 바람에 폐위까지 당했던 우왕이 이번에는 김저를 설득해 보냈

단다. 게다가 나중에 개국공신까지 되는 이성계의 최측근 곽충보에게 이성계를 암살할 것을 논의했다는 것이 말이나 되는가.

이때 변안렬이 걸려드는 바, 억울하기는 그도 마찬가지다. 1268년(고려 원종 9) 원의 사신을 수행해 건너갔던 변순邊順의 손자로 중국에 머물던 변안렬은 세계 최강이었을 원의 무사들이 몰려든 무과에 장원급제했을 정도로 무예가 출중했다. 이후 공민왕이 노국대장공주와 함께 귀국했을 때 호위할 책임을 부여받아 고려로 돌아온 변안렬은 전쟁에 나갈 때마다 발군의 공을 세웠다.

공민왕이 사망한 다음 이성계와 함께 위화도에서 회군했던 변안렬이 반역자들의 눈 밖에 나게 된 이유는 우왕의 폐위에 동조하지 않았기 때문이다. 따를 자 없는 무공과 용맹에 막강한 사병을 가진 데다, 창왕을 보위할 수도 있었던 변안렬은 주군과 조국을 위해 싸우다 전사하는 무사의 명예를 누릴 수 없었다.

김저를 이용해 우왕이 복위하려는 전모까지 이끌어 낸 다음의 수순은 창왕의 폐위였다. 우왕이 신돈의 아들로 격하됨에 따라 신돈의 손자로 패대기쳐진 창왕도 부친과 함께 죽어야 했다.

이 대목에서 마지막으로 말할 것은 이방원이다. 실록에는 이색이 '자기가 돌아오기 전에 변고가 있을까 두려워해 태조의 아들 하나를 같이 가기를 청하니'라고 말한 것이 눈에 뜨인다. 실록에 나온 대로 설명하면 '자신이 명에 가 있을 동안 창왕까지 폐하는 등의 반역을 저지르는 것에 대한 안전장치를 마련하겠다'는 의미다. 쉽게 말해 인질을 요구한 것인데, 이색이 대놓고 그렇게 요구하고 이성계가 허락하는 것이 과연 가능한 일일까?

그리고 이색이 이방원에게 서장관을 맡게 했다는 것도 믿기 어렵다. 당시 이방원은 22세에 지나지 않았다. 서장관은 사신 일행에게 요구되는 모든 서비스를 제공하고 일정은 물론 전체적인 움직임을 통솔하는 데다, 기록까지 책임지는 막중한 역할이다. 게다가 고려의 운명이 결정된다고 해도 과언이 아닌 상태에서 겨우 스물두 살밖에 되지 않는 새파란 관리, 그것도 인질 용도로 데려간 이방원에게 가장 중요한 서장관을 맡긴다는 것은 너무나 상식과 부합하지 않는다. 차라리 전리정랑이 되는 것이 훨씬 가능성이 높다.

알려지지 않은 단심의 노래, 불굴가

무공만큼이나 충정도 대단했던 변안렬은 원주 변씨의 시조가 되었다. 그가 죽은 다음 338년이 지난 1728년(영조 4)에 김천택金天澤이 편찬한 《청구영언 靑丘永言》에 〈하여가〉, 〈단심가〉와 함께 변안렬의 〈불굴가〉가 수록되어 있다.

내 가슴에 구멍 뚫어 동아줄로 꿰어
앞뒤로 끌고 당겨 이 한 몸 가루가 된들
임 향한 굳은 뜻을 내 뉘라고 굽히랴.

이방원이 먼저 나서 은근히 떠보자 정몽주가 단호하게 반박한 다음 변안렬도 뜻을 밝히는 모양새다. 〈충의가〉로도 불리는 〈불굴가〉는 〈단심가〉에 비해 널리 알려지지 않았지만, 무서운 충성과 죽음을 두려워하지 않는 기개에 탄복하지 않을 수 없다.

3장

⋮

이방원은 정몽주를 죽이지 않았다

정몽주, 고려의 마지막 희망

처음에 청친조사請親朝使 윤승순 등이 경사로부터 돌아왔는데, 예부에서 황제의 조칙을 받들어 도평의사사都評議使司에 자문을 보내니, 다른 성 (신돈의 자식들인 우왕과 창왕)으로써 왕씨의 후사로 삼았음을 책망하고 친조를 허락하지 않았다.

이때에 이르러 태조는 판삼사사 심덕부, 찬성사 지용기, 정몽주, 정당문학 설장수, 평리 성석린, 지문하부사 조준, 판자덕부사 박위, 밀직부사 정도전 등과 흥국사에 모여 병위兵衛를 크게 벌여 두고 의논하기를 "우와 창은 본디 왕씨가 아니므로 봉사奉祀하게 할 수 없는데 또 천자의 명령까지 있으니 마땅히 거짓 임금을 폐하고 참 임금을 새로 세워야 될 것이다. 정창군 요瑤는 신왕神王(20대 신종)의 7대 손자로서 족속이 가장 가까우니, 마땅히 세워야 될 것이다" 하고는 공민왕의 정비궁定妃宮에 나아가서 정비의 말씀을 받들어 우왕은 강릉에 옮겨 두고, 창왕은 강화

에 내쫓아 폐해 서인으로 삼고, 요를 맞아서 왕으로 세우니 이 분이 공양왕恭讓王이다. 《태조실록》 총서

창왕 1년(1389) 11월, 김저를 이용해 엮어 놓은 우왕과 창왕은 물론 고려의 운명까지 결정지을 장소는 흥국사였다. 이성계를 필두로 심덕부, 지용기, 정몽주, 설장수, 성석린, 조준, 박위, 정도전 등이 살벌한 위용을 갖추고 논의에 들어갔다. 주원장이 신돈의 자손들이 보위에 오른 것을 책망하고 창왕의 친조를 허락하지 않았다고 소리 높여 외치던 그들에 의해 마지막 도미노가 세워졌다.

이른바 '흥국사의 9공신'에 의해 왕으로 결정된 공양왕은 우왕과 창왕과는 한참이나 달랐다. 이미 마흔다섯의 중년으로 세상물정을 충분히 아는 데다, 신중하고 사려 깊은 공양왕은 보위에 오르고 싶지 않았지만 결정권이 없기는 마찬가지였다. 그리고 공양왕이 후계자로 선택된 요인 가운데는 이성계와 사돈관계라는 점도 포함된다. 공양왕 왕요의 형제 왕우가 이성계의 두 번째 부인 강씨의 장남 이방번에게 딸을 주어 사위로 삼았는 바, 결코 달갑지 않은 척연慼然이었다.

고려의 최후를 장식할 용도로 선택된 공양왕은 공민왕의 왕비인 정비 안씨에서 책봉을 받는 것으로 마지막 도미노가 되는 과정을 마쳤다. 떠밀리듯 책봉의식에 나선 정비도 자신의 신세를 한탄했다. 이미 9년 전에 세상을 뜬 명덕태후가 설령 살아 있다고 해도 우왕을 책봉한 책임으로 인해 태후로서의 권위가 상실당했을 것이 분명했다. 마지막 고려 태후로서의 운명을 거부할 수 없는 것은 정비도 마찬가지였다.

공양왕이 교지를 내렸는데, 그 대략은 이러했다.

"공민왕이 불행히도 아들이 없이 세상을 떠나자 이인임이 정권을 마음대로 하고자 하여 거짓으로 신우辛禑(우왕)를 왕씨라 일컬어 임금으로 삼았다. 그런데 우가 완흉하고 광패해 장차 요양遼陽(요동)을 침범하고자 하므로 시중 이성계 등이 사직의 큰 계책으로써 군사들을 타일러 회군했다. 그리고 의논해 왕씨를 왕으로 세우려고 하니 조민수가 이인임의 당임으로써 여러 사람들의 의논을 저지시키고 우의 아들 창을 세웠으니, 왕씨의 제사가 끊어진 지가 16년이나 되었다.

이성계가 충의를 분발하고 심덕부, 정몽주 등과 계책을 결정해 위로는 천자의 밝은 명을 받들고, 종친과 기로耆老(원로), 문무의 신료와 함께 모의해 공민왕 정비의 명령을 받들어 우와 창 부자를 폐하고 왕씨에게 가장 가까운 친족으로 조종의 왕통을 계승하게 했으나, 짐 스스로가 덕이 적은 사람이므로 책임을 감내하지 못한다. 이성계는 명분을 바로잡고 다시 나라를 일으켜 왕실을 재건했으니, 그 공은 실로 태조太祖(왕건)의 개국공신의 아래에 있지 아니하다.《태조실록》총서

이때가 12월, 공양왕이 즉위한 다음 가장 먼저 시행한 업무는 우왕과 창왕을 죽이는 것이었다. 게다가 유배보냈던 최영까지 죽였는데도 정몽주는 의례적으로 만류하는 모습조차 보이지 않았다. 목숨 걸고 저지하기는커녕 우왕과 창왕의 폐위에 적극적으로 협력해 흥국사의 공신 가운데 하나가 되었던 정몽주는 공양왕의 극찬까지 받았다. '이성계가 충의를 분발해 이에 심덕부, 정몽주 등과 계책을 결정해' 등의 대목은 우리가 알고 있는 정몽주와 너무나 부합하지 않는다. 당

정몽주 암살사건의 재구성 … 91

시 정몽주의 모습은 안중근이 이토 히로부미伊藤博文와 의기투합해 움직이는 것 같은 착각마저 불러일으킬 지경이다.

그러나 정몽주는 현실을 직시해야 했다. 어차피 우왕을 구제할 길은 존재하지 않았다. 공민왕부터가 혈통에 의문을 제기당할 빌미를 제공했거니와, 우왕이 저지른 음행과 실정은 백성들의 분노를 폭발하기 직전까지 응축시켰다. 게다가 이인임과 염흥방, 임견미 등의 무리들과 결탁한 불교 세력은 그렇지 않아도 쓰러지려는 고려를 결정적으로 망가뜨렸다. 이색과 정몽주를 비롯한 충신들은 어떻게든 고려를 회생시키려 했지만, 정도전의 시각에서 수명을 다한 사람의 입에 산삼과 녹용을 털어 넣는 것처럼 쓸데없는 짓에 지나지 않았다.

반역은 정도전에 의해 빠르게 숙성되었다. 승리할 수 있는 방법을 본능적으로 타고난 장군 이상은 아니었던 이성계에게 불온한 사상을 주입하던 정도전이 그림자들을 규합하는 것처럼 은밀하게 세력을 불려나갔다. 우직하고 충성스러운 최영은 회군하기 한참 전부터 완벽한 계책을 조립한 정도전의 적수가 아니었다. 이색마저도 예측하지 못하고 당하는 판에 최영은 오죽하겠는가.

설령 알아챘다고 해도 당시 최영은 이성계를 감당하기 어려웠다. 이미 다른 마음을 먹은 이성계의 군대는 군벌의 규모와 형태를 한참이나 초월했거니와, 끝없는 전쟁에 마모당한 장군들도 싸우지 않고 먹고살 수 있는 방법이 있다는 것에 귀가 솔깃할 터였다. 내부에서 칼을 뽑기 직전에 압록강을 건너 진격하라는 명령이 떨어지자 정도전에게 걸렸을 표정이 눈에 선했다. 게다가 위화도 회군이 주원장으로 하여금 창왕을 승인하지 않게 하는 패착으로 기능한 이상 무사하기를 기대할 수 없었다.

우왕은 물론 창왕도 포기할 수밖에 없었다. 우왕은 자업자득이거니와, 주원장으로 인해 굶주린 맹수들 앞에 내던져진 창왕을 구할 방도가 없었다. 그로 인해 우왕에게 정통성이 있다고 주장했던 이색은 물론, 신돈의 자식을 옹호했다는 혐의가 걸린 충신들은 이미 죽음에 한 발짝 들인 상태였다.

정몽주는 그럴 수 없었다. 수렁으로 가라앉는 우왕과 창왕을 구하려다 함께 빠지는 우를 반복할 정몽주가 아니었다. 이성계와의 친분이 돈독한 데다, 우왕과 창왕의 폐위와 공양왕의 옹립에 앞장선 공을 인정받아 공신이 되기까지 한 것은 앞일을 위해서였다. 이색을 비롯해 실각당하고 유배에 처해진 충신들이 처형당하지 않는 것도 정몽주 덕택이었다. 정몽주까지 관념적인 충성에 얽매였다면 진즉에 시체의 수효를 하나 더 늘렸을 터였다. 정도전이 바라는 방향으로 움직이는 것은 가장 어리석은 선택이거니와, 고려의 숨통을 자신들의 손으로 끊어주는 최악의 반역에 지나지 않았다.

게다가 정몽주는 개인이 아니었다. 우왕과 창왕은 물론, 최영까지 죽음을 당하자 멸망이 피부에 마찰했다. 특히 최영이 참수당했을 때 백성들이 부모를 한꺼번에 잃기라도 한 것처럼 애통해한 데다, 상인들까지 일제히 철시하는 바람에 개경은 물론 전국이 괴괴해졌을 지경이었다. 470년에 이르도록 존속한 고려가 자신들이 보는 앞에서 멸망하기를 바라는 백성은 존재하지 않았다. 민초들은 오두막이라도 거처할 곳이 있고 가족들과 거친 밥이라도 나눌 수 있다면 폭압과 수탈밖에 해준 것 없는 나라가 하루라도 더 존속하기를 바랐다.

늙은 황소처럼 우직하고 믿음직했던 고려의 방패 최영이 참수당한 다음 뒤꿈치까지 다가온 멸망의 낙차에서 백성들이 의지할 사람은 정몽주가 유일했다. 그들을 위해서라도 정몽주는 끝까지 살아남을 의무가 있었다. 유일한 무기인 칼보다 강한 붓을 휘두르기 위해서는 충성으로 위장하고 처형장으로 이끄는 신기루에 홀리지 않아야했다. 반역자들의 심장에 날카로운 붓을 쑤셔 박기 위해서는 오직 현실을 직시하는 것 이외에 다른 방법이 있을 수 없었다.

정도전 대 정몽주

우왕과 창왕이 죽음을 당한 다음 백성들에게 의외의 평온이 주어졌다. 정도전을 필두로 하는 계파가 정국을 장악하자 매일같이 물고 뜯던 조정이 조용해졌거니와, 시국을 안정시키기 위한 일련의 조치가 실행된 덕택이었다. 연산군이 무색하게 황음하고 사치스럽던 우왕이 폐위당한 다음 백성을 괴롭히고 착취하는 것을 천직으로 알던 권력자들까지 일소되자 비로소 세상이 세상 같아졌다.

정도전이 중심이 된 조정에서 시행하는 일련의 조치는 첫 페이지를 펼치는 것에 지나지 않았지만, 너무나 엉망이었던 그동안에 비교되어 휘황하게 빛났다. 조정이 빼앗겼던 백성들의 토지를 돌려주는 한편 살인적이었던 세금과 부역을 현실화하는 조치를 취하자 눈물을 쏟지 않는 자가 없었다. 정도전으로서는 너무나 당연한 수순이었어도 이성계에게 향했던 그동안의 시선을 바꿔놓기에 충분했다.

'이제는 살았다!'며 처자식을 끌어안고 기뻐하는 백성들이 모르는 것 가운데에는 '과전법科田法'의 실시도 포함되었다. 관리와 무관들의 생계를 위해 시행하던 기존의 '전시과田柴科'가 권력자들에 의해 무력화되었거니와, 토지를 장악한 다음 세금조차 내지 않는 자들에게 권력까지 장악당하는 바람에 국가가 위태로웠던 폐단은 반드시 수술해야만 했다.

정도전과 남은, 조준 등의 급진파가 내놓은 과전법은 국가가 공직자와 군인들에게 생계의 수단으로 대체했던 전시과를 현실화한 것이라 할 수 있다. 전시과가 현직 관리를 비롯한 급여대상자에게 토지의 생산물에서 조세를 거두는 권리를 인정하는 것에 비해, 과전법에서는 등급에 따라 국가가 지급한 전답에서 경작한 결과물에 대해 10분의 1을 자신의 소유로 할 수 있다. 또한 경작자는 수확한 1결당 2두를 조세로 바치는 것이 대체적이다.

공직자들의 생계가 유지될 수 있으면서 부분적으로 세습까지 가능한 과전법이 시행되기 위해서는 토지의 정비와 등록이 필수적이다. 그로 인해 국가의 재정이 튼튼해지거니와, 전시과가 무너진 다음 합법적이지 못한 수단으로 생계를 영위했던 기존 관료들의 턱에 강타를 먹이는 효과까지 겸비했다. 이인임 같은 권력자가 아니더라도 국가에 등록되지 않은 농장과 목장을 가졌던 기존의 관료들에게 과전법은 쥐약과 같았다.

무력으로 고려를 압박하는 이성계가 부정적인 주목을 받을 수밖에 없는 반면, 식도를 틀어막아 고사시키는 정도전은 실질적인 주역임에도 백성들의 원한을 사지 않을 수 있었다. 원한을 사기는커녕 오히려 칭송을 받는 정도전은 고려를 폐기하기 위한 마지막 점검에 들어갈 준비를 갖추기 시작했다.

전성기의 신돈이 무색할 정도로 숨 가쁘게 진행되는 격변의 과정에서 정몽주는 전혀 손상을 받지 않았다. 이미 정도전의 의도를 충분히 파악한 정몽주는 유배당한 이색을 비롯한 충신들을 지키기 위해 필사적으로 움직였다. 조정에 충신들이 없는 것은 아니었지만, 비중으로 보나 머릿수로 보나 함량이 미달하는 그들을 대동하고 역전하는 것은 가능하지 않았다. 가뜩이나 위태로운 상황에서 역전승을 노리기 위해서는 이색은 물론, 자신에 비해 역량이 크게 처지지 않는 동지들이 반드시 필요했다.

그러나 정몽주가 정도전의 의도를 파악하는 이상으로 정몽주의 속셈을 꿰고 있는 정도전이 가만있을 리 만무하다. 게다가 고려를 폐기하기 위한 수순에 돌입한 정도전을 비롯한 세력들이 사냥감의 목덜미에 송곳니를 박으려는 상황에서 어이없는 사건이 불거졌다.

5월, 순안군 왕방과 동지 밀직사 조반이 경사에서 돌아와 이렇게 아뢰었다.

예부에서 신 등에게 이렇게 일렀습니다. "그대 나라 사람으로서 파평군 윤이尹彝와 중랑장 이초李初란 사람이 와 황제에게 호소하며 이렇게 말했소. '고려의 이시중李侍中(이성계)이 왕요를 임금으로 삼았는데, 왕요는 종실이 아니고 이시중의 인친이옵니다. 왕요는 이성계와 더불어 모의해 병마를 움직여 장차 상국(명)을 범하려고 하므로 재상 이색 등이 옳지 못하다고 하니, 곧 이색, 조민수, 이임, 변안열, 권중화, 장하, 이숭

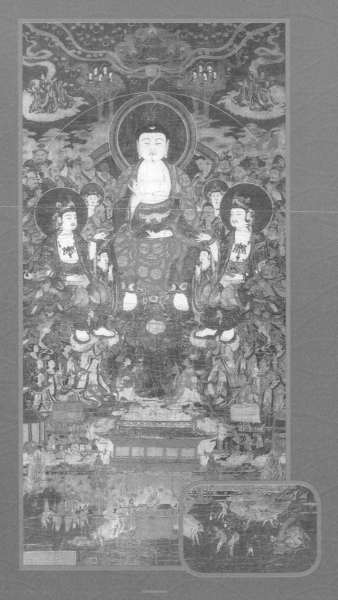

미륵하생경변상도彌勒下生經變相圖. 1350년(충정왕 10)에 제작된 불화. 고려 민중
은 현세의 고달픔을 감내하고자 장차 도래할 미륵불을 마음속에 그렸다. 그림
오른쪽 밑에는 농부가 힘겹게 추수하는 모습이 묘사되어 있다.
"벼슬아치들은 앉아서 만 섬의 곡식을 먹을 수 있구나. 하지만 우리는 종일 뙤
약볕 아래 있어도 한 말의 조조차 얻을 수 없으니." 〈파한집〉 중에서.

인, 권근, 이종학, 이귀생을 잡아서 살해하려 하고 우현보, 우인열, 정지, 김종연, 윤유린, 홍인계, 진을서, 경보, 이인민 등은 먼 곳으로 귀양을 보냈습니다. 내쫓긴 재상 등이 몰래 우리들을 보내어 천자에게 고하고, 이내 친왕(연왕 주체)에게 청해 천하의 군사를 움직여 와서 정토征討하도록 청했습니다.' 이에 윤이와 이초가 기록한 이색, 조민수 등의 성명을 내보이므로 조반이 윤이와 대변對辨하기를 '본국이 대국을 지성으로 섬기는데 어찌 이런 일이 있겠습니까?' 하고, 이내 윤이에게 묻기를 '그대는 벼슬이 봉군封君에 이르렀으니 자못 나를 알 것인데?' 하니, 윤이는 깜짝 놀라면서 얼굴빛이 변하였소" 했습니다.

이에 우현보, 권중화, 경보, 장하, 홍인계, 윤유린과 최공철 등을 순군옥에 내려 가두고, 이색, 이임, 우인열, 이인민, 정지, 이숭인, 권근, 이종학, 이귀생 등은 청주의 감옥에 가두고 이를 국문하게 했다. 《태조실록》 총서

1390년(공양왕 2) 5월에 명에 사신으로 갔던 왕방과 조반이 상식적으로 납득하기 어려운 사안을 보고했다. 두 사람이 남경에 들어가 입궐하자 주무관청인 예부에서 고려에서 망명했다는 윤이와 이초라는 자가 주원장을 배알하고 말했다는 내용에 대해 알려줬다. 윤이는 군호까지 받은 것으로 보아 상당한 지위가 있겠지만, 오늘날의 영관급인 중랑장에 지나지 않는 이초가 망명해 주원장을 배알했다는 자체가 믿기지 않는다.

게다가 이성계가 세운 공양왕이 왕건의 후손이 아니고 이성계의 사돈에 지나지 않는다고 하는 데다, 공양왕이 이성계와 함께 주원장을 치려고 한다는 데는 웃음마저 나올 지경이다. 만일 그것이 사실에

비근했다면 주원장이 가만있지 않을 것은 상식 축에도 끼지 못한다. 그뿐 아니라 그렇게 중대한 사안을 직접 힐문하지 않고 예부를 통해 사신들에게 알리는 것은 또 무엇인가. 큰댁에 인사를 차릴 시기가 되어 떡을 들려 보낸 종놈들이 답례랍시고 코끼리를 끌고 온 것만큼이나 황당했다.

길게 생각할 것도 없이 조작이다. 창왕이 즉위한 다음 승인을 받기 위해 갔을 때 '자결주의'를 대접하던 주원장이 '다른 성으로 왕씨의 후사로 삼았음을 책망하고 친조를 허락하지 않았다'며 날조했던 것이 바로 엊그제였다. 이후 얼마 지나지도 않아 방문한 왕방과 조반에게 그런 사안을 알렸다는 것이 날조가 아니라면 오히려 이상할 일이다. 출처 역시 길게 생각하고 자시고도 없다.

공양왕을 직접 노렸다는 자체에 의미가 부여될 수도 있겠지만, 그러기에는 너무나 엉성하고 허술했다. 우왕을 폐위했던 빌미인 '김저 사건'의 경우 이성계를 죽이려는 목적으로 이성계의 측근인 곽충보의 협조를 얻으려 했다거나, 체포당할 위기에 처한 정득후가 자살한 다음 김저가 전모를 자백하고 의문사를 당하는 등, 날조에 필요한 모든 성분이 넘치도록 함유되어 있었다.

그러나 이번의 '윤이 및 이초 사건'은 날조라고 말하기조차 한심스러울 정도였다. 표적이 되었던 공양왕부터가 어이없게 웃는 가운데 꺼질 것 같았던 사건에 산소가 공급되기 시작했다. 이색 일파로 지목된 인물 가운데 김종연이 사라졌다는 보고를 받은 정도전 일파는 희색이 만연했다. 비록 사건이 우스울 정도로 한심하게 조작되었지만, 시대가 시대인 만큼 자칫 화를 당할 수 있다는 위기감에 휩싸인 김종연이 도주한 직후부터 '윤이 및 이초 사건'이 비로소 사건으로 다뤄지기 시작했다.

 김종연을 주모자로 하는 사건이 시작되자마자 유배지에서 비교적 안전하게 지내던 충신들이 투옥당했다. 연일 국문이 벌어졌지만 이색을 비롯한 충신들에게 혐의점이 발견되지 않았다. 결국 사건이 유야무야되면서 윤이와 이초를 유배하는 것으로 마무리되고 말았다. '태산명동서일필泰山鳴動鼠一匹'의 전형적 사례 같지만, 정몽주가 아니었다면 그렇게 끝나기 어려웠을 것이다. 반대를 위한 반대에 치중하지 않고 정연한 논리로 주장하고 반박하는 정몽주는 정도전으로서도 만만치 않았다.

 게다가 공양왕도 밥값을 해냈다. 우왕과 창왕과는 비교조차 하기 어려운 관록과 현실 감각의 소유자인 공양왕은 적절하게 정몽주를 지원했다. 공양왕과 정몽주는 같은 배를 타고 있거니와, 풍랑과 파도에 난파하지 않기 위해서는 이색을 비롯한 충신들의 합류가 절대적으로 요구되었다. 정몽주의 정치력과 적절하게 배합된 왕으로서의 권위는 압도적으로 불리한 전쟁에서 밀리지 않았거니와, 반격의 동력까지 비축할 수 있었다.

마침내, 정몽주와 고려의 반격

11월, 태조가 윤이, 이초의 옥사로써 글을 올려 사직하니 공양왕이 태조를 영삼사사로 삼았다. 김종연이 서경에 이르러 천호 윤귀택과 심덕부의 휘하인 선공판관 조유와 공모해 태조를 살해하고자 하니, 귀택이 모계가 누설될까 두려워해 몰래 태조에게 나아가 변고를 고발하기를 "종연이 심시중(심덕부)와 지용기 등과 함께 모반할 계획이 있습니다" 했다.

조유도 또 말하기를 "심시중이 진무 조언과 조유 등으로 하여금 장차 군사를 일으키려고 하니, 이것은 반드시 공에게 이롭지 못할 것입니다" 했다. 태조가 그 말을 비밀히 덕부에게 알리니 덕부가 조유를 옥에 가두었다.

태조가 아뢰기를 "신은 덕부와 더불어 마음을 같이하여 나라를 받드므로 본디부터 시기하고 의심하는 마음이 없사오니, 청하옵건대 조유를 신문하지 마시고 우리 두 신하로 하여금 종시終始 보전하게 하소서" 했다. 공양왕이 장차 이를 석방하려고 하니 사헌부에서 소를 올려 국문하기를 청하므로, 조유는 이에 복죄해 교형에 처하고 덕부, 용기, 조언 등은 모두 외방으로 귀양보냈다. 《태조실록》 총서

11월에 이르도록 파장은 가라앉지 않았다. 그로 인해 이성계와 함께 흥국사의 9공신으로까지 격상된 심덕부와 지용기가 숙청당하는 사태가 벌어지거니와, 이성계가 사직서를 던지고 공양왕이 반려하는 광경까지 연출된다. 부담이 될 수 있는 세력들을 차례로 숙청하면서 거침없이 내닫던 정도전 일파에게 제동이 걸리는 사건이 발생했다.

이색, 조민수 등이 신우(우왕)의 장인인 이임에게 가담해 그 아들 창을 도와 왕으로 세웠으니, 왕씨의 후사가 두 번이나 폐해졌습니다. 이것은 하늘이 왕위로써 공公(이성계)에게 명한 시기였는데도, 공은 겸손한 태도로 사양해 왕위에 오르지 아니하고 정창부원군定昌府院君(공양왕)을 추대해 임시로 국사를 서리하게 했으니, 거의 사직을 받들어 백성을 편안하게 할 수가 있었습니다.
전일에 신우의 악은 여러 사람이 다 같이 아는 바인데 이색, 우현보 등은 미혹됨을 고집해 깨닫지 못하고 신우를 맞아 그 왕위를 회복할 것을 모의하다가 간사한 죄상이 드러나매, 그 죄를 모면하려고 윤이, 이초 등을 몰래 보내 '본국이 이미 배반했다'고 거짓으로 호소하고는, 친왕에게 청해 천하의 군사를 움직여 장차 본국을 소탕하고자 했으니 그 계책이 행해졌다면 사직은 장차 폐허에 이르고 백성도 또한 멸망에 가까웠

을 것입니다. 《태조실록》 1년(1392) 7월 17일

　나중에 이성계가 즉위한 직후 실록에는 우현보가 이색과 함께 충신들의 거두로 나타난다. 윤이와 이초의 배후에 우현보가 있다는 뉘앙스는 전혀 믿을 것이 되지 못하지만, 당시로서는 그렇지 않았다. 이때 정도전이 우현보를 표적으로 설정한 것은 전체 충신들을 한꺼번에 때려잡으려는 노림수였다.

　이성계 일파는 당연히 이색을 타도하고 싶었겠지만, 정몽주의 정치력과 공양왕의 태도로 보아서는 가능하지 않았다. 그렇다고 해서 가만히 있을 수는 없었기 때문에 우회전술을 시도하게 된다. 이색의 정치력이 우왕과 창왕을 거치면서 예전만 못해졌다지만, 상징성은 오히려 더욱 도드라졌다. 그런 이색을 들어내기 위해서는 주변에 있는 잡목들부터 찍어내는 것이 순서라는 정도전의 의도는 틀리지 않았다.

　공양왕이 또 대간에게 개유開諭하기를 "우현보의 죄상은 애매하고, 게다가 사죄赦罪(용서) 전에 있으니, 다시 청죄하지 말라" 하고 사순司楯 황운기로 하여금 태조를 부르게 하니, 태조는 병으로써 능히 조회하지 못했다. 황운기가 태조에게 강제로 조회하게 하니, 태조가 사람을 시켜 아뢰기를 "신이 병으로써 능히 조회하지 못하온데 지금 운기가 신을 강제로 조회하게 하니, 어찌할 바를 알지 못하며 황공하여 몸 둘 곳을 모르겠습니다" 하매 공양왕이 노해 황운기를 순군옥에 내려 가두었다. 《태조실록》 총서

놀랍게도 공양왕이 우현보에 대한 공세를 정면으로 차단했다. 그 결과 정도전의 의도가 좌절되거니와, 전혀 예상하지 못했던 반격까지 초래하게 된다. 비록 이성계 일파에 의해 즉위할 수 있었어도 공양왕은 이전의 우왕과 창왕과는 전혀 달랐다. 보위에 앉혀졌을 무렵인 40대 중반까지 적절하게 처신하며 살아왔던 공양왕은 충신들의 죽음이 초래할 파멸적 결과를 잘 알았다. 왕으로서의 권위를 활용해 충신들을 옹호했던 공양왕은 우현보를 찍어내려는 공세에 필사적으로 저항했다.

그러나 아무리 공양왕이 저항해도 정몽주 없이는 비명을 지르면서 몸부림치는 것 이상은 가능하지 않았다. 당시의 정몽주는 우왕과 창왕을 폐위하고 죽이는 데 앞장서서 찬성했던 정몽주가 아니었다. '흥국사의 9공신'이라는 위장까지 벗어던진 정몽주는 이미 칼을 뽑은 상태였다. 정몽주가 정체를 드러내자 고려에 충성하는 신료들이 함성을 지르며 반격에 나섰다.

정도전의 치명적인 실수

이때 공교롭게도 정도전이 실책을 저질렀다. 그가 주도해 우현보를 표적으로 설정한 것까지는 좋았는데 보안이 유지되지 않았다. 압도적인 공세를 퍼붓는 상태다 보니 기밀 유지에 별로 신경을 쓰지 않았을 수도 있다. 그러나 이번에 밀리게 되면 끝장이라는 인식이 팽배한 상황에서 우현보를 제거하려는 의도가 유출된 데다, 하필이면 사헌부에 근무하던 우현보의 아들 우홍득의 귀에 들어가고 말았다.

그러나 우현보를 제거하려는 것은 정도전이 조준과 남은 등 핵심들과 논의하면서 술자리를 거치다 보니 어느 정도 알려진 상태였다. 비록 우홍득이 사헌부에 근무하고 반대파들이 대간에 배치되어 있다고 하더라도 이슈가 확대되기 어려웠다. 가급적 파장을 최소화하면서 우현보에게 내려질 형량을 줄이는 방향으로 나가야 할 상황에서 어이없게도 이성계 일파의 내부에서 불협화음이 발생했다.

태조가 정도전, 남은, 조인옥 등에게 이르기를 "내가 경 등과 함께 왕실에 있는 힘껏 협력했는데도 참소하는 말이 자주 일어나니, 우리들이 용납되지 않을까 염려된다. 내가 마땅히 동쪽으로 돌아가서 이를 피하겠다" 하면서, 먼저 집안사람들로 하여금 행장을 재촉해 떠나려 했다.

이에 정도전 등이 말하기를 "공의 한몸은 종사와 백성이 매여 있으니 어찌 그 거취를 경솔히 할 수가 있겠습니까? 왕실에 남아 도와서 현인을 등용시키고, 불초한 사람을 물리쳐 기강을 진작시키는 것만 같지 못하니 그렇게 하면 참소하는 말이 저절로 그칠 것입니다. 지금 만약 한 모퉁이에 물러가 있게 된다면, 참소하는 말이 더욱 불처럼 일어나서 재화가 반드시 헤아릴 수 없는 지경에 이르게 될 것입니다" 했다.

태조는 말하기를 "옛날에 장자방이 적송자赤松子를 따르겠다고 하니(은퇴를 비유함), 고조高祖(유방)가 이를 죄주지 않았는데, 나의 마음은 다른 뜻이 없으니 왕이 어찌 나에게 죄 주겠는가?" 했다. 서로 더불어 의논했으나 결정이 나지 않으니 …《태조실록》 총서

이성계 일파의 내부에서 발생한 불협화음의 발원지는 이성계 자신이었다. 이때 이성계가 은퇴까지 입에 담으면서 가족들을 먼저 돌려보내겠다고 말하기에 이르렀다. 물론 이성계가 필부처럼 가볍게 행동할 사람도 아니고 지금 시기에서 은퇴할 사람은 더더욱 아니다. 그럼에도 저렇게 푸념을 하게 된 이유는 이성계가 기본적으로 정치인이 아닌 데 있다.

선이 굵고 행동이 앞서는 무관들 가운데서도 정점에 오른 이성계는 적을 기권시키는 방식의 정치전쟁에 익숙하지 않았다. 압도적인

우세를 바탕으로 기권승을 거두려는 이유를 납득하지 못하는 것은 아니었지만, 계속 지체되는 것은 매우 바람직하지 않았다. 1388년(우왕 14) 5월에 위화도에서 회군한 이후 당시가 1391년(공양왕 3) 6월, 이미 회군에서 3년을 넘기면서 우왕과 창왕을 거쳐 공양왕까지 이르렀는데도 고려에서는 기권할 기미가 보이지 않았다.

게다가 경위야 어쨌든 자신에 의해 즉위한 공양왕이 고마워하기는커녕 대놓고 경원하는 것도 마뜩치 않았다. 그뿐 아니라 정도전을 필두로 추진되는 일련의 과정에서 발생한 결과에 대한 반발과 욕설은 이성계가 도맡아야 했다. 이성계가 던진 사직서를 공양왕이 반려하는 사태가 반복되는 데다, 매일 같이 반복되는 입씨름에 갖은 욕을 다 먹고 있는 상황에서 푸념이 나오지 않으면 오히려 이상할 노릇이다.

그런 상황에서 갈등이 발생하는 것은 노름판에서 시비가 벌어지는 것처럼 자연스러웠지만, 날카롭게 주시하고 있던 정몽주가 기회를 놓치지 않고 지렛대를 쑤셔 박았다. 정몽주와 공양왕이 전력으로 나서자 형세가 바뀌기에 긴 시간이 필요하지 않았다. 충신박멸의 선두에 나섰던 정도전을 사형에 처하라는 일제포화가 퍼부어진 결과 유배하라는 어명이 떨어지기에 이른다.

실록은 이때의 상황을 위급하게 말한다. 학식과 논리에서 따를 자가 없고 작전과 행동력에서도 적수가 없는 데다 선봉장이자 핵심으로 활약했던 정도전의 부재에 의한 손해는 분명히 대단했을 것이다. 그런 상태에서 정몽주가 본격적으로 나서자 위기감이 팽배했을 것은 상식적일 수 있겠다.

그러나 그런 상황으로 인해 결정적인 반전은 발생하기 어렵다. 비록 정도전이 유배당했다고 하더라도 조준과 남은 등의 '두뇌'들도 자신의 몫을 감당할 수 있거니와, 그동안 지나치게 일방적이었던 것이 문제였다. 이번에 당면한 상황은 그동안 간과했던 요인들과 실책들이 복합적으로 작용해 빚어낸 결과였다. 그런 만큼 반성하면서 숨을 고를 기회로 활용하면 되는 것이다.

그리고 이성계가 버티고 있지 않은가! 정도전이 유배를 당한 것은 지나치게 일방적이었던 것에 대한 뜨악함과 함께, 이성계를 믿었던 것에 의한 반작용에 의한 것일 수 있었다. 그러나 이성계가 버티고 선 이상 반대파들은 반대 이상의 행동을 할 수 없었다. 정몽주든 공양왕이든 이색이든, 누구라도 반대 이상의 행동에 나서려다가는 즉시 피바람이 휘몰아칠 터였다. 그것을 피차 너무나 잘 알고 있었기 때문에 정도전을 유배하라는 어명이 떨어졌어도 결정적인 위기가 형성되기 어렵다는 여론이 지배적이었다.

그러나 정몽주가 칼을 뽑은 이상 조용히 넘어갈 리 만무했다. 정도전이 유배당한 9월 중순, 불만이 그득했던 이성계가 다시 사직서를 제출하자 덜컥 수리되고 말았다. 게다가 숙청되었던 심덕부가 복귀하더니 11월 중순에는 이색을 비롯해 유배지에 있던 충신들은 물론 우현보까지 조정에 복귀하기에 이르렀다.

정도전이 유배당하고 이성계까지 사퇴한 다음 조준을 제외한 심복들마저 관직을 박탈당하는 바람에 상황이 완전히 역전되고 말았다. 파격적이다 못해 입이 딱 벌어지는 인사가 누구에 의해 작성되고 시행되었는지 굳이 말할 필요가 없을 터, 마침내 정몽주가 이를 악물고 나선 결과는 정도전이 충신들을 박멸하기 위해 나선 것 이상으로 파멸적 결과가 초래될 개연성이 높았다.

그러나 문제는 역시 이성계, 비록 사퇴한 다음 조정에 모습을 드러내지 않고 있었지만 그것이 더욱 불안했다. 이성계의 사퇴가 진심이라고 믿는 자는 아무도 없었다. 군대를 장악한 이성계가 명령을 내리기에는 오히려 지금이 훨씬 수월할 터, 우세를 잡았다고 해서 섣불리 움직이는 것은 절대 금물이었다. 이성계가 자신의 방식으로 정치판에 개입하는 빌미를 주었다가는 공양왕마저도 무사하기 어려운 이상 천하의 정몽주도 뾰쪽한 대책이 없었다. 그러던 와중에 결정적인 사건이 터졌다.

정몽주에게 주어진 최후의 기회

정몽주는 우리 태조의 위세와 덕망이 나날이 커져 온 나라 사람들이 귀복하는 것을 꺼림칙하게 여겼다. 또한 조준, 남은, 정도전 등이 우리 태조를 추대하려고 모의하는 것을 알고서 일찍부터 틈을 타 그 모의를 분쇄하려 했다.

세자 왕석王奭이 명 황제를 알현하고 귀국할 당시 태조가 황주黃州까지 나가 영접한 다음 해주海州로 사냥을 나갔다가 말에서 떨어져 몸을 크게 다쳤다. 정몽주가 그 말을 듣고 기뻐하며 사람을 보내 대간에게 "이성계가 지금 말에서 떨어져 크게 다쳤으니 먼저 그의 심복인 조준 등을 제거한 뒤에 그를 처치해야 한다"고 부추긴 후 조준, 정도전, 남은 및 평소 태조를 따르던 자 대여섯 명을 탄핵해 처형시키고 태조마저 살해하려 했다. 《고려사》

3월에 통사通事 이현이 남경으로부터 돌아와서 세자가 돌아옴을 보고
하니, 왕이 기뻐하며 물품을 많이 내려줬다. 우리 태조가 세자를 황주까
지 나가서 맞이하고 드디어 해주에서 사냥하다가 말에서 떨어져 병이
위독했다. 왕이 연달아 중사中使(내관)를 보내어 안부를 물었는데, 정몽
주만이 이성계가 낙상한 소식을 듣고 기뻐하는 기색이 있었다.《고려사
절요》

3월, 세자 석이 중국에 조현하고 돌아오니 태조가 황주에 나가서 맞이
하고, 드디어 해주에서 사냥했다. 장차 길을 떠나려 하매 무당 방올이
강비康妃에게 말하기를 "공의 이번 행차는 비유하건대 사람이 백 척의
높은 다락에 오르다가 실족해 떨어져서 거의 땅에 이르매, 만인이 모여
서 받드는 것과 같습니다" 하니, 강비가 매우 근심했다.
태조가 활을 쏘아 사냥하면서 새를 쫓다가 말이 진창에 빠져 넘어지는
바람에 떨어져 몸을 다쳐 가마를 타고 돌아왔다. 공양왕이 중사를 연달
아 보내어 문병했다.
처음에 정몽주가 태조의 위엄과 덕망이 날로 성해 조정과 민간이 진심
으로 붙좇음을 꺼려했는데, 태조가 말에서 떨어졌다는 말을 듣고는 기
뻐하는 기색이 있으면서 기회를 타서 태조를 제거하고자 해 대간을 사
주해 말하기를 "먼저 그의 보좌역인 조준 등을 제거한 후에 그를 도모
할 것이다" 했다.
이에 태조에게 친근하고 신임이 있는 삼사좌사 조준, 전 정당문학 정도
전, 전 밀직부사 남은, 전 판서 윤소종, 전 판사 남재, 청주목사 조박을
탄핵하니 공양왕이 그 글을 도당에 내렸다.

정몽주가 중간에서 이를 선동해 조준 등 6인을 모두 먼 곳으로 귀양보내고, 그 무리 김귀련, 이반 등을 조준, 정도전, 남은이 귀양을 간 곳으로 나누어 보내 그들을 국문해 죽이고자 했다. 《태조실록》 총서

1391년 3월, 명 주원장에게 인사를 갔던 세자 왕석이 귀국하자 영접을 나간 다음 해주에서 사냥하던 이성계가 낙마하는 사건이 발생했다. 낙마는 심하면 목이나 허리가 부러져 죽거나 반신불수가 되거니와, 가벼워도 팔다리가 부러지는 등 장기간의 치료를 요하기 십상이다. 게다가 당시 이성계가 57세라는 적지 않은 나이여서 우려가 되지 않을 수 없었다. 다행스럽게 어디가 부러지거나 하지는 않았지만 당분간 정상적인 거동이 어렵게 되었다.

정몽주는 하늘이 내린 기회를 놓치려 들지 않았다. 이미 유배한 정도전을 오지로 옮기게 하고 관직을 박탈한 남은 등은 물론, 겨우 현직을 지키고 있던 조준까지 유배에 처했다. 계속해서 김귀련과 이반 등을 보내 정도전을 비롯한 전부를 고문하다가 죽이도록 명하자 칼바람이 휘몰아치기 시작했다.

태조가 귀경길에 벽란도에 이르러 묵으려 했는데, 태종(이방원)이 급히 달려가 "정몽주가 필시 우리 집안을 몰락시키려 할 것입니다"라고 알렸지만 태조는 대답하지 않았다. 벽란도에 유숙해서는 안 된다고 말렸지만 태조가 말을 듣지 않다가 여러 번 강권하자 아픈 몸을 이끌고 가마에 탄 채 밤에 집으로 돌아왔다. 정몽주는 일이 성사되지 못할까 우려해 사흘이나 식음을 전폐했다.

태종이 다시 "형세가 매우 위급하니 어찌해야 하겠습니까?"라고 의논했으나 태조는 "죽고 사는 것은 운명에 달렸으니 다만 순순히 받아들여야 할 뿐이다"라고 대답했다.《고려사》

우리 태조가 해주로부터 벽란도에 이르러 유숙하려 하니, 태종이 달려가서 고하기를 "정몽주가 반드시 우리 집안을 해칠 것입니다" 했으나 태조는 답하지 않았다. 또 "이곳에 유숙해서는 안 됩니다" 하니 태조는 허락하지 않다가, 군이 청한 뒤에야 병든 몸을 억지로 참고 드디어 견여肩興(교꾼들이 어깨로 메는 가마)를 타고 밤에 사저로 돌아왔다.《고려사절요》

태조가 벽란도에 이르러 유숙하니, 전하(이방원)가 달려와서 아뢰기를 "몽주가 반드시 우리 집을 모함할 것입니다" 했으나 태조는 대답하지 아니했다. 또 아뢰기를 "마땅히 곧 서울로 들어가셔야 될 것입니다. 유숙할 수가 없습니다" 했으나 태조께서 허락하지 않으므로 군이 청한 후에야 태조가 병을 참고 밤에 행차하니, 전하가 태조를 부축해 저택에 이르렀다.《태조실록》총서

이때 이성계는 개경으로 돌아오기는 했지만 의욕을 상실한 상태였다. 반면 정몽주는 '일이 성사되지 못할까 우려해 사흘이나 식음을 전폐'할 정도로 전의를 불태웠다. 바야흐로 여말선초麗末鮮初는 물론 역사를 통틀어 가장 극적인 사건이 격발되기 직전, 국가를 놓고 벌이는 죽음의 도박판에서 서로를 죽이려는 의지와 의지가 불꽃을 튕기며 마찰하기 시작했다.

"정몽주를 죽여라!"

태종과 태조의 동생 이화李和 및 사위 이제李濟 등은 휘하의 책사들과 "이씨가 왕실에 충성을 바친 것은 나라 사람들이 아는 바다. 지금 정몽주에게 모함을 받아 악명을 뒤집어쓰게 되었으니 후세에 누가 이것을 변명하겠는가?"라고 의논한 후 정몽주를 제거하려고 모의했다.

태조의 형 이원계李元桂의 사위인 변중량卞仲良이 그 모의를 정몽주에게 알리자 정몽주가 태조의 집을 찾아가 낌새를 살피려 했으나 태조는 평소처럼 그를 대했다. 태종이 때를 놓칠 수 없다고 하며 정몽주가 돌아갈 때 조영규趙英珪 등 너덧 명을 보내어 길에서 그를 격살하게 하니 나이 쉰여섯이었다.《고려사》

성헌省憲(대간)에서 번갈아 글을 올려 또 조준, 정도전 등을 목 베기를 청했다. 이때 정몽주가 우리 태조의 위엄과 덕이 날로 성해 조정과 민간에서 마음을 그리로 돌리는 것을 꺼렸는데, 조준, 정도전, 남은 등이 비로소 태조를 추대하려는 마음이 있는 것을 알고는 태조의 병이 위독한 것을 이용해 도모하고자 했다. 대간을 사주해 조준, 정도전, 남은과 평소에 태조에게 마음을 돌린 대여섯 명을 탄핵해 이를 죽이고 태조에게까지 미치게 하려 했다.

태종이 태조에게 아뢰기를 "형세가 이미 위급합니다. 장차 어찌하려 하십니까" 하니, 태조는 말하기를 "죽고 사는 것은 천명에 있으니 마땅히 천명을 따라서 받아들일 뿐이다" 했다.

태종은 태조의 아우 화, 사위인 이제 등과 함께 휘하의 군사에게 의논하기를 "이씨가 왕실에 충성한 것은 나라 사람들이 아는 바인데, 이제 몽주에게 무함되어 악평을 받게 되었으니 뒷세상에서 누가 능히 이를 분별하겠는가" 하면서 정몽주를 제거할 것을 도모했다.

태조의 형 원계의 사위인 변중량이 그 계획을 정몽주에게 누설하니, 정몽주가 태조의 사저에 나아가서 사태를 살피고자 했는데, 태조는 그를 대하기를 전과 같이 했다. 태종이 "때를 놓쳐서는 안 된다" 하고 정몽주가 돌아감에 미쳐서 곧 조영규 등 너덧 명을 보내 길에서 기다리고 있다가 쳐 죽였다. 《고려사절요》

정몽주가 성헌을 사주해 번갈아 글을 올려 조준, 정도전 등을 목 베기를 청하니 태조가 아들 이방과와 아우 이화, 사위인 이제와 휘하의 황희석, 조규 등을 보내 대궐에 나아가서 아뢰기를 "지금 대간은 조준이 전하를 왕으로 세울 때에 다른 사람을 세울 의논이 있었는데, 신이 일을 저지시켰다고 논핵하니 조준이 의논한 사람이 어느 사람이며, 신이 이를 저지시킨 말을 들은 사람이 누구입니까? 청하옵건대 조준 등을 불러 와서 대간과 더불어 조정에서 변론하게 하소서" 하여, 이 말을 주고받기를 두세 번 했으나 공양왕이 듣지 않으니, 여러 소인들의 참소와 모함이 더욱 급하므로 화가 알 수 없는 지경에 이르렀다.

우리 전하(이방원)께서 정몽주를 죽이기를 청하니, 태조가 허락하지 아니했다. 전하가 나가서 상왕(정종 이방과)과 이화, 이제와 더불어 의논하고는, 또 들어와서 태조에게 아뢰기를 "지금 몽주 등이 사람을 보내어 도전 등을 국문하면서 그 공사供辭(수사 결과)를 우리 집안에 관련시키고자 하니, 사세가 이미 급하온데 장차 어찌하겠습니까?" 했다.

이에 태조가 말하기를 "죽고 사는 것은 명이 있으니, 다만 마땅히 순리대로 받아들일 뿐이다" 하면서, 우리 전하에게 "속히 여막으로 돌아가서 너의 대사大事(생모 한씨의 상례)를 마치게 하라"고 명했다.

전하가 남아서 병환을 시중들기를 두세 번 청했으나, 마침내 허락하지 아니했다. 전하가 하는 수 없이 나와서 숭교리의 옛 저택에 이르러 사랑에 앉아 있으면서 근심하고 조심해 결정하지 못했다. 조금 후에 문을 두드리는 소리가 나므로 급히 나가서 보니, 광흥창사 정탁이었다.

정탁이 극언하기를 "백성의 이해가 이 시기에 결정되는데도, 여러 소인들의 반란을 일으킴이 저와 같은데 공은 어디로 가십니까? 왕후와 장상이 어찌 혈통이 있겠습니까?" 하면서 간절히 말했다.

전하가 즉시 태조의 사제로 돌아와 상왕과 이화, 이제와 의논해 이두란李豆蘭(이성계의 의형제 퉁두란)으로 하여금 정몽주를 치려고 하니, 두란은 말하기를 "우리 공께서 모르는 일을 내가 어찌 감히 하겠습니까?" 하매, 전하는 말하기를 "아버님께서 내 말을 듣지 아니하지만, 그러나 몽주는 죽이지 않을 수 없으니 내가 마땅히 그 허물을 책임지겠다" 했다.

그리고 휘하 인사 조영규를 불러 말하기를 "이씨가 왕실에 공로가 있는 것은 나라 사람들이 모두 알고 있으나 지금 소인의 모함을 당했으니, 만약 스스로 변명하지 못하고 손을 묶인 채 살육을 당한다면 저 소인들은 반드시 이씨에게 나쁜 평판으로써 뒤집어씌울 것이니 뒷세상에서 누가 능히 이 사실을 알겠는가? 휘하의 인사들이 많은데, 그중에서 한 사람도 이씨를 위해 힘을 쓸 사람은 없는가?" 하니, 영규가 개연히 말하기를 "감히 명령대로 하지 않겠습니까?" 했다.

영규, 조영무, 고여, 이부 등으로 하여금 도평의사사에 들어가서 정몽주를 치게 했다. 변중량이 그 계획을 정몽주에게 누설하니 정몽주가 이를 알고 태조의 사제에 나와서 병을 위문했으나, 실상은 변고를 엿보고자 함이었다. 태조는 정몽주를 대접하기를 전과 같이 했다. 이화가 우리 전하에게 아뢰기를 "몽주를 죽이려면 이때가 그 시기입니다" 했다.

이미 계획을 정하고 나서 이화가 다시 말하기를 "공이 노하시면 두려운 일인데 어찌하겠습니까?" 하면서 의논이 결정되지 못하니, 전하가 말하기를 "기회는 잃어서는 안 된다. 공이 노하시면 내가 마땅히 대의로써 아뢰어 위로해 풀도록 하겠다" 하고는, 이에 노상에서 치기를 모의했다.

전하가 다시 영규에게 명해 상왕의 저택으로 가서 칼을 가지고 와 바로 정몽주의 집 동리 입구에 이르러 기다리게 하고, 고여, 이부 등 두서넛으로 그 뒤를 따라가게 했다. 정몽주가 집에 들어왔다가 머물지 않고 곧 나오니, 전하는 일이 성공되지 못할까 두려워해 친히 가서 지휘하고자 했다. 문 밖에 나오니 휘하 인사의 말이 안장을 얹은 채 밖에 있는지라,

《삼강행실도》 가운데 몽주운명夢周殞命.
이방원이 정몽주에게 자객을 보내 선죽
교에서 살해하는 저 역사적 장면을 그
렸다. 정몽주 사후 조선 조정은 통치 이
념에 따라 정몽주를 오히려 충절의 상
징으로 치켜세웠다.

드디어 이를 타고 달려 상왕의 저택에 이르러 정몽주가 지나갔는지 아니 갔는지를 물으니 "지나가지 아니하였습니다" 하므로, 전하가 다시 방법과 계책을 지시하고 돌아왔다.

이때 전 판개성부사 유원이 죽었는데, 정몽주가 지나면서 그 집에 조상 弔喪하느라고 지체하니 이 때문에 영규 등이 무기를 준비하고 기다리게 되었다. 정몽주가 이르매 영규가 달려가서 쳤으나 맞지 아니했다. 정몽주가 그를 꾸짖고 말을 채찍질해 달아나니, 영규가 쫓아가 말머리를 쳐 말을 넘어뜨렸다. 정몽주가 땅에 떨어졌다가 일어나서 급히 달아나니, 고여 등이 쫓아가서 그를 죽였다. 《태조실록》 총서

《고려사》와 《고려사절요》 및 《조선왕조실록》을 통틀어 이방원이 정몽주를 죽일 것을 건의하고 실행까지 책임진 것으로 나타난다. 그런데 당시 이방원은 개경에 있지 않았다. 이방과를 제외한 아들들이 모친상을 모시기 위해 고향에 있던 가운데 정몽주가 급박하게 움직이자 개경에서 사람을 보내 알림에 따라 서둘러 달려온 것으로 되어 있다.

이방원이 도착했을 때는 상황이 극히 좋지 않았다. 공양왕의 어명을 받아낸 정몽주가 정도전과 조준, 남은 등을 모조리 유배하고 수하들을 보내 "고문해 죽이라!"는 엄명을 내린 다음이었다. 이때 이성계는 궁궐로 들어가지 못하고 휘하를 보내 "정도전 등이 무고하니 석방하고 그들로 하여금 스스로를 변호할 수 있게 할 것!"을 호소했다. 그러나 공양왕이 이를 들어줄 리 만무하거니와, 상황은 오히려 더욱 불리하게 돌아갔다.

이때 이방원이 정몽주를 죽일 것을 주장했다. 물에 빠져 죽지 않으려면 헤엄쳐야 한다는 것만큼이나 당연한 주장이었음에도 이성계가 받아들이지 않았다. 물러설 수 없다고 결심한 이방원이 이방과는 물론 이화와 이제 등의 주요 인물들과 의논한 다음 다시 주청했다. 그러나 이성계가 "죽고 사는 것은 명이 있으니, 다만 마땅히 순리대로 받아들일 뿐이다"라며 생사에 초연한 모습을 보이는 데다, 이방원으로 하여금 "속히 고향으로 돌아가서 모친상을 마치라"고 물리치기까지 했다.

어쩔 수 없이 자신의 집으로 들어간 이방원은 아무리 고민해도 정답이 나오지 않았다. 그럴 즈음 찾아온 정탁의 조언이 결정적으로 작용했다. 대의와 명분을 확신한 이방원이 다시 이성계의 저택으로 돌아가 주요 인물들과 논의했다. 그 결과 모든 것을 자신이 책임지는 것으로 해 마침내 결단을 내리게 된다.

이방원이 기획한 '정몽주 암살작전'은 조영규가 앞장서고 조영무와 고여, 이부 등이 행동대원으로 참가하는 형태였다. 이방원은 대담하게도 도평의사사를 습격해 정몽주를 비롯한 반대파들을 한꺼번에 쓸어버릴 작정이었다. 이때 이성계의 형 이원계의 사위인 변중량이 정몽주에게 급히 달려가 암살계획을 알리고 피할 것을 권했다. 그러나 정몽주는 전혀 습격을 피할 생각이 없었거니와, 오히려 단신으로 이성계를 방문하는 바람에 이방원을 비롯한 전부를 경악하게 만들기까지 했다.

이성계가 평소와 다름없이 정몽주를 접대하고 담소를 나누는 밖에서 암살자들이 대기하고 있었지만 감히 손을 쓰기 어려웠다. 이방원은 일단 정몽주가 귀가한 다음 손을 쓰기로 하고 조영규 등을 그쪽으로 배치했다. 그런데 정몽주가 집에 들어갔다가 금방 나오는 것이었다. 그런 와중에 다시 정몽주를 놓치자 초조해진 이방원이 직접 지휘하기로 마음먹고 이방과의 저택으로 향했다.

이때 이방원이 조영규 등에게 달려가 암살에 대한 구체적인 방법을 새롭게 지시하고 현장을 벗어났다. 이후 암살자들이 정몽주를 바짝 미행하는 상태였다. 그날 마침 고위직을 지냈던 유원이라는 사람이 사망해 정몽주가 문상을 하기 위해 그 집으로 들어간 다음 적지 않은 시간을 지체했다. 조영규 등이 밖에서 기다리는 가운데 문상을 마친 정몽주가 나타나자 마침내 처참한 최후를 맞았다.

그날은 처음부터 마지막까지 긴박하기 짝이 없다. 실록을 위시한 기록에는 정몽주가 이성계의 상태를 염탐하기 위해 문병을 가장해 방문한 것으로 나타나지만, 그런 상황이 닥치리라고는 누구도 예상하지 못했다. 정몽주가 공양왕을 사주해 정도전은 물론, 조준과 남은 등의 반대파를 모조리 체포하고 심지어 죽여버리라고까지 주청했다. 또한 이성계는 이성계대로 사람을 보내 "절대 안 된다!"고 주청하는 상태였다. 그런 상황에서 정몽주가 이성계를 방문한 것은 경악하고도 남을 일이다.

조계사에 교황이 나타난 것만큼이나 황당한 상황을 맞은 이방원은 그러나 기회를 놓치려 들지 않았다. 도평의사사에 난입해 정몽주를 죽일 계획까지 입안했던 이방원은 다시 이성계에게 강력하게 주장했다. 그러나 "죽고 사는 것은 명이 있으니, 다만 마땅히 순리대로 받아들일 뿐이다"라는 대답이 돌아올 뿐이었다. 이번에 정몽주를 죽이지 못하면 떼죽음밖에 당할 것이 없는 절박한 상황에 봉착한 이방 원은 마침내 역사를 창조하기에 이르렀다.

정몽주는 언제 어디서 죽었을까?

정몽주가 암살당한 시간은 일반적으로 알려진 것처럼 야밤이 아니었다. 조선의 경우 관리들은 매달 4일의 휴일이 보장되고 22절기에도 쉴 수 있는 등, 연간 70일이 넘는 공휴일을 사용할 수 있었다. 그뿐 아니라 설날과 추석은 물론 단오까지 쉴 수 있었으며, 국가의 애경사와 높은 품계의 관리나 종친이 사망해도 휴일이 주어졌는 바, 고려도 크게 다르지 않았을 것이다.

그렇게 접근하면 '정몽주 암살사건'이라는 주장이 무색할 수 있겠는데, 정몽주가 죽은 장소가 선죽교가 아니라 보다 번화한 장소라는 주장도 있다. 기왕 본보기로 죽일 것 같으면 밝은 시간에 사람들이 많이 오가는 번화가에서 시행하는 것이 의도에 부합될 것도 같다.

1392년 4월 4일, 그날의 진실

정몽주에 의해 생성된 위기를 정몽주를 죽이는 것으로 타파하려는 시도는 충분히 있을 수 있고 실제로 그렇게 전개되었다. 그러나 처음부터 끝까지 이방원에 의해 주도되었다는 것에는 의문이 제기되지 않을 수 없다. 당시 이방원은 26세의 막내아들에 지나지 않았다. 이성계의 의형제인 이지란과 이복동생 이화는 숙부 항렬이거니와, 무공 역시 까마득히 높은 사람들이다. 그뿐 아니라 이방원보다 열 살이나 많고 어렸을 때부터 부친을 따라 갖은 전쟁을 치른 둘째형 이방과 역시 천지 차이다.

그런데 아무런 공도 없고 서열도 한참이나 뒤떨어지는 이방원이 그들을 휘어잡고 명령을 내리는 것은 너무나 상식적이지 않다. 이방원이 익숙하게 하대하듯 말하는 것 역시 납득되지 않기는 마찬가지다. 그런 자리에 끼기조차 어려웠을 이방원이 최면술이나 신통력이라도 부렸다는 말인가.

그리고 실록에 '휘하 인사', 즉 이방원의 심복으로 나타나는 조영무는 어디까지나 이성계의 심복이다. 조영규뿐 아니라 조영무와 이부, 고여도 절대 이방원의 심복일 수 없다. 게다가 실록에 의하면 당시 이성계는 정몽주를 죽이는 것에 분명하게 반대한 상태였다. 그뿐아니라 당시 이방원에게 "죽고 사는 것은 명이 있으니, 다만 마땅히 순리대로 받아들일 뿐이다"라며 "빨리 동북면으로 돌아가서 어미의 장례를 치르라"고 말한 사실까지 있다.

그런데도 이성계의 심복들이 갑자기 이방원의 '휘하 인사'가 되어 명령을 따른다는 것은 도무지 믿기 어렵다. 그것은 바로 이성계를 배신했다는 것과 진배없는 바, 아무런 공도 없고 무력기반도 갖추지 못한 막내아들을 위해 자신들을 등용하고 생사를 함께했던 주군을 배신한다는 것 역시 정상적으로 납득할 수 있는 범주에 있지 않다.

특히 이방원이 도평의사사를 들이치려 했다는 것은 더더욱 안 될 일이다. 앞서 소개한 실록에는 "영규, 조영무, 고여, 이부 등으로 하여금 도평의사사에 들어가서 몽주를 치게 했는데"라는 구절이 나온다. 언뜻 생각하기에는 정몽주를 비롯한 반대파가 장악한 최고의결기관을 기습해 몰살시키는 것이 가장 빠르고 경제적일 수 있다. 그렇게 하면 일거에 상황을 역전시킬 수 있겠지만, 이성계가 힘이 없어 그동안 그렇게 하지 않은 것은 아니었다.

누구도 당할 수 없는 무력을 장악한 이성계가 그런 방식을 사용하지 않는 까닭은 고려의 장군으로 고려를 지켜왔기 때문이다. 국가 사이의 전쟁으로 인해 패배한 국가와 왕조를 멸망시키는 것은 간단하겠지만, 고려에 충성하는 장군이었던 이성계는 절대 그렇게 할 수 없었다. 압도적인 기량 차이로 상대방을 기권하게 만드는 것처럼, 공양왕 스스로가 패배를 인정하고 보위를 양보하게 만드는 것이 정도전과 이성계가 원하는 형태였다.

그런 점은 이방원도 충분히 알고 있었을 터였다. 비록 젊은 나이라고 해도 부친이 이성계인 데다, 정치판에서 불어오는 바람을 가장 먼저 맞을 수 있는 중앙의 관직에 있던 이방원이 아무렴 그런 것쯤을 모르겠는가. 태종으로 즉위한 이후에도 상황을 파악하고 대응하는 것에 적수가 없던 이방원이 도평의사사를 기습해 도륙하려 했다는 것은 이순신이 비겁하고 무능했다는 것만큼이나 있을 수 없는 일이다.

정몽주는 누가 죽였는가?

그날의 전후를 복기해보면 정몽주가 이성계를 방문하지 않았을 개연성도 충분하다. 실제로 정몽주가 방문했다면 미행과 추적에 어려움이 없었어야 할 것이다. 그러나 그렇지 못한 점을 보면 계획을 세운 다음 정몽주의 동선을 파악하는 과정에서 혼란이 발생한 것으로 보인다. 그럴 경우 이방원이 감당하기 어렵게 될 수 있겠지만, 이방원은 애초부터 실격이었다.

모든 분야에는 전문가가 필요한 법이다. 특히 거사를 행할 때는 전투경험이 풍부해 어떤 상황에서도 흔들리지 않을 수 있는 침착함과 함께, 거리낌 없이 살인을 저지를 수 있는 있는 자들을 다스릴 수 있는 능력이 필수적이다. 상황에 따라서는 직접 뛰어들어 목표를 제거할 수 있는 무예도 갖춰야 하는 만큼 암살을 지휘할 수 있는 모든 것을 갖춘 이여야 한다. 이방원에 가려졌을 뿐 그에 부합하는 인물이 있다.

누가 정몽주를 살해했는가?

정몽주가 조영규 등에게 대낮에 타살당한 것은 사실이고 그의 죽음을 사주한 배후 역시 분명히 존재한다. 그렇다면 배후는 누구이며 진실은 어떻게 매장되었을까? 정몽주와 유일하게 겨룰 수 있었던 정도전이 유배된 상황에서 이방원에 의한 가능성까지 배제하면 이성계 밖에 남지 않는다. 그러나 실록에 나타난 이성계는 지나치게 우유부단하거니와, 능력도 뛰어나지 않아 보인다.

개국할 즈음에 왕왕 취중에 가만히 이야기했다. "한 고조가 장자방을 쓴 것이 아니라, 장자방이 곧 한 고조를 쓴 것이다." 무릇 임금을 도울 만한 것은 모의하지 않은 것이 없었으므로, 마침내 큰 공업을 이루어 진실로 상등의 공훈이 되었던 것이다. 《태조실록》 7년(1398) 8월 26일

유방이 한을 건국함에 있어서 장량의 역할이 절대적이었다는 것은 다 아는 사실이거니와, 실록에서도 정도전을 '조선의 장량'으로 비유할 정도다. 특히 그의 반대편에 섰던 측에 의해 편찬된 실록에서조차 장량에 비유되는 정도전의 능력에 대해서는 더 이상 말이 필요 없다. 실제로 정도전은 조선의 설계와 시공은 물론 감리까지 도맡았다고 해도 과언이 아니었다. 실록에 장량이 한고조를 선택한 것처럼 정도전이 이성계를 선택했다는 뉘앙스를 풍기는 것 역시 사실에 입각한 것이다.

　　반면 이성계는 정몽주가 정도전을 비롯한 심복들을 죽이려 하는데도 적극적으로 구해내기는커녕 포기하는 모습까지 보인다. 그런 이유 가운데는 정몽주의 필요성은 물론 각별했던 우정까지 거론된다. 실제로 이성계에게 정몽주는 친구이자 전우였다. 특히 선조가 고려를 배신하고 원으로 건너간 다음 부친이 다시 원을 배신하고 고려로 돌아왔던 이성계에게는 달리 친구가 있을 리가 만무했다.

　　이자춘이 죽고 홀로서기에 들어간 다음 처절했던 전투에서 살아남은 이성계는 어느덧 정몽주를 믿게 되었다. 최무선에게 함대를 격파당한 다음 내륙을 피로 물들였던 대규모의 왜구를 격파해 이성계가 확실하게 인정받는 계기가 되었던 '황산전투'는 물론, 여러 전투에서 정몽주가 참모로 참가해 도왔다. 그런 정몽주는 이성계가 고려에서 흉금을 터놓을 수 있는 유일한 친구이자 전우였다.

　　정몽주는 공민왕이 승하하고 우왕이 즉위한 다음 이성계가 반역했을 때도 반대하지 않았을 뿐더러, 심지어 공민왕의 아들 우왕과 손자 창왕을 폐위하고 죽이는 것에도 적극적으로 움직였을 정도였다.

이성계에게 둘도 없는 친구인 정몽주는 현실적으로도 필요한 존재였다. 거의 홀로 고려를 떠받치는 정몽주가 대의적으로 판단해 이성계의 편에 서 주면 정도전과 함께 좌청룡우백호를 얻은 것과 같다. 그렇게 된다면 공명과 방통을 얻은 유비가 부럽지 않을 터였다. 정몽주를 얻으면 고려의 폐기와 신국의 건설에 요구되는 가속도와 함께, 가장 절실한 명분까지 확보할 수 있게 된다.

그러나 흥국사의 9공신에 포함된 다음에도 이성계에게 협조했던 정몽주가 마침내 본심을 드러냈다. 이성계의 배후에 있던 정도전이 고려를 폐기하고 이성계를 즉위시킬 의도를 감추려 들지 않자 정몽주도 더 이상 본심을 감추지 않았다. 처음부터 이성계가 원하는 방식으로 움직일 의도가 없었던 정몽주가 정도전을 비롯한 심복들을 죽이고 자신까지 죽이려 드는 데도 이성계는 결정을 내리지 못한다.

조영무가 돌아와 전하에게 이 사실을 아뢰니, 전하가 들어가서 태조에게 알렸다. 태조는 크게 노해 병을 참고 일어나서 전하에게 이르기를 "우리 집안은 본디 충효로써 세상에 알려졌는데, 너희들이 마음대로 대신을 죽였으니, 나라 사람들이 내가 이 일을 몰랐다고 여기겠는가? 부모가 자식에게 경서를 가르친 것은 그 자식이 충성하고 효도하기를 원한 것인데, 네가 감히 불효한 짓을 이렇게 하니 내가 사약을 마시고 죽고 싶은 심정이다" 했다.

전하가 대답하기를 "몽주 등이 장차 우리 집을 모함하려고 하는데, 어찌 앉아서 망하기를 기다리는 것이 합하겠습니까? '정몽주를 살해한' 이것이 곧 효도가 되는 까닭입니다" 했다.

태조가 성난 기색이 한창 성한데 강비가 곁에 있으면서 감히 말하지 못하는지라 전하가 말하기를 "어머니께서는 어찌 변명해주지 않습니까?" 하니, 강비가 노기를 띠고 고하기를 "공은 항상 대장군으로서 자처했는데, 어찌 놀라고 두려워함이 이 같은 지경에 이릅니까?" 했다.

이에 전하는 "마땅히 휘하의 인사를 모아서 뜻밖의 변고에 대비해야 되겠다" 하면서, 즉시 장사길 등을 불러 휘하 군사들을 거느리고 빙 둘러싸고 지키게 했다.

이튿날 태조는 마지못해 황희석黃希碩을 불러 말하기를 "몽주 등이 죄인과 한편이 되어 대간을 몰래 꾀어서 충량을 모함하다가 지금 이미 복죄해 처형되었으니, 마땅히 조준, 남은 등을 불러 와서 대간과 더불어 변명하게 할 것이다. 경이 가서 왕에게 이 사실을 아뢰라" 하니, 희석이 의심을 품고 두려워하여 말이 없이 쳐다보고만 있었다.

이제가 곁에 있다가 성난 목소리로 꾸짖으므로 희석이 대궐에 나아가서 상세히 고하니, 공양왕이 말하기를 "대간은 탄핵을 당한 사람들과 맞서서 변명하게 할 수는 없다. 내가 장차 대간을 밖으로 내어보낼 것이니, 경 등은 다시 말하지 말라" 했다.

이때 태조는 노기로 인해 병이 대단해 말을 할 수 없는 지경에 이르렀다. 전하가 말하기를 "일이 급하다" 하고는, 비밀히 이자분을 보내 조준, 남은 등을 불러 돌아오게 할 의사로써 개유하고, 또 상왕과 이화, 이제 등과 더불어 의논해 상왕을 보내 공양왕에게 아뢰기를 "만약 몽주의 무리를 문죄하지 않는다면 신 등을 죄주기를 청합니다" 했다.

공양왕이 마지못해 대간을 순군옥에 내려 가두고, 또 말하기를 "마땅히 외방에 귀양 보내야 될 것이나 국문할 필요가 없다" 하더니 조금 후에 판삼사사 배극렴, 문하평리 김주, 동순군제조 김사형 등에게 명해 대간을 국문하게 했다.

이에 좌상시 김진양이 말하기를 "몽주, 이색, 우현보가 이숭인, 이종학, 조호를 보내 신 등에게 이르기를 '판문하 이성계가 공을 믿고 제멋대로 권세를 부리다가 지금 말에서 떨어져 병이 위독하니, 마땅히 먼저 그 보좌역인 조준 등을 제거한 후에 이성계를 도모할 것이다'라고 했습니다" 했다.

이에 이숭인, 이종학, 조호를 순군옥에 가두고, 조금 후에 김진양과 우상시 이확, 우간의 이내, 좌헌납 이감, 우헌납 권홍, 사헌집의 정희와 장령 김묘, 서견, 지평 이작, 이신과 이숭인, 이종학을 먼저 먼 지방에 귀양 보냈다.

형률을 다스리는 사람이 말하기를 "김진양 등의 죄는 참형에 해당합니다" 하니, 태조가 말하기를 "내가 사람 죽이기를 좋아하지 않은 지가 오래되었다. 진양 등은 몽주의 사주를 받았을 뿐이니, 어찌 함부로 형벌을 쓰겠는가?" 했다.

이에 "그렇다면 마땅히 호되게 곤장을 쳐야 될 것입니다"라고 답하니, 태조가 말하기를 "이미 이들을 용서했는데 어찌 곤장을 칠 필요가 있겠습니까?" 했다. 진양 등이 이로 말미암아 형벌을 면하게 되었다.

앞에 소개된 실록은 이방원이 정몽주를 죽였다는 내용의 하반부다. 이성계는 이방원이 정몽주를 죽이도록 했다는 보고를 받자마자 격분했다. "우리 집안은 본디 충효로써 세상에 알려졌는데, 너희들이 마음대로 대신을 죽였으니 나라 사람들이 내가 이 일을 몰랐다고 여기겠는가? 부모가 자식에게 경서를 가르친 것은 그 자식이 충성하고 효도하기를 원한 것인데, 네가 감히 불효한 짓을 이렇게 하니 내가 사약을 마시고 죽고 싶은 심정이다"라는 대목을 보면 아무리 봐도 이성계가 정몽주를 죽이려던 것 같지 않다.

"내가 사람 죽이기를 좋아하지 않은 지가 오래되었다"는 마지막 대목 역시 그러하거니와, 심지어 부인에게 타박을 듣기까지 한다. 그뿐 아니라 이방원이 "마땅히 휘하의 인사를 모아서 뜻밖의 변고에 대비해야 되겠다"는 핑계로 '장사길 등을 불러 휘하 군사들을 거느리고 빙 둘러싸고 지키게 했다'라는 대목은 이성계를 연금하는 것과 다르지 않다.

또한 이튿날 이성계가 '마지못해' 황희석을 불러 말하기를 '몽주 등이 죄인과 한편이 되어 대간을 몰래 꾀어서 충량을 모함하다가 지금 이미 복죄해 처형되었으니, 경이 가서 왕에게 이 사실을 아뢰라'는 대목은 고려를 멸망시키고 조선을 건국한 영걸과는 너무나 상반된 모습이다.

그 정도로 끝나면 좋으련만 '이성계가 노기로 인해 병이 대단해 말을 할 수 없는 지경에 이르렀다'는 말까지 나온다. 그때 이방원이 "일이 급하다" 하고는 상왕을 보내 공양왕에게 몽주의 무리를 문죄해달라고 아뢰고, 이에 공양왕이 마지못해 대간을 순군옥에 내려 가둔 다음 "마땅히 외방에 귀양 보내야 될 것이나 국문할 필요가 없다"고 말하는 대목은 결정적이다. 당시 상황에서 정몽주를 죽였다면 가급적 빨리 사실을 공표해야 할 것이다. 또한 공양왕을 혼란에 빠뜨리는 것은 물론, 정도전 등을 비롯한 심복들을 구출하기 위해서는 한시라도 빨리 석방하라는 어명을 받아내야 마땅하다. 그러나 그것까지 이방원의 명령에 의해, 그것도 다음 날에야 시행되고 있으니 뭐라고 할 말이 없다. 그렇다면 이성계가 판단력이 흐려질 정도로 부상을 당한 상태에서 이방원이 정몽주를 죽이고 정국을 장악했다는 말인가?

실록에는 그렇게 기술되어 있지만 이번에도 사실과 부합하지 않는다. 가장 먼저 "우리 집안은 본디 충효로써 세상에 알려졌는데, 너희들이 마음대로 대신을 죽였으니 … 내가 사약을 마시고 죽고 싶은 심정이다"는 대목부터가 사실이 아니다. 이성계는 판단이 흐릴 정도로 심한 부상을 당하지도 않았을 뿐더러, 이방원이 정몽주를 죽인 것으로 인해 사약을 마시고 죽을 생각은 더더욱 없었다.

단언하는 이유는 후반부 역시 동일한 형태로 오염되어 있기 때문이다. 위기에 몰린 이성계와 정도전을 비롯한 모든 자들을 구하고 조선의 건국에 결정적인 공을 세웠다는 그날의 위업, 한국사 교과서에 적지 않은 비중을 차지하고 잊을 만하면 영상매체로 재생되는 위업의 하반부에 함유된 불순물도 기준치를 한참이나 초과하고 있다.

강아지도 궁지에 몰리면 어떻게든 벗어날 기회를 노리는 법이다. 하물며 이성계처럼 압도적인 우위에 있는 사람, 게다가 가장 높은 지위를 바로 앞에 둔 사람이 모든 것을 포기하는 것은 절대 있을 수 없다. 그때와는 비교조차 할 수 없는 흉험한 위기를 무수히 넘겼던 이성계가 고려에 충성을 다하기 위해 죽음을 각오할 리 만무하거니와, 만일 그랬다고 해도 주변에서 가만히 보고만 있을 리 만무하다. 그 이전에 실록에 나타난 정도로 고려에 충성을 다하는 인물이었다면 이런 내용을 담은 실록 자체가 존재하지 않아야 마땅하다.

圃隱先生像

정몽주 초상. 조선 후기 이한철이 정몽
주의 모습을 상상해 그렸다. 1880년경.
국립고궁박물관 소장.

이성계가 정몽주를 남다르게 대우한 것은 사실이다. 그러나 그런 이유로 인해 정몽주를 죽이지 못하는 데다, 오히려 그를 위해 목숨을 내놓는다는 것은 결코 있을 수 없다. 목숨보다 귀한 것은 존재하지 않거니와 이성계가 포기하게 되면 자신 하나가 죽는 것으로 끝나지 않는다. 가족들은 물론 정도전과 같이 이성계를 즉위시키기 위해 갖은 노력을 다하던 심복들까지 떼죽음을 당할 것은 불문가지다. 그로 인해 뇌사 상태에 빠진 고려를 대체할 나라를 건설해 도탄에 빠진 백성들을 구하려는 대의마저 처형장으로 끌려가게 될 것인 바, 제정신으로는 생각조차 할 수 없는 일이다.

물론 이성계는 제정신이었다. 총칼로 나라를 뒤엎고 스스로를 가장 높은 자리에 앉힌 반역자들은 예외 없이 정당성을 주장하고 짓밟힌 정권을 폄훼했다. 목숨 바쳐 나라와 국민을 지켜야 하는 군인의 의무를 저버리고 쿠데타를 일으켰던 박정희와 전두환이 내건 '구국의 결단'은 강도의 손에 들린 흉기만큼이나 자연스럽다. 그들과 비교조차 하기 어려운 절대권력을 바로 앞에 두고 살인이 생필품처럼 횡행하던 시대에 이성계가 마지막 단계에서 파멸을 택한다는 것을 합리적으로 해석할 방도가 존재하지 않는다.

앞서 정도전이 자신을 장량에게 비기는 등으로 보면 이성계의 능력이 대단해 보이지 않을 수 있다. 정도전이 대단했던 것은 결코 부인될 수 없겠지만, 그렇다고 해서 이성계가 무능한 것은 아니다. 정도전이 워낙 대단했기 때문에 굳이 이성계까지 나설 필요가 없었을 뿐이다. 정도전이 이성계를 '동업자'로 선택한 까닭은 그만큼 이성계가 유능했기 때문이다. 죽을 뻔했던 위기를 무수히 넘기고 마침내 보위를 앞둔 인물이 자신을 노리는 정몽주를 죽이지 못하고 주저한다는 것은 절대 있을 수 없다.

실록에 나타난 것처럼 이방원이 여러 차례나 정몽주를 죽일 것을 주장해도 주저할 정도로 우유부단한 데다, 정도전이 없으면 속옷조차 갈아입지 못할 정도로 무능했다면 보위에 오르기가 결코 쉽지 않았을 것이다. 이성계는 스무 살 무렵부터 반역을 일으킬 때까지 헤아릴 수조차 없이 무수했던 전투에서 한 차례도 패배하지 않았다. 심지어 압도적인 열세를 딛고 대규모의 왜구를 섬멸했던 황산전투 등 무수했던 전쟁은 물론, 내부의 반역을 제압하는 등의 무공으로 인해 고려의 수명이 결정적으로 연장되기까지 했을 정도였다. 단순히 용맹하기만 해서는 결코 있을 수 없는 업적이다.

실록에 나타난 이성계의 모습이 사실이라면 이성계는 정도전을 만나기 훨씬 이전에 전쟁에 패배해 죽었어야 마땅하다. 그러나 이성계는 스무 살 무렵부터 '홀로서기'에 들어가고 정도전을 만나기 이전부터 최영과 더불어 굴지의 군벌로 성장했다. 우유부단한 모습을 넘어 한참이나 덜 떨어진 인물이 전쟁과 모략이 하루도 그치지 않았을 시대를 끝까지 살아남고 심지어 보위마저 쟁취할 수 있는 가능성은 아주 간단한 상식으로 판단할 일이다.

이방원이 감추고 실록이 드러낸 그날의 범인

'정몽주 암살사건'의 배후는 이성계일 수밖에 없다. 이성계가 정몽주를 죽인 것은 고려를 온몸으로 감싸고 끝까지 맞서는 표면적 이유와 함께, 가장 적게 죽이고 최대의 효과를 얻을 수 있기 때문이다. 거의 혼자 고려를 떠받치던 정몽주는 '가성비'에 있어서도 적수가 없었다. 이색을 비롯한 충신들을 모조리 죽이는 것은 번거롭기도 하거니와, 간단하게 정몽주를 죽이면 공포를 극대화하면서 상징성까지 제거할 수 있는 이상 선택의 여지가 없다.

그리고 지금까지의 대세로 굳어진 것처럼 달콤한 회유를 단호하게 물리치고 끝까지 고려에 충성하던 정몽주가 마지막 순간에 결정적인 기회를 잡은 것은 아니었다. 이성계가 부상당한 것을 기회로 삼아 정도전을 위시한 두뇌와 심복들을 체포하고 유배한 다음 죽일 것을 주청한 것까지가 정몽주의 한계였다. 빈사 상태를 넘어 뇌사 상태

재판 선고를 받는 인혁당 재건위 사건 피고인들. 1974년 4월 유신정부는 긴급조치 4호를 선포하고 시위의 배후에 불순세력이 있으며, 이들이 인혁당 재건위를 조직했다는 '민청학련 사건'을 발표한다. 이어서 유신정부는 인혁당 연루자들을 기소하고, 사건 관련 피고인들의 상고는 기각되었다. 그렇게 형이 확정된 지 18시간 만인 다음날, 사형선고를 받은 여덟 명에게 형이 집행되었다. 1975년 4월 8일.

대법원에서 인혁당 재건위 사건 피고인들에게 사형과 무기징역이 확정되었다는 소식을 듣고 통곡하는 관련자 가족들.

긴급조치 9호를 알리는 신문기사. 긴급조치 9호는 유신헌법 및 체제 비방과 박정희에 대한 비판을 통제하는 내용을 담고 있다. 《조선일보》 1974년 5월 14일자.

에 빠진 고려의 왕과 조정이 할 수 있는 것 역시 정몽주의 주청을 접수하는 것밖에 없었다.

정몽주가 크게 위협적이었고 그로 인해 하마터면 이성계까지 위험할 뻔했다는 것은 승리자들이 걸어놓은 팻말에 지나지 않는다. 그래야 때려잡는 명분이 될 수 있거니와, 최근의 '반역자'들도 전혀 다르지 않다. 그들에 의해 파멸당한 희생자들은 시뻘건 냄새가 풀풀 풍기는 조직을 결성하고 북한의 사주를 받은 것으로 발표되었지만, 실제로 그런 위험을 함유한 분자들은 존재하지 않았다. 1975년 4월 판결 후 20시간도 지나지 않아 여덟 명 전부를 사형에 처한 '인혁당 재건위 사건'이 대표적이거니와, 최근 공권력에 의해 발생한 '간첩조작 사건'도 같은 맥락이다.

당시 공양왕이 망설이는 바람에 마지막 기회가 사라졌다는 것 역시 사실과 다르다. 정몽주가 수하들을 보내 정도전 등을 고문해 죽이라고 명령했다고 해도 실행으로 옮겨지는 것은 별개의 사안이다. 정도전도 그런 방식으로 정적을 제거한 사례가 있으나, 힘을 가진 정도전의 명령이 통했던 것에 비해 그렇지 못한 정몽주의 명령이 통하기는 어렵다.

또한 정몽주가 정도전 등을 죽이기 위할 목적으로 수하를 보냈다고 해도 유배지를 관할하는 지방관들의 협조가 반드시 필요하다. 정도전을 비롯한 이성계의 심복들을 감시하고 있는 관리들도 지금 시국이 어떻게 돌아가고 있다는 것 정도는 알고 있었을 것이다. 이성계 일파가 언제든지 나라를 뒤엎고도 남을 정도의 무력을 가진 반면, 정몽주를 비롯한 충신들은 변변한 사병조차 없는 상태였다. 그런 상황에서 어명으로 포장된 명령을 따르는 것은 생각하기 어렵다. 공양왕이 포기했을 때 이미 승부가 결정된 것이기 때문에, 이후 정몽주를 죽인 것은 상징성을 제거하는 이상의 의미가 추출될 수 없다.

그 이전에 정몽주가 이성계의 부상을 기회로 삼아 정도전 등을 체포하고 죽이려 했다는 자체에 심각한 문제가 있다. 설령 공양왕이 모조리 죽이라는 어명을 내렸다고 해도 상황이 역전될 것 같은가? 12.12 군사반란을 일으킨 전두환 일당이 권력을 장악한 직후 전두환이 교통사고를 당해 입원했다고 가정하자. 이때 충직한 고위급 관리가 최규하 당시 대통령에게 "반역에 동참한 전두환의 심복들을 모조리 체포하고 사형에 처하라!"고 주장하는 것과 하나도 다르지 않다.

압도적인 무력을 가진 이성계와 부하들이 어명이 표기된 쪽지를 받고 무릎꿇을 리가 만무하다. 백 보를 양보해 공양왕이 정몽주의 주청을 받아들여 정도전 등을 죽인다면 이성계가 그때까지 표면적이나마 유지했던 온건함은 더 이상 필요 없게 된다. 자신이 살아남기 위해서라도 칼을 뽑을 수밖에 없는 데다, 이성계의 군대라고 해도 과연이 아닐 정규군의 장군들 역시 가만히 있지 않지 않을 테니까. 그들이 보낸 무사들이 정몽주와 공양왕을 포함한 전부를 주륙했을 것은 불문가지다.

이성계가 부담을 느낄 정도의 무력을 가지지 못한 이상 우왕과 창왕을 죽여 버리고 나라까지 뒤엎으려는 반역자들의 세상이 되는 것은 시간이 문제였을 따름이다. 게다가 부상을 당한 다음 이성계의 태도는 위기에 빠진 사람답지 않게 한가해 보일 정도로 여유로웠으니, 애초부터 승부가 되지 않는 싸움이었다.

그렇더라도 정몽주는 그렇게 주장해야 했다. 아니, 그렇게 주장할 수밖에 없었다. 뼛속까지 관료인 정몽주는 관료적인 방식으로 공격할 수밖에 없었겠지만, 그런 방식의 공격이 통하기에 당시의 고려는 너무나 허약했다. 멸망의 낙차가 뒤꿈치에 선뜩한 상태에서도 거듭되는 회유를 뿌리치고 시체나 다름없는 조국을 위해 목숨까지 바친 정몽주를 칭송하지 않을 수 없다.

이미 죽음을 각오했던 정몽주를 죽인 자체로는 아무런 공이 될 수 없겠지만, 그의 시체는 아주 좋은 전시효과를 가져다줬다. 맹수가 씹다 뱉은 것처럼 엉망이 되어 선죽교를 피로 물들인 시체에서는 육체를 부수고 짓이기던 둔기의 질감과 자르고 베어대던 칼날의 선뜩함이 오롯이 배어났을 것이다. 그것을 보고 들은 모든 이들은 고려의 유통기한이 다했다는 것을 온몸으로 체감했다. 정몽주의 시체는 바로 고려의 시체였다.

이쯤해서 정몽주를 죽인 범인을 밝히도록 하자. 범인은 조영규처럼 직접 실행한 행동대원들이 아니라 이성계와 행동대원들의 사이에서 움직였던 자다. 당시 상황에서 이성계가 정몽주를 죽이라는 명령을 내릴 때까지 기다리는 것은 전쟁에서 모든 것을 명령받아 움직이려는 것만큼이나 어리석은 짓이다. 표정과 분위기를 파악해 알아서 실행에 옮길 정도로 이성계를 잘 알고 이성계의 심복들까지 부릴 수 있는 사람은, 오직 이방과가 유일하다.

용맹과 지략이 남보다 뛰어났다. 고려에서 벼슬해 관직을 거듭해서 장상에 이르렀고, 항상 태조를 따라 출정해 공을 세웠다. 《정종실록》 총서

실록에 나타난 것처럼 이방원의 둘째 형 이방과는 단순히 나이만 많은 형이 아니었다. 일찍부터 부친을 따라 참전해 공이 적지 않았던 데다, 개경에서 관직을 하던 이방우의 몫까지 도맡았던 이방과는 실질적인 장남이라고 해도 과언이 아니었다. 이지란과 이화 등 숙부 항렬들과 함께 참전해 전우로서 믿고 의지했을 이방과가 중대한 사안에 대해 허심탄회하게 논의하는 것은 전혀 어색하지 않거니와, 조영규 등에게 명령을 내리는 것 역시 충분히 가능할 위치에 있다.

정몽주가 성헌을 사주해 번갈아 글을 올려 조준, 정도전 등을 목 베기를 청하니, 태조가 아들 이방과와 아우 이화, 사위인 이제와 휘하의 황희석, 조규 등을 보내어 대궐에 나아가서 아뢰기를 …

당일의 실록에 이방과가 분명히 나타나거니와 이성계가 부상을 이유로 요양하는 주변에서 이미 논의에 들어간 상태였다. 정몽주가 정도전과 조준, 남은을 위시한 이성계의 심복들을 유배한 다음 죽이라고 주청한 것은 사실이다. 그것은 암묵적으로 유지되었던 법칙에 구애될 이유가 사라진 것을 의미한다.

그동안 충분히 기다렸음에도 정몽주가 기권하기는커녕 먼저 움직인 이상 대응에 나서는 방식도 달라질 수밖에 없는 만큼, 논의를 길게 끌 이유가 없었으며 실행 역시 마찬가지였다. 당장이라도 칼을 쓰고 싶었던 것을 계속 인내한 끝에 정몽주에 의해 제공된 빌미는 신속하게 사용되어야 했을 터, 실록에 나타난 것처럼 급박하고 긴박하게 진행될 이유 자체가 없다. 정몽주를 추적하는 과정에서 약간의 혼란이 발생하기는 했지만, 국가가 전리품이 되는 과정에서 그 정도의 혼란도 없었다면 오히려 이상할 터다.

추정을 약간 연장하면 당시 이방원은 개경이 아니라 동북면에 있었을 개연성도 없지 않다. 정몽주를 죽이는 것쯤은 이방과 하나로 충분하기 때문에 모친상을 치르고 있을 다른 아들들을 부를 이유가 없다. 이방과를 제외한 아들들은 조영규 등의 살벌한 무사들을 통솔해 정몽주를 죽이기는커녕 방해가 되기 십상이다. 게다가 비록 압도적이라도 해도 어떤 일이 벌어질지 모르기 때문에 하던 대로 모친상을 치르게 하는 것이 가장 안전할 수 있다. 내가 이성계라고 해도 그렇게 할 테니까.

〈하여가〉는 이방원이 읊지 않았다

정몽주를 죽인 배후가 이성계라면 〈하여가〉와 〈단심가〉의 출처도 변경되어야 타당하다. 나이와 직책 등의 제반여건이 스스럼없이 한잔 나눌 수 있는데다, 이전까지의 사이와 교분을 봐도 이성계가 마음을 돌릴 것을 간곡하게 당부할 수 있기 때문이다.

정몽주 암살작전에 이방원은 없었다

태종이 말하기를 "때를 놓쳐서는 안 된다"라고 한 뒤, 정몽주가 돌아갈 때에 이르러 조영규 등 너덧 명을 보내어 길에서 기다리고 있다가 그를 공격해 살해했다. 태종은 또한 이화 등과 논의해 공정왕(이방과)을 보내어 아뢰기를 "만약 정몽주 일당의 죄를 묻지 않으시겠다면 청하건대 신들에게 죄를 주십시오"라고 했다. 《고려사절요》 공양왕 4년(1392) 4월

이방원이 정몽주를 죽인 다음 과정은 실록과 《고려사절요》에 약간씩 다르게 나타난다. 실록에는 정몽주를 죽인 조영규가 알리자 이성계가 격분하는 반면 《고려사절요》에는 먼저 궁궐로 가서 공양왕을 압박하는 것으로 되어 있다. 이후 이방원이 주요 인물들과 논의해 공양왕을 압박하는 것은 실록에도 나타난다. "만약 정몽주 일당의 죄를 묻지 않으시겠다면 청하건대 신들에게 죄를 주십시오!"라고 압박한

것은 가급적 빨리 어명을 받아내기 위함이었다.

상식적으로 생각해도 그렇게 압박하는 것이 옳겠지만, 실록에서는 다음 날에야 시행하는 반면 《고려사절요》는 즉시 시행되고 있다. 두 기록이 일치하는 것은 '이방원이 이방과를 보낸 것'으로 되어 있다는 점이다. '정몽주 암살사건'의 주역으로 이방원이 전혀 관련 없음과 함께 이방과가 합당하다는 것에 대해 충분히 설명한 바 있다. 그런데 이방원이 이방과를 보내고 이방과가 흔쾌하게 명령에 따랐다는 것은 무엇인가? 실록을 비롯한 사료에 그렇게 기록되었다고 해도 두 사람이 함께 있었다면 절대 있을 수 없는 일이다.

한씨 소생의 다섯 아들들 가운데 당시 이방원은 막내에 해당한다. 이성계는 장남 이방우를 개경에 보내 관직을 살게 했으며 차남 이방과와 이하의 아들들을 곁에 둬 공을 세우도록 했다. 그런 와중에 이방원이 특출해 과거에 급제하고 관직에 입문하게 된다. 이후 나이로 보나 그때까지의 공으로 보나 이방원이 조영규를 비롯한 자들에게 명령을 내리기는커녕, 숙부들과 주요한 면면들이 모인 자리에 참석하는 것조차 허락되기 어려울 것 같다는 것도 앞서 말한 바 있다.

비중이 거의 없었을 이방원이 숙부들과 이성계의 심복들을 불러 모아 명령하는 것처럼 논의했을 개연성은 거의 없겠지만, 설령 그럴 수 있었다고 해도 의문이 사라지는 것은 아니다. 오히려 그랬을 경우에는 결정적인 의문이 제기될 수 있다. 실제로 이방원이 조영규 등을 시켜 정몽주를 죽였다면 이성계에게 알리는 것은 다음이다. 정몽주에 의해 체포되고 유배당한 정도전 등이 언제 죽을지 모르는 위기상황에 처했기 때문에 즉시 궁궐로 달려가 공표하는 것이 급선무이기 때문이다.

그것은 게임 종료를 알리는 휘슬과 함께 자신의 존재와 가치를 인정받을 수 있는 결정적 계기가 될 수 있다. 위기에 몰렸던 상황을 통쾌하게 역전해 승부에 종지부를 찍은 주역이 최고의 스포트라이트를 받는 것은 지극히 당연하다. 게다가 공양왕을 압박하는 모습까지 보인다면 오히려 이성계를 능가하는 공을 세운 것으로 공인될 수도 있다. 실제로 이성계를 연금하는 모습까지 보였던 이방원이 그렇게 좋은 기회를 활용하지 않고 이방과에게 기회를 넘기는 데다, 이방과는 막냇동생이 시키는 대로 하고 있으니 그게 과연 정상적인 광경인가?

> 배극렴을 수문하시중으로, 조준을 찬성사로 삼고, 설장수를 판삼사사로, 이원굉과 김사형을 삼사좌사와 삼사우사로 삼았으며, 이두란을 지문하부사로, 우리 공정왕(이방과)을 판밀직사사로, 조규를 밀직부사로 삼고, 윤사덕을 지밀직사사로, 민개를 겸 대사헌으로 삼았다. **《고려사절요》**

정몽주를 죽인 다음 이성계 일파가 조정을 장악하게 된다. 이때 이방과는 추밀원의 후신으로 왕명의 출납과 궁궐의 경호 및 군사기밀을 관장하는 밀직사를 책임지는 종2품의 판밀직사사를 제수받았다. 막냇동생이 시키는 대로 했던 것 외에 전혀 공이 없었던 것치고는 대단한 출세가 아닐 수 없다.

> 심덕부를 판문하부사로, 우리 태조를 문하시중으로, 이원굉을 정당문학으로, 정희계를 판개성부사로, 최을의를 밀직사로, 이빈, 장사길, 김

인찬을 동지밀직사사로, 우리 태종(이방원)을 밀직제학으로 삼았다. 《고려사절요》

이방원이 제수받은 밀직제학은 밀직사에 소속된 정삼품의 관직이다. 당시 이방원의 나이와 관직 경력에 비추면 대단할 수 있겠지만, 실록을 위시한 사료에 의하면 정몽주를 죽일 것을 주장하고 지휘했던 사람은 어디까지나 이방원이다. 그런 이방원이 자신의 명에 따라 공양왕을 찾아가 정몽주가 죽은 것을 아뢰었던 데 지나지 않았던 이방과의 아래가 되는 것은 누가 보아도 타당하지 않다.

조준을 판삼사사로, 공정왕(이방과)을 삼사우사로, 남은을 동지밀직사사로, 권중화를 상의찬성사로, 윤호와 성석린을 찬성사로, 이인민을 판개성부사로, 경의와 정희계를 문하평리로, 김사형을 삼사좌사로, 윤사덕을 판밀직사로, 김용초, 김을귀, 이의, 김균을 모두 밀직부사로 삼고, 이행을 예문관 제학으로 삼았다. 《고려사절요》

이후에도 이방과가 정2품의 삼사우사로 승진하는 것에 비해 이방원은 그렇지 못하다.

문하부에 교지를 내려 홍영통을 판문하부사로, 안종원을 영삼사사로, 배극렴을 익대보조공신 문하좌시중 성산백으로, 조준을 좌명개국공신 문하우시중 평양백으로, 서제庶弟 이화를 좌명개국공신 상의문하부사 의흥친군위 도절제사 의안백으로, 윤호를 판삼사사, 김사형을 좌명

공신문하 시랑찬성사 판팔위사 상락군으로, 정도전을 좌명공신 문하시
랑찬성사 의흥친군위 절제사 봉화군으로, 정희계를 좌명공신 참찬문하
부사 팔위상장군 계림군으로, 이지란을 보조공신 참찬문하부사 의흥친
군위 절제사 청해군으로, 남은을 좌명공신 판중추원사 의흥친군위 동
지절제사 의령군으로, 김인찬을 보조공신 중추원사 의흥친군위동지절
제사 익화군으로, 장사길을 보조공신 지중추원사 의흥친군위 동지절
제사 화녕군으로, 정총을 보조공신 첨서중추원사 서원군으로, 조기를
보조 공신동지중추원사 의흥친군위 동지절제사 은천군으로, 조인옥을
보조 공신 중추원부사 용성군으로, 황희석을 상의중추원사로, 남재를
좌명공신 중추원학사 겸 사헌부대사헌 의성군으로 삼았다. 《태조실록》
1년(1392) 7월 28일

1392년 7월 17일에 즉위한 이성계는 7월 28일에 대대적인 논공행
상을 시행했다. 새롭게 개국했으니 당연한 논공행상이라 하겠는데,
어찌된 것인지 이방원이 거론되지 못했다. 게다가 정몽주를 죽이는
것에 반대했던 이지란과 주도적이지 못했던 이화는 물론, 이방원의
명을 받아 이성계의 자택을 지켰을 뿐이었던 장사길까지 공신으로
녹권錄券(기록에 오름)되는 영예를 누리는 것에 비하면 너무나 현실적
이지 못하다.

공신이 되면 노비와 전답을 하사받아 부와 명예를 동시에 거머쥘
뿐더러, 자식들까지 과거에 급제하지 않고도 관직에 나서는 혜택이
주어진다. 그뿐 아니라 본인은 물론 자식들까지 반역에 해당하는 죄
가 아니면 사면될 수 있는 등 최고의 은전까지 수혜된다. 게다가 개

국공신이라면 더 이상의 영예가 있을 수 없음에도 최고의 공을 초월해 결정적인 공을 세웠다는 이방원은 말석에조차 기록되지 않는다.

문하좌시중 배극렴, 우시중 조준, 문하시랑찬성사 김사형, 정도전, 홍안군 이제, 의안백 이화, 참찬문하부사 정희계, 이지란, 판중추원사 남은, 지중추원사 장사길, 첨서중추원사 정총, 중추원부사 조인옥, 중추원학사 남재, 예조전서 조박, 대장군 오몽을, 정탁 등은 천명의 거취와 인심의 향배를 알고, 백성과 사직의 대의로써 의심을 판단하고 계책을 결정해 과궁寡躬을 추대해 대업을 함께 이루어 그 공이 매우 컸으니, 황하가 띠와 같이 좁아지고 태산이 숫돌과 같이 작게 되어도 잊기가 어렵도다! (이상 일등)

판삼사사 윤호, 공조전서 이민도, 대장군 박포, 예조전서 조영규, 지중추원사 조반, 평양윤 조온, 동지중추원사 조기, 좌부승지 홍길민, 성균대사성 유경, 판사복시사 정용수, 판군자감사 장담 등은 모의에 참여해 과궁을 추대하였으니 그 공이 또한 크며 (이상 이등)

도승지 안경공, 중추원부사 김균, 전한양윤 유원정, 전지신사 이직, 좌승지 이근, 호조전서 오사충, 형조전서 이서, 판전중시사 조영무, 전 예조판서 이백유, 판봉상시사 이부와 상장군 김로, 손흥종과 사헌중승 심효생, 전의감 고여, 교서감 장지화, 개성소윤 함부림 등은 (이상 삼등)

고려 왕조의 정치가 문란할 때를 당해 과궁에게 뜻을 두고 오늘날까지 이르도록 지조를 굳게 지키고 변하지 않았으니, 그 공이 칭찬할 만하다! 위에 말한 사람들에게는 차례대로 공신의 칭호를 내리고 … 《**태조실록**》1년(1392) 8월 20일

이화 개국공신녹권. 조선 최초로 발급된 녹권으로 이화는 일등에 녹훈되어 토지 170결, 노비 20인을 받았다. 이화는 이성계의 이복동생으로 조선 초기 공신 가운데 가장 많은 토지를 사급받았다.

8월 20일에 세부적으로 속행된 논공행상에서도 그동안 거의 비중이 없었던 이성계의 사위 이제(신덕왕후 강씨의 사위)도 일등에 이름을 올렸다. 또한 이방원의 명을 받아 정몽주를 격살한 조영규가 이등에 오르고 조영무와 이부, 고여 등이 삼등에 녹권되었지만 이방원은 거론조차 되지 않는다. 공으로 따지면 특등도 모자랄 이방원이 왜 그런 푸대접을 연속해 당하는 것인가.

상의중추원사 황희석은 내가 잠저에 있을 때부터 상시 휘하에 있으면서 방어한 공로가 있었다. 또 고려왕조의 정몽주 등이 나라의 권력을 농

旨安景恭中樞院副使金細前漢陽尹柳爰廷
前知申事李稷左承旨李懃戶曹典書趙狂
刑曹典書李舒判殿中寺事趙英茂前禮曹判
書事俯由刑奉常寺事李敦工將軍金輅撰
興宗司樞中丞沈孝生典醫監高呂校書監張
至和開城少尹成傳霖等此段在前朝亂政之時

注意

殿下以至今日閒守不變為曰予所
王旨內見如其功可尙是去有良尒右貟等乙良
等功臣

刑三司事尹席工曹典書數道大將軍朴苞
禮曹典書趙英茂知中樞院事趙胖平壤尹
溫同知中樞院事趙珝左副承旨洪吉殷成均
大司成劉敬刑司僕寺事鄭龍壽刑軍資監
事張浩等此段上項功臣佐

命開國之際条詳典議推恩
殿下爲曰予所
王旨內見如其功奇大爲去有良尒右貟等乙良
二等功臣

稱下立閣畵形立碑紀功父母妻趙二等封贈其子

못하니, 개국이등공신 윤호의 예로 칭호를 내릴 것이다. 《태조실록》 1년 (1392) 11월 19일

이날의 실록은 믿기 어려운 차원을 넘어 어이없기조차 하다. 공신 책봉에 누락된 이방원을 추가로 녹권하기는커녕 실록에 아주 잠깐 등장하는 황희석이 무려 이등공신으로 격상되었다. 게다가 황희석은 이미 상의중추원사로 포상받은 상태에서 다시 개국공신으로 격상시키는 것에 비해, 이방원은 이번에도 이름조차 거론되지 못했다.

또한 그날의 실록에는 당시 이성계의 자택을 경호하던 자가 이방원의 명을 받은 장사길이 아니라는 사실이 나타난다. 이성계의 심복이었던 장사길도 조영규 등처럼 갑자기 이성계를 배신하고 이방원의 명을 따를 리가 만무한 바, 정몽주를 죽인 다음 장사길을 시켜 이성계를 연금하도록 했다는 실록의 내용 역시 허구의 자투리에 지나지 않는다.

그리고 그때 이성계가 칭찬하는 형식으로 급박했던 당시의 상황을 말함에 있어 이방원에 의해 주도된 '정몽주 암살사건'을 전혀 언급하지 않는다는 것도 의아하기는 마찬가지다. 이성계는 자신을 위기에서 구하고 조선을 건국하는 데 결정적인 공을 세운 아들 이방원에게 무슨 억하심정이 있어서 그리했다는 말인가? 공신에 오르지 못하기는 다른 왕자들도 동일하지만, 아무런 공도 없는 형제들과 결정적인 공을 세운 이방원이 같을 수 없다.

진실을 행간에 은밀히 감춘 실록

《태조실록》이 이룩되니, 모두 15권이었다. **《태종실록》 13년(1413) 3월 22일**

춘추관에서 아뢰기를 "《태조실록》 15권, 《공정왕실록》 6권, 《태종실록》 36권을 이제 이미 각각 네 본씩을 썼사오니, 한 본은 본관의 실록각에 간직해두고 세 본은 충주, 전주, 성주의 사고에 나누어 간직하소서" 하니 그대로 따랐다. 《세종실록》 27년(1445) 11월 19일

태조의 실록은 이방원의 시기에 편찬되고 정종과 이방원의 실록은 세종의 시기에 편찬되었다. 왕들로서 평범한 부자지간이 아니었던 이성계와 이방원은 반역을 주고받은 철천지원수 같은 사이였다. 먼저 반역의 빌미를 제공한 이성계가 칼을 들고 일어난 이방원에게

보위를 빼앗긴 다음 다시 반역으로 되갚으려던 일련의 사건은 다음에서 다룰 것인 바, 문제는 한 차례씩 주고받은 반역의 승리자가 이방원이라는 점이다.

'역사는 승자의 기록'이라는 명제는 특히 이방원에게 적합하다. 부친에게 반역해 태종으로 등극한 이방원은 좋은 것은 자신이 가지고 그렇지 않은 것은 전부 아비인 이성계에게 떠밀었다. 그 과정에서 이성계는 정도전이 없으면 아무것도 하지 못할 정도로 덜 떨어진 데다, 한주먹거리도 되지 않는 정몽주에게 목숨을 바치려는 팔푼이가 되어야 했다.

이방과가 이성계 이상으로 덜 떨어진 모습으로 나타나는 이유도 이성계와 동일하다. 이방과가 고려의 왕에 더 가까운 공정왕으로 폄훼되고 한참 후에야 비로소 정종이 될 수 있었던 것은 앞서 말한 바 있다. 게다가 정몽주를 죽인 공을 통째로 빼앗긴 이방과는 아무런 공도 없는 열 살이나 어린 막냇동생이 시키는 대로 움직이는 허수아비가 되어야 했으니, 이방원의 넓은 아량과 세심한 배려에 감탄을 금치 못할 지경이다.

나는 모든 의혹에 대한 답안을 제출했다. 충신의 타이틀밖에 갖추지 못한 정몽주를 죽인 것은 상징성을 제거하는 것 이상의 의미가 추출될 수 없는 데다, 직접 실행한 아들은 이방원이 아니라 이방과였다. 게다가 실행을 명령한 배후가 이성계였기 때문에 이방원은 포상과 전혀 해당사항이 없다. 그뿐 아니라 당시 이방원이 모친상을 치르기 위해 동북면에 있었을 개연성도 적지 않은 등 고려와 조선을 통틀어 확인하고 뒤집어 점검해도 이방원이 포상받을 하등의 근거가 존재하지 않는다.

그럼에도 실록에 이방원이 모든 것을 주도하고 건국에 결정적인 공을 세운 것으로 나타나는 이유 역시 제출한 바 있다. 이성계가 재위했던 기록인《태조실록》이 이방원의 시대에서 편찬되는 과정에서 철저한 '승자의 기록'으로 변질되었다. 특히 주요한 대목들은 도저히 사료의 가치를 찾을 수 없을 정도로 오염되었지만, 긴박하고 극적인 성분이 극대화되었기 때문에 돈을 목적으로 하는 자들의 입맛에 완벽하게 들어맞았다. 이후 사극 등의 영상매체에서 잊을 만하면 다시 방영함에 따라 움직일 수 없는 사실로 세뇌되었던 것이다.

이성계의 실록에 이방원의 활약상이 지나칠 정도로 상세하게 소개되는 반면, 공신에 한 차례도 녹권되지 못하는 것에 대해서도 설명하겠다. 이방원의 활약을 직접 목격한 사람은 존재하지 않거니와, 나중에 즉위한 이방원이 조영규 등과 술을 나누면서 '그때 우리가 어떻게 하지 않았느냐?', '정몽주를 죽일 때 누가 어떻게 대단했었다!'는 등으로 말하면 당사자들이 반박하기 어렵게 된다.

그런 상황에서 배석한 사관들은 '분명히 보고 들은 사실에 입각해 사초史草를 작성할 것'을 요구받게 될 것이다. 사관들도 의아한 점이 없지 않겠지만, 왕이 직접 말한 상태에서 "그렇다!, 그때 전하께서 정몽주를 죽이지 않으셨다면 우리가 모조리 죽었을 것!"이라는 칭찬과 감탄이 쇄도하는 이상 그런 방향으로 작성할 수밖에 없다. 또한《태종실록》을 편찬할 세종도 가급적 부친의 공이 높을 것을 바랄 것이기 때문에 이방원의 주장들이 자연스럽게 실록으로 편찬되었을 것이라는 추정이 충분히 가능하다.

그러나 공신의 녹권 같은 사안은 조작이나 날조가 가능하지 않다. 기록으로 시작해서 기록으로 끝난다고 해도 과언이 아닌 조선 같은 국가에서 가장 중요한 위치에 해당하는 공신의 임명에 대한 기록들이 엄중하게 관리될 것은 불문가지다. 어차피 조작과 날조가 가능하지 않은 상태에서 손을 쓸 엄두조차 나지 않겠거니와, 왕으로 즉위한 이방원으로서는 굳이 건드릴 필요를 느끼지 못했을 것이다. 이후 '심증은 있는데 물증이 없는' 상태로 대물림되다가 오늘날 나에게까지 이른 것이다.

> 나라 사람들이 종실 왕요王瑤(공양왕)로써 나라 일을 임시로 서리하게 하고, 정몽주를 문하시중으로 삼았는데, 정몽주는 최영의 실패한 자취를 경계하지 아니하고 왕요와 더불어 다시 요동을 공격하려고 모의하니 나라 사람들이 옳지 않다고 하므로 왕요는 물러나 사제로 돌아가고, 정몽주는 참형을 당했습니다. 《태조실록》 3년(1394) 2월 19일

조선이 건국된 이후 급성장할 것을 경계한 주원장에 의해 외교문제가 심각하게 대두되었을 때 뜬금없이 정몽주가 등장한다. "정몽주가 공양왕을 꼬드겨 다시 요동을 공격하려 했다"고 변명하던 이성계는 "그로 인해 참형을 당했다"는 언어도단의 기만까지 일삼는다. 저승에 있던 정몽주가 알았다면 피를 토하고도 남을 터다. 정도전 이상으로 명을 이용하려 했던 정몽주가 그렇게 악용당할 줄은 누구도 예상하지 못했을 테니까. 그러나 중요한 점은 그것이 조선의 공식적인 입장이라는 것이다. 게다가 명 황제 주원장에게 그렇게 보고된 이상

정몽주의 최후는 충분한 이유로 인해 참형을 당한 형태로 굳어져야 했다. 이성계의 시절에서 정몽주는 이성계를 모함하고 해치려다 마침내 죽음을 당한 고려의 대표적인 악당 이상은 아니었다.

태종공정성덕신공문무광효대왕의 휘는 이방원이요, 자는 유덕遺德이니, 태조의 다섯째아들이요, 공정왕의 동모제同母弟다. 어머니는 신의왕후 한씨다. 원 지정 27년, 고려 공민왕 16년 정미 5월 16일 신묘에 함흥부 귀주 사저에서 탄생했다. 한씨가 점치는 사람 문성윤에게 물었더니 대답하기를 "이 사주는 귀하기가 말할 수 없으니, 조심하고 점쟁이에게 경솔히 물어보지 마소서" 했다. 남은이 매양 태종을 보면 반드시 다른 사람에게 이르기를 "이 사람은 하늘을 덮을 영기英氣다" 했다.

태종은 나서부터 신이神異했고, 조금 자라매 영명 예지하기가 출중하고 글 읽기를 좋아해 학문이 날로 진보되었다. 명 홍무 15년 임술에 고려 진사시에 오르고, 이듬해 계해에 병과 제칠인第七人 급제에 합격했다. 가짜 왕씨들(우왕과 창왕)이 나라를 도둑질한 이래로 간신들이 나라의 명맥을 잡아 정사는 산만해지고, 백성들은 유리流離했다. 태종이 개연히 세상을 구제할 뜻이 있어 능히 몸을 굽히어 선비들에게 겸손했다.

태조께서 대접하기를 여러 아들보다 다르게 하고, 현비 강씨도 또한 기이하게 여기고 사랑하니, 태종 또한 효성을 다했다. 태조가 높은 코에 용의 얼굴이었는데, 태종의 용모가 이를 닮았다.

하륜河崙이 여흥부원군 민제와 동지의 친구였는데, 하륜이 본래 사람의 관상보기를 좋아해 민제에게 말하기를 "내가 사람을 상 본 것이 많지마는, 공의 둘째사위 같은 사람은 없었소. 내가 뵙고자 하니 공은 그 뜻을 말하여 주시오" 했다. 제가 태종에게 말하기를 "하륜이 군君을 보고자 한다" 했다. 태종이 만나보니, 하륜이 드디어 마음을 기울여 섬겼다.

경오년에 공양왕이 밀직사대언密直司代言 벼슬에 승진시키어 항상 근밀한 자리에 두었다. 신미년에 모후(신의왕후 한씨)의 상사를 당해 능 곁에서 시묘했는데, 매양 태조를 뵙기 위해 서울에 들어오면 길 위에서 눈물이 비오듯 하여 끊이지 않고, 태조의 저사邸舍에 이르러 느끼는 바가 있으면 문득 통곡하니, 태조의 좌우가 감창感愴해 마지않는 이가 없었고, 태조께서 항상 그의 효성을 칭찬했다.

임신년 가을 7월에 비밀히 장상들과 더불어 계책을 정하고 태조께 개국하기를 권해 말씀드리는데, 조준이 기뻐하고 경사스럽게 여기어 동렬들에게 말하기를 "오늘의 일은 공이 한 사람에게 있다" 했으니, 태종을 가리킨 것이다.

갑술년 여름에 고황제高皇帝(주원장)가 친아들의 입조를 명하므로, 태조가 곧 태종을 보내어 명령에 응하고, 작별하기에 이르러 눈물을 흘리면서 말하기를 "황제께서 만일 물음이 있으면, 네가 아니면 대답하지 못할 것이다" 했다. 명에 이르매, 진술해 아뢰는 바가 황제의 뜻에 맞았으므로 황제가 우대해 돌려보냈다.

기묘년 가을 9월에 태종이 송도松都(개경)의 추동 잠저에 있을 때, 어느 날 날이 새려 하여 별은 드문드문한데, 흰 용이 침실 동마루 위에 나타났다. 그 크기는 서까래만 하고 비늘이 있어 광채가 찬란하고 꼬리는 꿈틀꿈틀하고, 머리는 바로 태종이 있는 곳을 향했다.

시녀 김씨가 처마 밑에 앉았다가 이를 보았는데, 김씨는 경녕군 이비의 어머니다. 달려가 집찬인 김소근 등 여덟 사람에게 알리어, 소근 등이 또한 나와서 이를 보았다. 조금 있다가 운무가 자욱하게 끼더니 간 곳을 알 수 없었다.

공정왕(정종)이 아들이 없고 개국 정사定社(1차 왕자의 난)의 계책이 모두 정안군(이방원)에게서 나왔다 해서, 도승지 이문화를 보내어 태조께 사뢰고 책봉해 왕세자를 삼았다. 처음에 태조가 현비 강씨의 소생인 이방석을 봉해 세자를 삼았더니, 정희계의 아내가 현비에게 말하기를 "정안군이 세자가 되면 심히 인망에 합할 것입니다. 지금 이방석을 세우니 필경은 반드시 좋지 않을 것입니다" 했다. 정희계의 아내는 취산군 신극례의 누이고, 현비의 삼촌 질녀였다. 겨울 11월에 공정왕이 본래 풍질이 있었으므로 별궁에 물러앉고 태종에게 선위하니, 태종이 울면서 사양해도 되지 아니하여 드디어 수창궁壽昌宮에서 즉위했다. 태조가 기뻐해 말하기를 "강명한 임금이니 권세가 반드시 아래로 옮기지 않을 것이다" 했다.

영락 16년 무술 8월에 우리 전하(세종대왕)에게 선위하고, 다섯 해 동안 편안히 쉬면서 이양頤養했다. 임인년 5월 10일에 승하하셨으니, 향년이 56세요, 왕위에 계신 지 19년이었다. 명 황제가 시호를 주기를 공정恭定이라 하고, 본국에서 시호를 올리기를 성덕신공문무광효대왕이라 하고, 묘호는 태종太宗이라 했다. 《태종실록》 총서

장황하지만 총서의 전문을 가지고 왔다. 실록 가운데 총서는 왕의 생애를 간략하게 소개한 것으로 상세함과는 거리가 있겠으나, 그렇다고 해도 '정몽주 암살사건'에 대한 언급이 없는 것은 짚고 넘어갈 대목이다. 무능하고 덜 떨어진 이성계를 대신해 정몽주를 죽이고 정

국을 장악한 것이 개국에 결정적인 영향을 미쳤다는 자화자찬은 귀에 못이 박힐 지경이다. 그렇다면 총서에 상당한 지면이 할애되어야 마땅함에도 언급 자체가 없는 이유는 무엇인가?

또 주지했다시피 임신년(1392) 4월에 정몽주가 죽고 7월에 이성계가 즉위하게 된다. 이성계의 즉위가 코앞까지 닥쳤을 때 조준의 말투가 가당치 않다. 이방원이 정몽주를 죽인 것이 결정적인 공이었다면, 그리하여 고려를 멸망시키고 조선이 건국될 수 있었다면 있는 대로 말하면 되는 것이다. 그런데도 "오늘의 일은 공이 한 사람에게 있다" 느니 "그 사람은 바로 태종을 가리킨 것이다"는 따위로 떠드는 광경도 납득되지 않기는 마찬가지다.

백관이 국새를 받들어 왕대비전에 두고 모든 정무를 나아가 품명稟命해 재결했다. 13일(임진)에 대비가 교지를 선포해 태조를 감록국사로 삼았다. 16일(을미)에 배극렴과 조준이 정도전, 김사형, 이제, 이화, 정희계, 이지란, 남은, 장사길, 정총, 김인찬, 조인옥, 남재, 조박, 오몽을, 정탁, 윤호, 이민도, 조견, 박포, 조영규, 조반, 조온, 조기, 홍길민, 유경, 정용수, 장담, 안경공, 김균, 유원정, 이직, 이근, 오사충, 이서, 조영무, 이백유, 이부, 김로, 손흥종, 심효생, 고여, 장지화, 함부림, 한상경, 황거정, 임언충, 장사정, 민여익 등 대소신료와 한량기로閑良耆老 등이 국새를 받들고 태조의 저택에 나아가니 사람들이 마을의 골목에 꽉 메어 있었다.

실록에는 심복들과 중신들을 비롯한 대소신료가 이성계를 찾아와 즉위를 외쳤을 때를 전후해 조준이 이방원을 가리켜 말한 사실이 나타나지 않는다. 또한 이미 그때까지의 이방원이 공이 없었다는 것을 충분히 말했거니와, 이방원이 시키는 대로 한 것밖에 없는 것으로 기록된 이방과가 오히려 높은 관직을 받았다는 사실도 제시했다. 그뿐 아니라 이성계의 반대를 무릅쓰고 결정적인 공을 세웠다는 이방원이 개국공신의 말석에조차 거론되지 못했다는 것 역시 실록에 분명히 나타나는 사실이다. 사실로 전승된 '승자의 기록'을 믿을 것인지, 어렵지 않은 상식에 입각한 새로운 주장을 받아들일지는 스스로 판단할 일이다.

'당시의 사실'을 믿을 수 있는가?

1980년 5월 18일부터 5월 27일까지 광주에서 민중항쟁이 발생했다. 당시 국가와 언론은 이를 국가를 전복할 목적의 불온한 자들에 의해 저질러진 반란과 폭동으로 규정되었다. 당시 광주 시민들의 명예는 20년이 지나서야 비로소 회복되거니와, 아직까지도 그때 정부의 발표를 믿고 있는 시민들이 적지 않다. 더 거슬러 올라가 1948년 4월 3일부터 1954년 9월 21일까지 1만 4,000명이 넘는 사망자가 발생한 제주도에서의 민중항쟁에 대해서도 당시 공식적인 발표인 '빨갱이들에 의한 내란'으로 믿는 이들 역시 적지 않다.

2부 • 왕자의 나, 반역의 재구성

1장

:

종말과 시작은
이렇게 교차되었다

새로운 국가의 시작

처음에 공양왕이 전하와 사예 조용을 불러 말하기를 "내가 장차 이시중李侍中(이성계)과 더불어 동맹하려고 하니 경 등이 내 말로써 나아가 시중에게 전하고, 시중의 말을 듣고서 맹서를 초하여 오라" 하고, 또 말하기를 "반드시 고사故事(사례)가 있을 것이다" 했다.

이에 조용이 대답하기를 "맹세는 족히 귀한 것이 아니며, 성인이 싫어하는 바입니다. 열국의 동맹 같은 것은 옛날에 있었으나, 임금이 신하와 더불어 동맹하는 것은 경적經籍의 고사에 근거할 만한 것이 없습니다" 했다.

공양왕이 말하기를 "다만 이를 초 잡으라" 하매 조용이 전하와 함께 태조에게 나아가서 왕의 명령대로 전하니, 이에 태조가 말하기를 "내가 무슨 말을 하겠는가? 네가 마땅히 임금의 명령으로써 글의 초를 잡으라" 했다.

조용이 물러가서 초를 잡기를 "경이 있지 않았으면 내가 어찌 이에 이르겠는가? 경의 공과 덕을 내가 감히 잊겠는가. 황천皇天과 후토后土가 위에 있고 곁에 있으니, 대대로 자손들은 서로 해치지 말 것이다. 내가 경에게 믿음이 있는 것은 이 같은 맹약이 있기 때문이다" 했다.

조용이 전하와 함께 초안 잡은 것을 공양왕에게 바치니, 공양왕이 말하기를 "좋다" 했다. 조용이 이때 사관을 겸직했는데, 글을 쓰기를 "임금이 시중에게 자기를 도와 왕으로 세운 공도 보답하지 못했는데 도리어 해칠 마음이 이미 싹텄으니, 천명이 이미 가버리고 인심이 이미 떠났으므로 구구한 맹약은 믿을 수 없게 되었다" 했다. 《태조실록》총서

실록에 의하면 공양왕이 이성계와 동맹을 맺기를 원했다. 만일 동맹을 맺게 되면 고려의 명맥이 유지될 수 있겠거니와 자신의 안전도 보장될 수 있을 터였다. 그러나 왕과 신하가 동맹을 맺는다는 것은 듣도 보도 못한 일이다. 진즉부터 고려를 폐기하고 이성계를 즉위시키려던 정도전을 비롯한 과격파에게 동맹은 정신 나간 자가 지껄이는 헛소리보다도 못했다. 정몽주가 처참하게 죽은 다음 보위를 양보하기는커녕 절박하게 내민 공양왕의 카드가 휴지보다 못한 대접을 받기에는 긴 시간이 필요하지 않았다.

태조가 수창궁에서 왕위에 올랐다. 이보다 먼저 이달 12일에 공양왕이 장차 태조의 사제로 거둥해 술자리를 베풀고 태조와 더불어 동맹하려고 해 의장이 이미 늘어섰는데, 시중 배극렴 등이 왕대비에게 아뢰었다. "지금 왕이 혼암해 임금의 도리를 이미 잃고 인심도 이미 떠나갔으므

로, 사직과 백성의 주재자가 될 수 없으니 이를 폐하기를 청합니다."

마침내 왕대비의 교지를 받들어 공양왕을 폐하기로 일이 이미 결정되었는데, 남은이 드디어 문하평리 정희계와 함께 교지를 가지고 북천동의 시좌궁時坐宮(당시 왕이 거처하던 궁전)에 이르러 교지를 선포하니, 공양왕이 부복하고 명령을 듣고 말하기를 "내가 본디 임금이 되고 싶지 않았는데 여러 신하들이 나를 강제로 왕으로 세웠습니다. 내가 성품이 불민해 사기事機를 알지 못하니 어찌 신하의 심정을 거스른 일이 없겠습니까?" 하면서 이내 울어 눈물이 두서너 줄기 흘러내렸다.

마침내 왕위를 물려주고 원주로 가니, 백관이 국새를 받들어 왕대비전에 두고 모든 정무를 나아가 품명해 재결했다. 13일에 대비가 교지를 선포해 태조를 감록국사監錄國事로 삼았다. 《태조실록》 1년(1392) 7월 17일

공왕양이 그때까지도 동맹이 가능할 것이라는 헛된 꿈을 버리지 않고 의식까지 준비하고 있을 무렵 배극렴 등의 중신들이 왕대비에게 향했다. 이미 그들이 찾을 것을 짐작하고 있던 왕대비가 주청에 따라 교지를 내리는 것으로 공양왕의 폐위가 결정되었다. 이후 폐위당한 공양왕이 출궁하는 것과 더불어 즉위에 따른 과정이 주문받은 음식이 나오는 것처럼 진행되기 시작했다.

7월 12일에 공양왕을 폐위하고 회수한 옥새를 보관하던 왕대비가 13일에 정식으로 교지를 선포한 다음 이성계를 감록국사로 삼았다. 감록국사는 국가의 모든 것을 감독하고 인사권까지 장악하는 임시직책으로, 정식직제의 최고관직 문하시중을 초월하더라도 왕은 아니었다. 고려의 마지막 왕으로 기록될 공양왕이 끝까지 양보하지 않음에

따라 폐위해 쫓아낸 이성계는 최후의 담금질에 들어갔다.

도평의사사 및 대소신료와 한량, 기로 등이 지밀직사사 조반으로 하여
금 중국 서울에 가서 예부에 아뢰게 하기를 청했다.

"그윽이 생각하옵건대, 우리나라가 공민왕이 후사 없이 세상을 떠나자
후사가 없으매 역신 신돈의 아들 우가 권신 이인임 등에 의하여 왕으로
세워졌습니다. 그러나 우는 곧 혼폭하고 광자해 죄 없는 사람을 많이 죽
이고, 군사를 일으켜 요동으로 향하려는 지경에 이르렀습니다.

이때 우군도통사 이성계가 상국의 국경을 범할 수 없다고 하면서 대의
에 의거해 군사를 돌이키니, 우는 이에 돕는 사람이 적은 것을 스스로
알고서 두려워해 왕위를 사양하며 아들 창에게 물려주니 ⋯ 모두 생각
하기를 이 같은 짓으로는 백성들을 다스리고 사직을 받들기가 어렵다
고 하여, 홍무 25년(1392) 7월 12일에 공민왕의 비 안씨의 명령으로 요^瑤
(공양왕)를 사제에 물러가 있게 했습니다. 간절히 생각하옵건대 군정과
국정의 사무는 하루라도 통솔이 없어서는 안 될 것이므로 종친 중에서
가려 뽑아보니 세상의 인망에 당할 만한 사람이 없었습니다.

오직 문하시중 이성계는 은택이 백성들에게 입혔으며 공로는 사직에
있어 조정과 민간의 마음이 일찍부터 모두 진심으로 붙좇았으므로, 이
에 온 나라의 대소신료와 한량, 기로, 군민들이 모두 왕으로 추대하기를
원해 지밀직부사 조반으로 하여금 앞서 조정^{朝廷}(명의 조정)에 가서 주달
하게 하옵니다. 삼가 바라옵건대 번거롭게 아룀을 밝게 살펴 여러 사람
의 뜻을 굽어 따라서, 한 나라의 백성을 편안하게 하소서." 《태조실록》
1년(1392) 7월 18일

전 밀직사 조임을 보내어 중국 서울에 가서 표문을 올리게 했다.

"권지고려국사權知高麗國事 신 아무는 말씀을 올립니다. 삼가 생각하옵건대, 소방小邦에서는 공민왕이 후사가 없이 세상을 떠난 뒤에 신돈의 아들 우가 성을 속이고 왕위를 도둑질하니 … '군국軍國의 사무는 하루라도 통솔이 없어서는 안 되겠다' 하면서, 신을 권지군국사權知軍國事로 추대했습니다. 신은 본디부터 재주와 덕행이 없으므로 사양하기를 두세 번에 이르렀으나 여러 사람의 사정에 몰려서 도망해 피하지도 못하므로, 놀라고 두려워해 몸 둘 곳을 알지 못하겠습니다. 삼가 황제 폐하께서는 건곤의 넓은 도량과 일월의 총명으로 여러 사람의 뜻을 어길 수 없음과 미신微臣이 마지못했던 일임을 살피시어, 성심으로 재가하여 백성들의 뜻을 안정하게 하소서." 《태조실록》 1년(1392) 8월 29일

7월 18일에 정식으로 승인받아야 하지 않겠느냐는 신료들의 주청을 받은 이성계가 실행에 들어갔다. 당시 이성계는 자신을 정식으로 책봉받지 못한 상태에서 임시직으로 다스리는 '권지고려국사', '권지군국사'로 칭했던 바, 고려의 태조 왕건도 송에 스스로를 '권지고려국사'로 칭한 전례가 있다. 고려의 신하였다가 우왕과 창왕을 폐위하고 죽인 데다, 공양왕까지 몰아내고 나라를 빼앗으려는 이성계의 입장에서 주원장의 승인이 화룡점정 이상으로 절실했을 것은 두말할 필요조차 없다.

이성계가 대외적 사안에만 주력한 것은 아니었다. 즉위에 따른 승인을 주청받았던 날에 위화도에서 회군한 다음 설치했던 도총중외제군사부都摠中外諸軍事府를 폐지하고 의흥친군위義興親軍衛를 설치했다.

임시로 설치한 연합사령부에 가까웠던 도총중외제군사부를 상설기구이면서 친위적 성격이 강한 의흥친군위로 확대 개편한 것은 주요한 포석 가운데 하나였다.

계속해서 같은 날에 종친과 유력한 대신들에게 여러 도道의 군사를 나누어 거느리게 하는 조치를 취한 다음, 7월 20일에는 정도전에게 도평의사사의 기무에다 인사를 관장하는 상서사尙瑞司의 업무까지 겸하게 했다. 또한 7월 28일에는 즉위교서를 반포하고 자신의 4대 조상에까지 존호를 바치는 것은 물론, 개국공신들을 성대하게 포상하고 문무백관의 관제를 확립했다.

정도전, 조선을 설계하다

주목해야 할 것 가운데는 즉위교서의 내용과 함께 '교서는 정도전이 지은 것이다'라는 지칭이다. 당시 반포한 즉위교서는 자신이 왕이되어야 할 대의명분과 함께 관념적인 내용은 물론, 법제와 규정 및국가의 운영에 적용되어야 할 전반적인 사항이 지극히 상세하게 언급되어 있다. 내가 보기에도 감탄을 금치 못할 조선의 기틀과 골조를비롯한 모든 것이 바로 정도전에 의해 완성되었던 것이다. 나중에 정도전을 죽이고 격하했던 이방원에 의해 편찬된 실록에서마저도 인정하지 않을 수 없었던 정도전의 능력에 놀라지 않을 수 없다.

삼군총제부三軍摠制府를 고쳐 의흥삼군부義興三軍府로 삼고, 중방重房을 폐지했다. 《태조실록》 2년(1393) 9월 14일

이때 공양왕 시기에 설치된 삼군총제부를 의흥삼군부로 개정하면서 상장군과 대장군 등의 고위 무관들이 주요한 안건을 조율하고 의결하던 중방도 함께 폐지했다. 이미 오래 전부터 유명무실했거니와, 고려와 무신들의 냄새가 물씬 풍기는 중방의 폐지는 당연한 조치라 하겠다.

삼군부는 직할부대를 운용하면서 국방에 대한 사안을 직접 조율하거나 개입하지는 않더라도 의흥친군위의 상당 부분과 국가전략부대를 통솔하는 기관이다. 삼군부에서 구성한 전략부대의 지휘관으로 의흥친군위의 절제사를 임명할 수 있는 권한이 부여된 것은 특히 주목할 만하다. 이성계 항렬의 종친과 왕자들은 물론, 공이 높은 심복들이 절제사로 구성되어 친위부대로 기능하는 의흥친군위를 제어할 수 있다는 것은 견제 이외의 의미를 가진다. 장차 사병을 혁파할 때 삼군부로 하여금 주도적인 역할을 맡기겠다는 의도가 어렵지 않게 읽힌다.

그런데 문제는 삼군부가 직할부대를 운용하지 못하고 군령과 행정에 대한 업무가 위주인 반면, 직접 병력을 가지고 전투력까지 보유한 의흥친군위가 실제적인 행동력에서의 우위를 점유한다는 점이다. 게다가 절제사의 지휘를 받게 된 전략부대가 직속상관인 절제사의 명령을 따르게 되어 삼군부가 소외될 우려가 높다. 그렇게 되면 삼군총제부와 중방을 폐지하고 중앙에 권력을 집중하는 효과를 얻기는커녕, 오히려 의흥친군위에 날개를 달아주는 역방향의 결과가 초래될 개연성이 적지 않다.

판의흥삼군부사判義興三軍府事 정도전을 보내어 태뢰太牢(나라 제사에 소를 통째로 제물로 바치는 일)로써 둑(왕을 상징하는 군기 또는 치우천황을 섬기는 사당)에 제사지내게 하니, 도전 제사에 참여한 장사들이 모두 철갑 차림으로 제사를 지냈다.《태조실록》3년(1394) 1월 27일

정도전이 삼군부의 수장에 임명되는 것으로 모든 것이 해결되었다. 이미 충분한 복안을 가지고 있었을 정도전의 행보는 조자룡이 적진을 짓밟는 것처럼 거침없었다.

판삼사사 정도전이 임금에게 말씀을 올려, 여러 절제사들의 거느린 군사 중에서 무략이 있는 사람을 뽑아《진도陣圖》를 가르치게 했다.《태조실록》2년(1393) 11월 9일

정도전이 군사를 구정毬庭에 모아 진도를 설치하고서, 그들로 하여금 고각鼓角, 기휘旗麾, 좌작진퇴坐作進退의 절차를 익히게 했다.《태조실록》2년(1393) 11월 12일

임금이 임진臨津의 수미포壽美浦에 거동해 판삼사사 정도전에게 명해 오군진도伍軍陣圖를 연습하게 하고는 또 말했다. "내일 내가 장차 친히 관람할 것이다."
첨절제사 진충귀와 대장군 이귀령을 중군사마로 삼고, 여러 절제사를 불러 명령했다. "지난번에 이미 각기《진도陣圖》를 연습하도록 명했으니, 내일 만약 연습하지 아니한 사람과 영을 어긴 사람이 있으면 내가

장차 처벌할 것이다."

정도전에게 묻기를 "옛날에는 봄사냥과 겨울사냥에서 종묘에 짐승을 바쳤는데, 지금 봄사냥에서 짐승을 잡아 먼저 종묘에 바치려고 하니 어떻겠는가?" 했다.

정도전이 대답하기를 "짐승을 바치는 예는 진실로 마땅하오나, 대향 大享(종묘에서 시행하는 주요한 국가제사)이 이미 지났으니 망제望祭에 이를 올리게 하소서" 하니, 임금이 옳게 여기었다. 《태조실록》 3년(1394) 3월 11일

놀랍게도 정도전이 군권까지 장악하는 광경이 나타난다. 《진도》는 정도전이 저술한 무수한 실용저술 가운데 군사 방면이다. 《진도》에는 기초적인 신호와 명령체계 및 단위전투부터 시작해 '전후좌우중의 오군을 통합하는 오군진도'에 이르러 국가적인 전쟁까지 방대하게 적용될 수 있는 내용이 담겨 있다.

자신이 저술한 《진도》를 군사교범으로 채택하고 훈련하게 했던 정도전이 절제사들까지 명령에 따르도록 강요하기에는 긴 시간이 필요하지 않았다. 이성계가 "지난번에 이미 각기 《진도》를 연습하도록 명했으니, 내일 만약 연습하지 아니한 사람과 영을 어긴 사람이 있으면 내가 장차 처벌할 것이다!"라고 운운하는 것은 정도전의 뜻이 바로 어명이 되는 광경이다.

이미 최고의결기관이자 의정부의 전신인 도평의사사는 물론, 인사를 관장하는 상서사의 업무까지 겸한 상태에서 군권까지 장악한 정도전은 신국 자체였다. 또한 당시의 고려는 정도전의 의욕이 잘 먹혀

들 수 있는 인프라까지 구축된 상태였다.

하나, 문무 두 과거는 한 가지만 취하고 한 가지는 버릴 수 없으니 중앙
에는 국학과 지방에는 향교에 생도를 더 두고 강학을 힘쓰게 해 인재를
양육하게 할 것이다. 그 과거의 법은 본디 나라를 위하여 인재를 뽑았던
것인데, 그들이 좌주座主(시험관)니 문생門生이니 일컬으면서 공적인 천
거로써 사적인 은혜로 삼으니, 법을 제정한 뜻이 아니다.

지금부터는 중앙에는 성균정록소成均正錄所(성균관의 담당관청)와 지방에
는 각도의 안렴사가 그 학교에서 경의經義에 밝고 덕행을 닦은 사람을
뽑아 연령, 본관, 삼대三代와 경서에 통하는 바를 잘 갖춰 기록해 성균관
장이소成均館長貳所에 올려 경에서 통하는 바를 시강試講한다.

이로써 사서로부터 오경과 《통감通鑑》 이상을 통달한 사람을 그 경서의
많고 적은 것과 알아낸 사리의 정밀하고 소략한 것으로써 등급을 정해
제일장第一場으로 한다. 입격入格(합격)한 사람의 경우 예조로 보내면 예
조에서 표문表文, 장주章奏, 고부古賦를 시험해 중장中場으로 하고, 책문策問
을 시험해 종장終場으로 할 것이다. 삼장三場을 통해 입격한 사람 33인을
상고해 이조로 보내면, 이조에서 재주를 헤아려 탁용하게 하고 감시는
폐지할 것이다.

강무講武하는 법은 주장主掌한 훈련관에서 때때로 《무경칠서武經七書》와
사어射御(활과 승마 등의 기본무예)의 기술을 강습시켜, 통달한 경서의 많
고 적은 것과 기술의 정하고 거친 것으로써 등급을 정해 입격한 사람
33인에게 출신패를 주고, 명단을 병조로 보내어 탁용擢用에 대비하게 할
것이다.

정도전이 편찬한 교서 가운데 과거제도와 문무과의 응시 및 선발 과정 등에 대한 내용이다. 지금의 고시와 비교해도 오히려 우월할 정도인 바, 고려에서 시행했던 과거제도를 현실에 맞게 재단한 것이다.

대저 과거제도의 출발은 수隋다. 수를 창건한 양제煬帝는 지방관을 해당 지방의 호족 가운데에서 임명했던 관례를 폐지하고 중앙에서 임명할 것을 천명했다. 세력이 강하던 호족은 물론, 그들 가운데 중앙으로 진출한 자들로 형성된 파워그룹을 제압하겠다는 의도였다. 진시황이 천하를 통일한 이후 지방에서 세력을 기른 자들에 의해 나라가 세워지고 멸망하는 것이 반복되었기 때문에, 중앙집권을 실현하려는 양제의 의도는 자신과 수의 생존에 있어 선택이 아닌 필수라고 해도 과언이 아니었다.

그렇다고 해서 황제가 마음대로 지방관을 임명할 수는 없었다. 오히려 그것이 빌미가 되어 반발을 부르기 십상이라 정당한 시험을 통해 선발된 인재들을 황제가 임명하는 형식을 취했다. 그렇게 되자 권력의 패러다임이 혁명적으로 변이되었다. 이전까지는 지방관은 물론, 중앙의 주요 관직도 권력자에 의해 좌지우지되었기 때문에 관리들은 자신을 임명한 사람에게 충성을 바칠 수밖에 없었다. 그로 인해 국정이 문란해지다가 결국 사라지는 것이 국가들이 명멸하는 형태였다.

그러나 양제에 의해 과거제도가 도입되자 급제한 관리들이 자신을 등용해주고 급여를 지급하는 황제에게 충성하게 되었다. 그제야 비로소 제도적인 중앙집권이 가능해졌으니, 진정한 의미에서 중원을 통일한 제국은 바로 수였다.

고구려를 침공하다가 멸망한 수를 계승한 당唐은 중앙집권을 완벽하게 계승하고 꽃피운 제국이었다. 고조 이연李淵에 의해 창건되었을 당시 당은 창고에 먼지밖에 없는 상태였다. 국력도 형편없던 나머지 주변의 돌궐과 흉노 등에게 뇌물을 바치면서 침공하지 말아줄 것을 애걸하기까지 했다. 그랬던 당이 빠르게 국력을 신장할 수 있었던 것은 수가 남긴 과거제도와 관직체계를 신속하게 복구시켰기 때문이다.

2대 황제 태종 이세민李世民의 대에 들어서는 돌궐과 흉노 등은 물론, 중원에 등극한 황제들의 필생소원이었던 고구려까지 멸망시키기에 이르렀다. 이세민도 처음에는 안시성에서 양만춘楊萬春에게 치명적인 패배를 당하는 바람에 하마터면 수의 뒤를 따를 뻔했을 정도였다. 그러나 중앙집권이 장착된 당이 빠르게 회복할 수 있었던 반면, 계속되는 전쟁에서 승리를 거두기는 했어도 권력자들의 이해에 따라 국정이 좌우되던 고구려는 피해의 복구가 가능하지 않았다.

결국 그로 인해 고구려가 역사에서 사라지게 되는 바, '과거제도를 이룩해 중앙집권이 완비된 신흥 선진국 대 관등과 품계 정도만 갖추고 주먹구구식으로 운영되던 노후한 후진국가의 전쟁'이 초래한 전형적인 결과라고 할 수 있다.

일본의 경우 19세기 말에서 20세기 초 122대 왕 메이지明治 시기에 혁신이 발생하기 이전까지는 입에 담기 어려울 정도의 수준이었다. 그랬던 일본이 비약적으로 발전할 수 있었던 원인도 객관적인 방식으로 국가공무원을 선발한 데 있다고 해도 과언이 아니다.

멸망할 당시의 고려 또한 과거를 통한 인재의 선발과 등용이 체계화된 상태였다. 과거제도 자체는 4대 왕 광종 9년(958)에 첫 급제자가 배출될 정도로 연혁이 오래되었을 뿐더러, 수준도 자못 높았던 것으

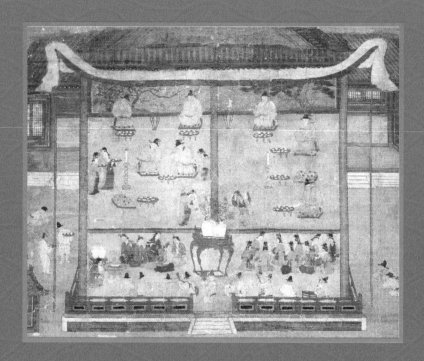

과거은영연도科擧恩榮宴圖. 조선 선조가 알
성시 급제자에게 하사한 은영연 당시 풍경
을 그렸다. 은영연은 과거 급제자를 대상으
로 의정부에서 거행해준 연회다. 조선에서
과거제도는 국가의 정치 및 문화구조를 유
지케 하는 주요 틀이었다. 1580년경.

로 기록되어 있다. 그러나 후기로 내려가면서 권력자들의 자제들이 음서를 이용해 관직에 진출하는 것이 보편화되었다.

특히 몽골에 예속당하고 부마국으로 전락당한 다음부터 관료들이 심부름꾼으로 전락하거니와, 전쟁 등으로 인해 국가가 극도로 혼란해짐에 따라 과거의 실시 자체가 불가능할 지경에까지 이르렀다. 그나마 공민왕이 적폐들을 몰아내고 신돈을 앞세워 개혁한 덕택에 성균관이 활성화될 수 있었다. 공민왕과 신돈의 혜택을 입은 새로운 인재들 가운데 정도전과 정몽주를 필두로 하는 뛰어난 관료들이 배출되었다는 것은 다시 언급할 필요가 없다.

옛 세상의 시체를 밟아야 새 세상이 보이는가?

도평의사사에서 전일의 교서에 기재된 먼 지방으로 귀양 보낼 사람은 무릉(울릉도), 추자도와 제주 등지로 나누어 귀양 보내기를 청하니, 임금이 말했다.

"교서에 이미 '내가 오히려 이들을 불쌍히 여긴다'고 했는데, 지금 또 여러 섬으로 나눠 귀양을 보낸다면 이는 신의를 잃는 것이다. 더구나 사람이 없는 땅에 귀양 보낸다면 의복과 음식을 어찌 얻겠는가? 반드시 모두 굶주림과 추위로 죽게 될 것이다. 이 무리들이 비록 기내畿內(개경 인근)에 있더라도, 다시 어찌 모의하겠는가?"

마침내 여러 주에 나누어 귀양 보내니 우현보는 해양으로 귀양 가고, 이색은 장흥부로 귀양 가고, 설장수는 장기로 귀양 가고, 나머지 사람은 모두 연변의 주군州郡으로 귀양 가게 되었다. … 정도전이 이색을 자연도紫燕島(영종도)로 귀양 보내고자 하여 경기계정사京畿計程使 허주로 하여금 잡아 보내게 했다.

허주가 자연도에는 사람이 없기 때문에 이를 어렵게 여겨 그 구처區處
할 것을 물으니 정도전이 대답했다. "섬에 귀양 보내자는 것은 바로 바
다에 밀어 넣자는 것이다." 조금 뒤에 이색을 장흥으로 귀양 보내라는
명령이 나오게 되니, 정도전의 계획이 마침내 시행되지 못했다. 《태조실
록》 1년(1392) 7월 30일

정도전은 이색과 우현보와 설장수 등을 죽이려고 했다. 이미 뇌사
상태였던 고려의 산소호흡장치까지 제거된 이상 흔적을 말살하는 것
은 정해진 수순에 지나지 않았다. 그러나 이색 등은 이성계의 아량으
로 인해 정도전의 독수를 피하면서 천수까지 누릴 수 있었다.

아비들은 살아남을 수 있었지만 아들들은 그렇지 못했다. 정도전
은 이색의 둘째아들 이종학을 지방으로 귀양 보낸 다음 곤장을 치면
서 때려죽이려고 했지만 기회를 놓치고 말았다. 이후 이종학은 다른
곳으로 보내진 다음 길을 가는 도중에 정체를 알 수 없는 자에게 목
이 졸려 죽고 말았다.

우현보가 둔 네 아들인 우홍수, 우홍부, 우홍강, 우홍득은 전부 만
만치 않게 출세했다. 그들 가운데 둘째 우홍부를 제외한 장남 우홍수
와 사헌부에 근무할 때 정도전과 얽혔던 우홍득을 포함하는 아들 셋
이 곤장을 맞다가 죽음을 당하고 말았으니, 이색과 우현보는 차라리
자신들이 죽음을 당하는 것이 나았을 것이다.

우현보의 아들들이 죽어갈 때 충신들도 동일한 방법으로 처리되
었다. 그들 가운데 정몽주와 더불어 학문에 적수가 없었던 이숭인李崇

仁은 경륜 또한 정도전에 비해서 뒤지지 않을 정도였다. 이색을 비롯해 위협이 되지 않을 구세대들은 굳이 죽이지 않을 수 있었지만, 자신과 대등한 능력을 갖춘 이숭인을 비롯한 충신들은 결코 살려둘 수 없었다.

그러한 일련의 제거과정은 신국의 건설에 필연적일 수 있다. 낡은 집을 부수고 새로운 집을 짓기 위해서는 사용할 수 있는 자재들을 제외한 불필요하고 방해가 되는 나머지를 제거하는 것은 지극히 당연하다. 그러나 그 과정에서 지나친 희생을 발생시킨 것을 지적하지 않을 수 없다. 당시 조치는 아량을 베푸는 것처럼 보이지만 왕씨들의 운명은 결정적이었다.

사헌부 대사헌 민개 등이 고려왕조의 왕씨를 밖에 두기를 청하니, 임금이 말했다. "순흥군 왕승과 그 아들 강은 나라에 공로가 있으며, 정양군 왕우와 그의 아들 조, 관은 장차 고려왕조의 제사를 받들게 할 것이니 논하지 말고, 그 나머지는 모두 강화와 거제에 나누어 두게 하라." 《**태조실록**》 1년(1392) 7월 20일

참찬문하부사 박위를 순군옥에 가두었다. 처음에 동래현령 김가행과 염장관鹽場官 박중질 등이 국가의 안위와 왕씨의 명운으로써 밀성密城(밀양)의 장님 이흥무에게 점을 쳤는데, 일이 발각되자 흥무를 잡아와서 순군옥에 가두고 성헌省憲(사헌부)과 형조로 하여금 순군만호부巡軍萬戶府와 함께 그 일을 조사하게 하니 흥무가 죄를 자백했다.

"가행과 중질 등이 박위의 말로써 와서 점치게 하면서 말하기를 '고려

왕조 공양왕의 명운이 우리 주상전하보다 누가 낫겠는가? 또 왕씨 가운데서 누가 명운이 귀한 사람인가?' 하므로, 내가 남평군南平君 왕화의 명운이 귀하다 하고, 그 아우 영평군鈴平君 왕거가 그 다음이 된다고 하였습니다."

이에 박위를 가두고 순군에게 명해 가행과 중질을 경상도에서 잡아오게 했다. 《태조실록》3년(1394) 1월 16일

박위는 위화도 회군 당시 이성계의 뜻에 따라 동참하고 개경을 공격할 때도 공이 컸거니와, '흥국사의 9공신'에 포함될 정도로 공이 높은 인물이다. 특히 대마도를 정벌하는 등 지금도 기억에 회자되는 박위가 김가행과 박중질 등을 시켜 유명한 점쟁이 이흥무에게 이성계와 공양왕의 운수를 비교하게 했다는 것이 사건의 시발이다.

이때 이흥무가 '남평군 왕화의 명운이 가장 좋고 영평군 왕거가 다음이다'라고 대답한 것은 복채를 받는 대가로 당연히 해야 할 의무에 지나지 않을 수 있다. 그러나 그 이전에 '이성계와 공양왕의 운수 가운데 누가 낫겠느냐?'라는 질문의 내용은 문제가 될 수 있거니와, 소문만큼 빠르게 확산되는 것도 없다. 묻고 답한 자들이 체포당한 다음 반역사건으로 비화되기에 긴 시간이 필요하지 않았다.

이 땅에 왕씨가 더 이상 없게 하라!

삼성에서 박위 등을 같이 국문하도록 청하니 박위는 용서하고 박중질 등은 귀양 보냈다. 대간과 형조에서 글을 같이 올려 청했다. "신들이 순군만호부巡軍萬戶府와 같이 이흥무, 김가행, 박중질 등을 국문하니 그 공사가 대체大體(국가 또는 왕)에 관계되므로 쉽사리 판결할 수가 없겠습니다. 원하옵건대 공사에 관련된 사람들은 한 곳에서 증거를 대어 심문하여 밝게 그 죄를 처단하소서."

임금이 윤허하지 아니하고 박위를 용서해 복직시키고, 이어 말했다. "박위가 비록 본디부터 배반할 마음이 있었더라도, 지금 내가 높은 작위를 주어 대우하기를 후하게 했으니, 어찌 변고變故(반역)를 감히 도모했겠는가? 박위와 같은 인재는 쉽사리 얻을 수가 없다."

박중질, 김가행, 이흥무 등은 곤장을 쳐서 변방 고을에 귀양 보내었다.
《태조실록》 3년(1394) 1월 21일

'삼성에서 국문했다'는 것은 사헌부와 사간원에 형조는 물론, 왕이 직접 나서 추국할 정도로 엄중한 형태의 취조다. 고문이 필수로 포함되는 삼성추국三省推鞫의 결과 주범 박위는 용서받고 하수인에 해당하는 박중질, 김가행, 이흥무는 곤장을 때려 유해했으니 반역사건치고는 싱겁게 끝나는 것 같다. 그러나 그 사건으로 인해 왕씨들에 대한 경계가 공세로 전환되더니 아예 씨를 말리자는 형태로 치닫기 시작했다.

대간과 형조에서 상언했다.
"가만히 듣자옵건대, 일이 커지기 전에 미리 막는 것은 《춘추春秋》의 의리입니다. 신 등이 지난번에 공양군恭讓君 삼부자에게 천주天誅(처형)를 가하기를 청했으나, 윤허를 얻지 못했으니 낭패됨을 견딜 수 없습니다. 신 등은 그윽이 생각하기를, 가라지[랑유莨莠]를 없애지 않는다면 좋은 곡식의 해가 되고, 간웅을 제거하지 않는다면 반드시 사직의 화가 되는 것이라 여기옵니다.

전하께서는 왕씨를 해도에 내쫓은 사람도 있으며, 외방에 안치한 사람도 있으며, 서울로 소환한 사람도 있는데, 신 등은 잘 알 수 없습니다마는 해도에 내쫓은 사람은 무슨 죄이며, 외방에 안치한 사람과 서울로 소환한 사람은 무슨 다행이옵니까? … 원하옵건대 전하께서는 일월 같은 총명을 돌리시고 《춘추》의 대의를 본받아, 즉시 유사攸司로 하여금 위의 항목의 사람들을 그 처자와 제질弟姪까지 아울러 해도에 옮기게 하여 미연에 방비한다면 종사에 매우 다행하겠습니다."
임금이 윤허하지 아니했다. 《태조실록》 3년(1394) 2월 21일

조선은 이미 왕씨들을 제거할 전초전에 들어섰다. '처자와 제질까지 아울러 해도에 옮기게'는 모조리 죽일 목적에 의해 신분 여하에 관계없이 위태롭고 척박한 섬으로 몰아넣자는 말이다. 이때 이성계가 윤허하지 않았지만 그런다고 끝날 일이 아니었다. 가볍게 처벌하는 것 같았던 관련자들을 참형에 처해 입을 봉한 다음 본격적인 사냥이 시작되었다.

> 중승 박신이 수원에서 각 사람들의 공사를 가지고 와서 아뢰니, 두 시중을 불러서 이를 의논하게 했다. 왕화, 왕거, 김가행, 박중질, 김유의, 이흥무 등을 참수하고, 왕우와 박위는 특별히 유사有敎(사면)하고, 중 석능은 거제도에 안치시켰다. 《태조실록》 3년(1394) 3월 13일

> 대간과 형조에서 나아와 아뢰었다. "신 등은 전일의 청한 일을 윤허하시기를 원하옵니다."
> 임금이 말했다. "세 관청에서 장소章疏를 같이 올리는 것을 이미 일찍이 금했는데, 따르지 않는 것은 무슨 이유인가?"
> 처음에 대간과 형조에서 여러 차례 소疏를 올려 왕씨를 제거하기를 청했으나, 임금이 마음으로 차마 할 수 없어서 윤허하지 아니했더니, 대궐 문 앞에 엎드려 힘써 간한 지 여러 날이 되었다. 임금이 도평의사사에 명했다. "왕씨를 제거하는 일은 내가 차마 할 수 없는 바이니, 마땅히 대소 각 관사와 한량, 기로를 모아서 각기 가부를 진술하게 하여 단단히 봉해 바치게 하라."
> 도평의사사에서 모든 관사와 기로들을 수창궁에 모아서 알리기를 "전

조前朝의 왕씨는 천명이 이미 가버리고 인심이 이미 떠나 스스로 하늘이

하는 주벌을 초래했는데, 전하께서는 호생지덕好生之德으로 생명을 보전

해 주셨으니 은덕이 지극히 중하온데도 왕씨들은 도리어 의심을 내어

몰래 반역을 도모했으니 법에 용납될 수가 없다. 그 왕씨를 구처할 일을

단단히 봉해 계문하라" 하니, 이에 양부 각 관사와 기로들이 모두 말하

기를 "왕씨를 모두 제거해 후일의 근심을 막게 하소서" 했다.《태조실록》

3년(1394) 4월 14일

늘 그랬던 것처럼 출처도 분명하지 않은 반역을 모의했다고 못 박

은 다음 피바람이 몰아치기 시작했다. 미리 섬으로 귀양 보냈던 왕씨

들이 꼼짝없이 학살당했거니와, '중앙과 지방에 명령해 왕씨의 남은

자손을 대대적으로 수색해 이들을 모두 목 베었다'는 기록까지 확인

될 지경으로 씨를 말리려 들었다.

공양왕이 아들들과 함께 죽음을 당하는 것이야 그렇다고 치자. 우

왕과 창왕을 죽였으니 인과응보라고 할 수 있는 데다, 474년간 이어

진 고려의 34대 마지막 왕으로서 최후를 그렇게 마치는 것은 충분히

예견된 결과였다. 조상이 왕이었거나 왕족으로서 왕실에 가까운 왕

씨들 역시 그동안 누렸던 특혜의 대가로 고려와 함께 폐기되는 것 역

시 응당한 수순이라 하겠다.

그러나 그런 왕씨들이 얼마나 되겠는가. 오늘날 김씨와 이씨들 가

운데 직계조상이 왕이었던 비율이 높지 않을 것처럼, 김씨와 이씨처

럼 흔했을 당시의 왕씨들 가운데 다수는 왕가와 직접 연관되지 않는

사람들이었다. 그런데도 왕씨라는 이유로 죽음을 당하는 것은 참으

로 언어도단이다.

2차 세계대전 당시 히틀러와 나치에 의해 저질러진 홀로코스트를 방불케 하는 학살의 원인은 홀로코스트와 다르지 않다. 수단과 방법을 가리지 않고 부를 축적하고 극도로 인색해 지탄받던 유대인들을 탄압해 대중적 인기에 영합하는 한편, 그들이 소유했던 막대한 재산을 강탈하는 것이 히틀러의 목적이었다.

그러나 피해자들 가운데《베니스의 상인》에 등장하는 샤일록 같은 자들이 얼마나 되겠는가. 아우슈비츠에 끌려갔던 유대인 대부분은 근면하게 살아가던 소시민이었고 독일인과 결혼해 자식을 낳고 독일 국민으로 충성하던 사람들도 적지 않았다. 그런 사람들과 다르지 않았던 고려의 왕씨들도 조선을 건국한 이들에게 모든 재산을 빼앗기고 목숨마저 잃어야 했다.

전쟁은 죽음을 생산하게 되어 있지만 학살은 반드시 피해야 한다. 가급적 덜 죽이면서 이기는 것이 전쟁의 본질이며 군주는 응당 그래야 할 것이다. 전리품을 획득하고 분배하는 것 역시 전쟁의 주요한 목적이겠지만, 무력한 적을 죽이는 것은 목적과 위배되는 악질적 행위다. 거의 피를 흘리지 않고 고려를 손에 넣고 왕까지 되었으면 아량을 베풀어야 마땅함에도 부녀자와 어린이들까지 마구 죽인 행위에 대해서는 결코 좋은 평가를 받을 수 없다.

공신도감에서 상언했다.

"문하좌시중 배극렴과 우시중 조준 등 16인은 … 마땅히 '일등공신'의 칭호를 내리고 전각을 세워서 형상을 그리고 비를 세워 공을 기록하고,

작위를 봉하고 토지를 주며, 그 아버지, 어머니, 아내에게는 3등을 뛰어 올려서 봉작을 증직하며, 직계 아들에게는 3등을 뛰어 올려서 음직을 주고, 직계 아들이 없는 사람은 생질과 사위에게 2등을 뛰어 올려서 음직을 주고, 전지 몇 결, 노비 몇 구, 구사丘史 7명, 진배파령眞拜把領(임금이 공신에게 특별히 딸려준 군사) 10인을 주고 처음 입사入仕함을 허락하고, 적장嫡長은 대대로 이어받아 그 녹을 잃지 않게 하고, 자손은 정안政案(벼슬아치의 임면을 적은 기록) 내에 일등공신 아무개의 자손이라고 자세히 써서, 비록 범죄가 있더라도 사면이 영구한 세대에까지 미치게 할 것입니다.

…

임금이 이를 윤허하고 또 명하여 일등공신 배극렴과 조준에게 식읍 천호, 식실봉 300호, 전지 220결, 노비 30구를 내려주고 김사형, 정도전, 남은에게는 전지 200결, 노비 25구를 내려주고 이제, 이화, 정희계, 이지란, 장사길, 조인옥, 남재, 조박, 정탁에게는 전지 170결, 노비 20구를 내려주고 정총, 오몽을, 김인찬에게는 전지 150결, 노비 15구를 내려주고 이등공신에게는 전지 100결, 노비 10구를 내려주고 삼등공신에게는 전지 70결, 노비 7구를 내렸다. 《태조실록》1년(1392) 9월 16일

좌시중 배극렴, 우시중 조준, 문하시랑찬성사 김사형, 정도전, 판중추원사 남은 등이 아뢰었다. "왕자제군들은 의복, 거마, 수행하는 종을 갖추지 않아서는 안 될 것이며, 용도를 넉넉히 하지 않아서는 안 될 것이니 비옵건대 본과 외에 전지를 더 내려주소서."
임금이 조용히 잠저 때의 일을 이야기하고는 이어서 말했다. " … 더 준

다면 사람들이 말하기를 짐이 자기 자식을 위해 사정을 쓴다고 할 것이다. 더군다나 경기 지방의 전지에는 한계가 있으니, 어찌 함부로 줄 수가 있겠는가! 경 등이 더 주고자 한다면 공신들에게 먼저 더 주고 그 예로써 왕자들에게 미치게 하면 옳겠으나 단지 왕자만으로써 이를 말한다면 옳지 않다."

남은이 아뢰었다. "여러 공신들은 과전 외에 이미 사전賜田(공신전 등 세습 가능한 토지)을 받았으니, 왕자들에게 더 주는 것이 어찌 불가하겠습니까?"

… 조금 후에 임금이 조용히 말했다. "내가 옛날에 신하가 되었을 적에 또한 사전을 받았는데, 모두 돌이 많고 메말라서 쓸 수 없었다. 그러나 나는 이를 마음에 두지 않았다. 지금 공신의 사전은 마땅히 비옥한 땅을 골라서 주어야 할 것이다."《태조실록》1년(1392) 9월 26일

게다가 이후 실록을 보면 참으로 할 말을 잃게 만드는 광경이 나온다. 고려의 권력자들과 사찰세력들에게서 환수하고 왕씨들에게서 강탈한 토지와 노비를 저렇게 나누고 있으니 반역에 나선 목적이 의심되지 않을 수 없다. 그뿐 아니라 개국했다 해서 이처럼 신나게 잔치를 벌인 이후 불과 10년이 지난 다음을 보자.

신 등은 우리나라의 전지가 80여만 결에 불과하다고 여기옵니다. 경기 이외로 말하면 창고, 아록, 공해, 늠급, 사사의 전지를 제외하고서는 군역, 외역外役, 진陳, 역역驛, 원院, 관館, 지장紙匠의 전지에도 모두 그 세가 있어 녹전에 보충하오며, 군자軍資에 속한 것이라 하더라도 거개가 모래밭

이 많을 뿐이옵니다. 녹전위전이 간혹 진손陳損으로 인해 이전에 달하지 못하게 되면 곧 군자전의 전조田租로 충당하오니, 군름軍廩이 비게 되는 것은 전적으로 이 때문입니다.

기내로 말하면 14만 9,300여 결로, 창고, 궁사, 각사의 각 위전을 제외한다면 과전이 8만 4,100여 결이요, 공신전이 3만 1,240여 결이고, 사사전이 4,680여 결이온데 … 《태종실록》 2년(1402) 2월 5일

실록을 보면 전국의 전지가 80만 결이고 경기도는 14만 9,300결인데 공신전이 3만 1,240결이나 된다. 게다가 '지금 공신의 사전은 마땅히 비옥한 땅을 골라서 주어야 할 것이다'의 내용을 보라. 세습되는 공신전의 상당수가 접근성과 수확량이 좋은 경기도 인근의 토지였을 것이라서 실질적 가치는 훨씬 뛰어오르게 된다. 이방원이 왕이 아니었다면 그때 나라를 말아먹고도 남았을 것이다.

왕씨 학살에 대한 기록

·윤방경 등이 왕씨를 강화나루에 던졌다. 《태조실록》 3년(1394) 4월 15일
·정남진 등이 삼척에 이르러 공양군에게 전지했다. "동래현령 김가행과 염장관鹽場官 박중질 등이 반역을 도모하고자 해 … 대간과 법관이 청하기를 12회나 하고 대소신료들이 또 글을 올려 간하므로 마지못해 그 청을 따르게 되니, 군은 이 사실을 잘 아시오." 마침내 그를 교살하고 그 두 아들까지 교살했다. 《태조실록》 3년(1394) 4월 17일
·손흥종 등이 왕씨를 거제 바다에 던졌다. 《태조실록》 3년(1394) 4월 20일
·중앙과 지방에 명령해 왕씨의 남은 자손을 대대적으로 수색해 이들을 모두 목 베었다. 《태조실록》 3년(1394) 4월 20일

2장

⋮

반역은 그렇게 예정되었다

시작부터 어긋난 오백 년의 역사

왕자를 여러 군으로 봉해 이방우는 진안군이라 하고, 이방과는 영안군이라 하여 의흥친군위절제사로 삼고, 이방의는 익안군이라 하고, 이방간은 회안군이라 하고, 이방원은 정안군이라 하고, 서자 이방번은 무안군이라 하여 의흥친군위절제사로 삼고, 부마 이제는 흥안군이라 하여 의흥친군위절제사로 삼고, 서형庶兄 이원계의 아들 이양우는 영안군이라 했다. 《태조실록》1년(1392) 8월 7일

8월 초에 왕자들에게 군호를 내렸다. 이때 한씨 소생의 왕자들 가운데 이방과만 의흥친군위절제사를 겸하거니와, 강씨 소생의 형제 가운데 장남 이방번도 절제사를 겸하게 된다. 게다가 부마로서 절제사를 겸하게 된 이제는 이방번과 이방석의 자형이었으니 언뜻 보기에도 편파적이다.

이방원의 형제들

신의왕후 한씨 소생

이방우	이방과	이방의	이방간	**이방원**	이방연
진안대군	영안대군	익안대군	회안대군	**정안대군**	덕안대군
(1354~1394)	(1357~1419)	(1360~1404)	(1364~1421)	**(1367~1422)**	(생몰미상)

신덕왕후 강씨 소생

이방번	이방석
무안대군	의안대군
(1381~1398)	(1382~1398)

여기에 각각의 나이를 비교하면 편파를 초월해 제정신들인지 의아할 수준이다. 겨우 열두 살에 불과한 이방번이 어떻게 친군위절제사가 될 수 있다는 말인가? 게다가 실록을 보면 그것보다 더한 상황까지 발견된다.

처음에 임금이 정안군의 건국한 공로는 여러 왕자들이 견줄 만한 이가 없음으로써 특별히 대대로 전해온 동북면 가별치加別赤 500여 호를 내려주고, 그 후에 여러 왕자들과 공신으로써 각도의 절제사로 삼아 시위하는 병마를 나눠 맡게 하니 정안군은 전라도를 맡게 되고, 무안군 이방번은 동북면을 맡게 되었다. 이에 정안군이 가별치를 방번에게 사양하니 방번은 이를 받고 사양하지 않는데, 임금도 이를 알고 또한 돌려주기를 요구하지 않았다.

앞의 내용은 이방원에 의한 반역이 발생하던 날의 실록 가운데 일부다. 개국공신을 포상할 때는 거론조차 되지 않던 이방원이 건국에 공로가 크다는 이유로 이성계가 거느렸던 최강의 사병 가별치는 물론, 곡창지대인 전라도를 맡았다는 것부터가 말이 되지 않는다. 게다가 태조 1년 8월 7일의 실록에 나타난 의흥친군위절제사 3인 가운데 이방원이 포함되지 않거니와, 그때까지의 이방원은 이성계의 아들이라는 것 외에 내세울 것이 전무했다.

그뿐 아니라 이방번에게 가문의 근거지인 동북면을 맡게 한다는 내용은 더더욱 믿을 수 없다. 앞서 제시한 실록에 '이방번은 무안군이라 하여 의흥친군위절제사로 삼고'의 내용이 있는 것으로 보아 그때 이미 동북면을 맡았다고 보아야 하겠지만, 당시 이방번은 불과 열살 정도밖에 되지 않았다. 코흘리개에 지나지 않는 나이에 이성계의 심복 가운데서도 심복이 아니면 언감생심인 의흥친군위절제사에 임명된다는 것은 너무나도 가당치 않다.

또한 이방원이 이성계에게 받은 가별치를 이방번에게 양보한다는 것도 믿기 어렵기는 마찬가지다. 그것만 해도 기가 막힐 판에 '방번은 이를 받고 사양하지 않았는데, 임금도 이를 알고 또한 돌려주기를 요구하지 않았다'는 것은 또 무엇인가? 지휘는커녕 가별치의 의미조차 이해하지 못할 이방번이 이방원의 몫을 태연히 받았는데도 그것을 알게 된 이성계가 묵인했다는 것은 제정신으로 믿기 어렵다. 그러나 다음에 준비된 것에 비하면 그것 역시 아무것도 아니다.

처음에 공신 배극렴, 조준, 정도전이 세자를 세울 것을 청하면서 나이와 공로로써 청하고자 했다. 임금이 강씨를 존중해 뜻이 이방번에 있었으나, 이방번은 광망하고 경솔해 볼품이 없으므로 공신들이 이를 어렵게 여겨 사적으로 서로 이르기를 "만약에 반드시 강씨가 낳은 아들을 세우려 한다면 막내아들이 조금 낫겠다"고 했다.

이때에 이르러 임금이 "누가 세자가 될 만한 사람인가?"라고 물으니, 장자로 세워야만 되고 공로가 있는 사람으로서 세워야만 된다고 간절히 말하는 사람이 없었다.

배극렴이 말하기를 "막내아들이 좋습니다" 하니, 임금이 드디어 뜻을 결정해 세자로 세웠다. 《태조실록》 1년(1392) 8월 20일

새롭게 출발한 직후의 시급한 현안 가운데는 국본을 세우는 것도 포함된다. 그런데 세자가 결정되는 광경은 놀라울 수준을 한참이나 초월한다. 이방우와 이방과를 비롯해 나이와 자격이 충분한 한씨 소생의 왕자들이 모조리 배제된 데다, 심지어 열한 살에 지나지 않은 이방석은 친형 이방번보다 한 살이 어렸다. 이성계의 바통을 이어받아 신국의 기초를 든든하게 다지고 롱런할 수 있는 경륜과 역량을 갖춘 후계자와는 너무나 거리가 먼 이방석의 당첨은 필연적으로 반역을 불렀다. 그로 인해 정도전이 죽고 이성계가 보위를 잃게 되거니와, 더욱 역설적인 것은 빌미를 제공한 자가 장남이라는 점이다.

> 진안군 이방우는 임금의 맏아들인데, 성질이 술을 좋아해 날마다 많이 마시는 것으로써 일을 삼더니 소주를 마시고 병이 나서 졸했다. 3일 동안 조회를 정지하고 경효敬孝라는 시호를 내렸다. 아들은 이복근이다.
> 《태조실록》 2년(1393) 12월 13일

세자가 정해진 이듬해 이방우가 죽었다. 당시 마흔이라는 창창한 나이였지만 '성질이 술을 좋아해 날마다 많이 마시는 것으로써 일을 삼더니' 그로 인해 죽음에까지 이르렀다. 세자가 정해질 시기에도 건강이 매우 좋지 않았을 것이 분명하지만, 그런 이유로 적장자의 지위를 송두리째 상실한다는 것은 생각하기 어렵다. 본인은 그렇다고 해도 아들들이 있지 않은가? 일단 세자로 책봉한 다음 장손 이복근을 세손으로 책봉하면 후사에 무리가 없을 뿐더러, 그렇게 하는 것이 당연한 순리다.

실제로 바로 이웃에 사는 주원장이 그렇게 했다. 주원장은 적장자 주표가 자신을 닮지 않아 인정이 많고 병약하기까지 해 넷째아들 주체(3대 영락제)를 염두에 두기까지 했었다. 그러나 신하들이 '장자상속의 원칙을 어기면 안 된다!'고 극력 반대함에 따라 주표를 황태자로 책봉했다. 그러나 주표가 38세의 젊은 나이로 요절하자 주표의 장남 주윤문(2대 건문제)을 황태손으로 책봉해 후계로 삼았다.

시기와 나이 등의 모든 요인이 명과 판박이처럼 부합하는 데다, 종주국의 선례를 따르는 것이 당연함에도 왜 이성계는 장남을 제치고 열한 살밖에 먹지 않은 가장 어린 아들을 세자로 책봉했을까. 게다가 그것이 반역을 당하는 원인이 되기까지 했으니 제정신인지 의아하기까지 하다.

그렇게 되는 빌미를 제공한 이방우에 대한 기록은 당대에서 찾아보기 어렵다. 고려가 멸망하고 신국이 들어선 1392년과 거의 400년이나 후대인 《정조실록》 13년(1789) 2월 16일의 실록에 비교적 상세한 기록이 나타난다.

대군의 휘는 이방우이고 태조대왕의 장남으로 신의왕후 한씨의 소생이다. 어려서 태조를 섬길 적에 효자로 칭송되었고 형제간에는 우애가 돈독했다. 조금 자라서는 시서에 몰두하고 몸소 검약을 실천했으며 일체의 부귀영화에는 전혀 뜻이 없었다.

고려조에 벼슬해서 벼슬이 예의판서禮儀判書(예조판서)에 이르렀으나, 홍무 무진년(1388)에 태조께서 우시중으로서 우군도통사에 제수되어 군사를 거느리고 요동 정벌을 나섰다가 위화도에 이르러 의리를 내세우고 회군하시어 중국을 받들자, 이때 대군은 가족을 이끌고 철원으로 들어가 은거할 뜻을 가졌다.

임신년(1392) 가을 태조께서 사람들의 권고로 대위에 오르시자 대군은 마음속으로 정종과 태종 모두 성덕이 있어 하늘이 인정하고 인심이 쏠리는 것이 마치 주 왕가의 왕계王季, 문왕文王과 같음을 알고는 항상 노둔한 사람으로 자처하며 다시는 국가의 일에 간여하지 않고 고향 함흥으로 물러가 살았다.

그러자 태조께서도 그 뜻을 대략 아시고서 한 구역의 전지와 집을 주고서 거기에서 늙도록 살게 했으니, 그의 뜻을 꺾고 싶지 않아서였고 또 그 자취를 묻어버리고 싶어서였던 것이다.

정조가 이방우의 존재를 알게 된 것은 15대손 이국주가 조상의 무덤이 훼손되고 후손들이 살기 어렵다는 것을 호소함에 의해서였다. 이에 정조는 조상으로서의 예우를 갖추고 후손들을 곤궁하지 않게 하는 조치를 취하게 했다. 정조 이후의 실록에 몇 차례 더 등장하기는 하지만 예우 차원 이상은 아니었다. 게다가 이방우를 직접 다룬 실록에서조차 '일찌감치 분수를 알고 은거했다', '자취를 묻어버리고 싶어서였던 것이다'는 등으로 울타리를 둘러버리기 때문에 실록을 통해 정보를 얻는 것은 가능하지 않다.

실록 밖에서 찾은 진실

단서로 활용될 수 있는 정황을 찾기 위해서는 탐색의 범위를 실록 이외로 넓힐 수밖에 없다. 《고려사》와 《고려사절요》에서 파생된 기록 가운데 '창왕 즉위년(1388)에 창왕의 친조를 요청할 목적으로 밀직사 강회백姜淮伯과 밀직부사 이방우를 명에 보냈다'는 것과 함께, '주원장이 허락하지 않아 실패했다'는 것이 있다. 그 기록이 흥미로운 것은 실록에 동일한 목적으로 이색이 명을 찾아갔다가 실패했다는 기록이 존재하기 때문이다.

당시 이색이 이방원을 대동했다고 되어 있는 바, 나는 그 부분에 대해 부정했었다. 이색이 이방원을 대동한 목적이 인질의 용도에 있음에도 이성계가 흔쾌하게 허락한 데다, 이방원의 나이와 관직으로 보았을 때 서장관으로 간다는 것은 있을 수 없다는 등에 대해서는 앞서 설명한 바 있다. 게다가 《태종실록》의 총서에도 이방원이 서장관의 직책으로 이색을 따라갔다는 내용이 없다.

그런데 이색이 대동한 이성계의 아들이 이방원이 아니라 이방우라면 이야기가 달라질 수 있다. 장남 이방우라면 이성계를 직접 견제할 수 있는 인질로서의 활용도가 높거니와, 나이와 관직으로 봐도 서장관을 수행하기에 어려움이 없다. 게다가 실패한 임무를 두 차례나 반복할 이유가 없기 때문에 이방우를 대동한 인물이 강회백이 아니라 이색으로 추정하면 실록에서 사라진 이방우에 대한 접근이 가능해진다.

파생된 기록에 나타난 명에 들어간 목적과 왕복한 기간도 일치하거니와, 당시 이색을 따라갔던 이방우는 그저 따라갔던 것이 아니었다. 이색과 함께 명에 들어간 이방우는 창왕이 주원장에게 승인받을 수 있도록 최선을 다했다.

그러나 주원장은 "너희 나라 일은 너희들이 알아서 할 것이지, 왜 여기까지 찾아와서 번거롭게 하느냐!"며 싸늘하게 외면했다. 결국 임무에 실패하는 바람에 창왕까지 폐위당하고 죽음을 당하자 절망한 이방우가 술로 소일하다가 폐인으로 전락한 다음 끝내 죽지 않았겠느냐는 추정은 나름대로 근거가 없지 않다.

확실한 증거가 없는 상태에서 추정의 함량이 기준치 이상으로 개입되는 것은 곤란할 수 있겠지만, 그렇다고 해도 이성계의 적장자로 후계에 가장 근접한 이방우가 탈락한 이유는 하나밖에 없다고 확신할 수 있다. 이방우가 비록 명까지 들어가 창왕을 위해 충성을 다할 기회를 부여받지 못했다고 해도 고려의 충신이기를 포기하지 않았을 개연성이 적지 않다.

고려에의 충성은 이성계에 대한 반역이겠지만, 이성계도 처음부터 반역자는 아니었다. 이성계가 앞으로 집안을 이끌 장남에게 관직을 시작하게 했을 때는 당연히 '나라와 임금에게 충성을 다할 것'을 주지시켰을 것이다. 늘 그렇게 생각하고 충성을 다하던 이방우가 어느 날 부친이 반역했다는 것을 알게 되었을 때 받았을 충격의 강도를 상상하기는 어렵지 않다. 그동안의 가치관이 뿌리부터 붕괴된 데다, 그렇게 만든 사람이 부친이라는 사실을 어떻게 받아들여야 할까?

치열한 고민과 처절한 번민 끝에 충성을 포기하지 않았던 이방우가 나락으로 떨어지기에는 긴 시간이 필요하지 않았다. 머지않아 보장될 모든 것을 버리고 고려의 충신으로서 남겠다는 결심은 부친을 비롯한 전체 반역자들을 적으로 돌리는 파멸적 결과를 초래했다. 그것 이외에는 적장자의 위치를 박탈당한 이유가 제출될 수 없거니와, 스스로를 세자에서 낙마시킨 이방우는 실제로 파멸당하고 말았다.

진안군 이방우에게 명해 사대四代 선조를 제향하게 하고, 신주를 효사관孝思觀에 임시로 안치하게 했다. 《태조실록》 1년(1392) 10월 17일

전 소윤少尹 이조를 상장군으로 삼아 죽은 진안군鎭安君(이방우)이 거느리던 군사를 관장하게 했다. 이조는 완산군 이원계李元桂(이성계의 형)의 아들이다. 《태조실록》 3년(1394) 3월 11일

전자는 이방우로 하여금 조상들의 제사를 지내게 하고 신주를 안치하게 했다는 내용이고, 후자는 이방우가 죽은 다음 그가 거느렸던

군사들을 이조에게 인수인계했다는 내용이다. 위의 내용들이 이방우가 비록 세자에서 탈락한 다음에도 이성계의 장남으로 성심껏 움직였다는 증거로 제시되지만, 장남에게 제사를 지내게 하는 것은 지극히 당연하다. 또한 실권과는 관계없는 상징적인 형태에 지나지 않기 때문에 주목할 사안이 되기 어렵다.

그리고 이방우가 군사를 거느렸다는 것 역시 상징적인 모습 이상은 아니다. 이성계의 장남인 이상 품위와 의전을 제공할 필요가 있다. 눈 밖에 났다고 해서 호위군사도 붙여주지 않는 등으로 푸대접하면 출발할 때부터 '콩가루 집안'으로 손가락질 받기 쉽다. 그렇지 않아도 반역해 최영과 우왕, 창왕은 물론 정몽주까지 죽이는 등으로 극히 좋지 않은 눈길을 받는 상황에서 고려에 충성했던 장남을 함부로 대하면 얻을 것은 비웃음밖에 없다.

결정적인 것은 이방우가 '날마다 많이 마시는 것으로써 일을 삼더니'의 대목이다. 이방우가 부친에게 적극적으로 협력하고 적장자로서 보위를 물려받는 데 하자가 없었다면 술로 날을 지새울 이유 자체가 없거니와, 주변에서 엄격하게 말렸어야 타당하다. 특히 이성계의 입장에서는 따끔하게 꾸짖고 바르게 이끌어야 할 텐데도 전혀 그런 움직임이 나타나지 않는 것에는 다른 이유가 성립되기 어렵다. 절망한 나머지 정신마저 이상해진 이방우가 할 수 있는 것은 시키는 대로 고분고분 따르면서 술로 소일하는 것밖에 없었으며, 그렇게 방치되었다가 끝내 죽음에 이르렀던 것이다.

그리고 더 이상 좋을 수 없는 위치에 있다가 스스로 목숨을 끊은 사람은 이방우 하나만이 아니다. 이성계의 배다른 형 이원계는 이성계와 함께 싸워 무수한 공을 세웠다. 이성계가 위화도에서 회군할 때 조전원수로 참전했다가 어쩔 수 없이 반역에 동참했던 이원계는 책임을 통감한 나머지 독을 마시고 자결했다.

격변의 시대마다 대세에 순응하면 얼마든지 부귀영화를 누릴 수 있음에도 충절을 지키기 위해 자결을 택하는 사람들이 나타났다. 근세에 이르러서는 민영환閔泳煥이 유명하다. 민비의 일족인 여흥 민씨 가운데 특출하게 뛰어났던 민영환은 일제가 강제적으로 체결한 을사조약으로 인해 나라를 빼앗기자 스스로 목숨을 끊었다. 을사오적을 위시해 나라를 팔아먹지 못해 안달난 매국노들이 들끓는 세상에 입만 다물고 있으면 얼마든지 잘 먹고 잘 살 수 있음에도 자결을 택한 사람은 민영환뿐이 아니었다.

그런 사례들을 보아서도 오래도록 고려의 관리를 지냈던 이방우가 부친의 뜻에 따르지 않은 것은 충분히 있을 수 있는 일이다. 비록 부친의 후광 덕택으로 관직에 나갔어도 이방우는 끝까지 고려를 배신하지 않았다. 그런 이방우는 진즉부터 반역자들의 눈밖에 났겠지만, 뼛속까지 고려의 충신인 이방우는 반역자의 장남으로 부귀영화를 누릴 생각 따위는 추호도 없었다.

이성계와 부친 이자춘은 물론 이안사부터 시작해 반역을 직업으로 대물림하던 집안은 이방우가 있을 곳이 아니었다. 그토록 충성하던 고려를 멸망시킨 부친에게 분노한 나머지 스스로를 세상에서 분리한 이방우는 패배자들이 가야 할 역사의 크레바스로 빠르게 사라졌다.

이성계의 형 이원계는 첩의 아들인가?

'여러 왕자를 군으로 봉하다'의 내용이 실린 《태조실록》 1년(1392) 8월 7일
두 번째 기사 가운데 '서형 이원계의 아들 이양우는 영안군이라 했다'는 대목
이 있다. 이원계가 서형이라면 곧 첩의 아들이라는 말이 된다. 《태종실록》에
도 이원계의 어머니는 물론 동생 이화의 어머니까지 첩, 그것도 노비 출신의
첩인 비첩으로 기록되어 있다. 게다가 이원계와 이화는 왕실의 정식족보에
기록되지 못하고 별도의 족보에 기록되는 등 왕실과 구획되어 있다.

그러나 상식적으로 생각해도 본처보다 첩을 먼저 들인다는 것은 있을 수
없거니와, 집안이 멸망당하지 않기 위해서는 가장 뛰어난 아들을 후계자로
삼기 마련이다. 특히 이자춘 같은 인물이라면 얼마든지 그렇게 했을 것이기
때문에 이원계도 이성계가 성취할 수 있도록 사심 없이 도왔을 것이다. 이성
계가 이원계를 깍듯이 대하고 이화와도 사이가 원만했다는 것을 보더라도 첩
의 소생으로 여기기 어렵지만, 이성계가 왕이 된 다음에는 차별을 감수할 수
밖에 없었다.

"저희가 적폐란 말입니까?"

1392년 8월 20일의 실록을 부검하면서 가장 먼저 말할 것은 '나이와 공로로써'의 대목이다. 가장 나이가 많은 이방우가 스스로를 탈락시킨 다음에는 당연히 둘째아들 이방과의 순서일 뿐더러, 공으로 따져도 일찍부터 이성계를 따라 참전했던 이방과를 따를 아들이 없다. 지금까지도 '공이 큰 아들'은 이방원을 지칭한다는 것이 움직일 수 없는 대세지만, 결코 사실일 수 없다.

그뿐 아니라 이방과는 아들도 많았기 때문에 세자로 낙점되고 책봉되는 것은 요식행위에 가깝다. 그럼에도 정작 세자는 나이가 가장 어리고 공을 세우기는커녕 뒤치다꺼리해주기 바쁠 이방석으로 결정되고 만다. 지금의 상식으로도 납득되기 어렵거니와, 그로 인해 반역까지 일어나는 최악 이상의 결정이 내려진 이유는 무엇인가?

'처음에 공신 배극렴, 조준, 정도전이 세자를 세울 것을 청하면서,

나이와 공로로 청하고자 하니'의 첫 대목을 다시 살피자. 배극렴과 조준은 물론 정도전까지 '나이와 공로'로 의견을 통일한 것으로 되어 있지만 사실과 부합하기 어렵다. 배극렴은 몰라도 정도전의 입장에서 이방과는 절대 아니었다. 정확히 말해서는 한씨 소생의 모든 아들들이 적합하지 않았다.

그때까지는 물론 이후의 모든 것을 주도할 정도전은 한씨 소생의 아들들을 왕으로 섬길 생각은 추호도 없었다. 정도전의 입장에서 고려를 폐기하기 위한 무력기반으로 앞장세워졌던 이성계의 활용가치는 새로운 나라를 개창하는 것까지였다. 특출한 왕재를 가졌으면 모르겠으되, 아비 잘 만난 덕으로 보위에 오르는 아들까지 섬기며 충성할 이유 자체가 없었다.

본질적인 이유는 '새 술은 새 부대에'의 논리였다. 새로운 국가를 출발점에 세웠을 당시 가장 중요한 이슈는 '고려와의 단절'이다. 이성계와 정도전을 비롯한 전부가 고려의 장군이고 신하였기 때문에 앞으로 출발할 나라에 고려의 색채가 유입되는 것을 완전하게 차단할 수는 없겠지만, 최대한 '새 술'에 가까운 상태로 걸러내야 했다. 그러기 위해서는 '만수산 드렁칡'처럼 어지럽게 뒤얽힌 관계와 관계들을 철폐하는 것밖에 다른 방도가 없었다.

당장 이성계부터가 중앙에 진출해 인맥을 구축할 목적으로 실력자 가운데 강윤성康允成의 딸을 아내로 맞았거니와, 흡사한 목적으로 아들들의 혼사를 추진하는 과정에서 사돈이 된 자들의 상당수는 새로운 나라에 적합하지 못했다. 고려 시절에는 그런 사돈들이 적지 않게 도움이 되었겠지만, 이제는 분리수거해야 마땅할 적폐에 지나지 않았다.

예컨대 이방우의 장인 지윤池奫은 무관 출신으로 이인임과 함께 당대의 권신이었던 데다, 친원정책을 표방한 대표적인 반동세력이었다. 만일 이방우가 입 꾹 다물고 있다가 즉위한다면 새로운 나라에 전혀 어울리지 않는 집안이 외척으로 등장하는 지극히 반갑지 않은 결과가 초래될 터였다.

게다가 이방과의 경우는 어떻게 표현하기 어려울 정도였다. 이방과가 정종으로 즉위한 다음 정식부인 김씨가 생산이 없었던 데 비해, 7명이나 되는 첩실들은 15명이나 되는 아들과 8명의 딸을 낳았다. 정종 이방과의 재위 기간이 2년 2개월밖에 되지 않았다는 것을 감안하면 재위 기간에 그렇게 많은 첩실과 자식을 두지 못했을 것은 상식에 가깝다. 어떻게 접근해도 이방과는 왕이 되어서는 안 될 요소를 확실하게 구비한 상태였다.

그리고 '처음에 공신 배극렴, 조준, 정도전이 세자를 세울 것을 청하면서 나이와 공로로써 청하고자 하니'의 입장은 어디까지나 배극렴 같은 공신들의 입장에 지나지 않는다. 개국공신이라고 해도 다 같은 위치일 수는 없다. 정도전처럼 이성계가 잘 싸우는 장군 이상이 아니던 시절부터 가능성을 발견하고 대업을 함께하면서 갖은 고락을 겪은 공신은 불과 다섯 손가락에 꼽을 정도에 지나지 않는다.

2그룹은 대세가 진행됨에 따라 태도를 결정지은 자들이고, 3그룹은 급진과격세력과 거리가 있더라도 비교적 유능하고 정치적 비중도 적지 않은 데다, 우리 편에 합류시키면 전시효과를 얻을 수 있는 자들이다. 2그룹 이하에서는 '나이와 공'으로 대변되는 서열을 내세우는 것이 정석이다. 그렇게 해야 나중에 생색을 낼 수 있거니와, 혹시라도 있을지 모를 후환을 피할 수 있는 등의 이점까지 얻을 수 있다.

그때 조준은 몰라도 정도전은 배극렴의 의견과 합치되지 않았을 것이 분명하다. 특히 이성계 앞에서도 할 말을 할 수 있는 최측근 가운데서도 최측근인 정도전이 자신의 주장을 피력했을 개연성은 확실하다. 그러나 《태조실록》을 편찬한 주체가 정도전을 극도로 바람직하지 않게 여기거니와, 그때의 주장 역시 그들의 입장과 전혀 다른 방향이었을 것이기 때문에 배극렴에 동조하는 모양새로 뭉뚱그렸을 터였다.

그렇다면 '임금이 강씨를 존중해 뜻이 이방번에 있었으나, 이방번은 광망하고 경솔해 볼품이 없으므로'의 의미는 무엇인가? 이성계 이후의 시대도 정도전에 의해 주도될 것이 전제된 상태에서 '고려와의 연관이 적어 정치적 부담을 덜 수 있는 강씨 소생의 왕자들이 적격'이라는 해석이 어렵지 않게 추출된다.

처음에는 이성계도 이방번을 염두에 뒀을 것 같다. '강씨를 존중해 뜻이 이방번에 있었으나'는 기왕 강씨 소생의 왕자 가운데서 책봉할 것 같으면 서열에 따라 장남을 선택해야 하지 않겠느냐는 일반적이고 상식적인 의미일 테니까. 그런데 이방번은 이방석과 한 살밖에 터울지지 않았어도 혼인을 한 상태였다. 그때는 어린 나이에 혼인을 했거니와, 특히 왕자의 신분인 이방번이 열두 살에 지나지 않았더라도 혼인을 한 것은 전혀 이상하지 않다.

문제는 이방번의 장인이 공양왕의 친동생이라는 점이었다. 고려였을 때는 자신이 즉위시킨 공양왕과 사돈이라는 자랑거리가 이제는 치명적인 결점으로 뒤바뀌었다. 특히 공양왕은 물론 왕씨들의 씨를 말릴 계획까지 보고받았던 이성계로서는 이방번을 절대 후계자로 삼을 수 없었다. 그렇기 때문에 이방석이 반사이득을 보게 된 것이지, '광망하고 경솔해 볼품이 없어서'가 탈락의 사유가 아니었다.

다음으로 말할 것은 '어린 서자 이방석'이다. 실록은 이방석이 첩의 아들로 정통성이 전혀 없다고 폄훼하지만, 이방석의 생모 강씨는 엄연한 정식 부인이다. 중혼이 가능했던 당시에는 출신지에서 먼저 결혼한 향처鄕妻와 출세해 중앙으로 진출한 다음 이런저런 목적으로 얻은 경처京妻의 차등이 없었다.

그리고 이방원이 정몽주를 죽인 다음 이성계가 격분했을 때 강씨에게 "어머니께서는 어찌 변명해주지 않습니까?"라고 말한 사실도 있다. 그뿐 아니라 이성계가 위화도에서 회군했을 때 강씨는 물론 이방번과 이방석을 구해줬다고 되어 있다. 게다가 그 사실을 은근히 공치사하기까지 했는데, 실제로 첩이었다면 애써 구해줄 이유 자체가 없다.

《태조실록》 1년(1392) 8월 7일 기록을 보면 "강씨를 세워 현비로 삼았다"는 내용이 나온다. 세자를 정하기 이전에 이성계가 강씨를 왕비로 삼은 자체로 강씨의 위치가 입증되거니와, 이방번과 이방석도 정식의 왕자로서 후계자의 서열에 이름을 올리는 데 하자가 없다. 그럼에도 서자 운운하는 것은 길게 설명할 필요가 없을 줄 안다.

이방석이야말로 새로운 왕에 어울렸다

그런 과정에서 흥미로운 것 가운데 하나는 이성계 자신이 장남이 아니라는 것과 함께, 집안을 물려받게 되는 경위가 흡사하다는 점이다. 이성계의 부친 이자춘은 세 명의 부인에게서 아들 셋을 두었다. 각각 배가 다른 삼형제의 장남이 이원계이고 차남이 이성계, 막내가 이화다.

이성계가 물려받을 당시에는 이원계의 생모가 사망한 다음이었다. 그 시대에 살아남기 위해서는 가장 뛰어난 아들을 후계자로 삼아야 할 것이고 이자춘은 사람을 보는 안목도 갖춘 인물이다. 그러나 장남 이원계의 생모가 살아 있었다면 이성계가 순탄하게 물려받기 어려웠을 것은 불문가지다. 그런 것처럼 첫 번째 부인 한씨가 조선이 건국되기 직전에 사망한 것과 이방석이 세자로 책봉된 것은 무관하지 않다. 만일 그때까지 한씨가 죽지 않고 살아 있었다면 역사가 바뀌었을 개연성이 결코 적지 않다.

그리고 자신부터가 장남이 아닌 상태로 가문을 물려받은 이성계는 아들들의 서열을 그리 중요하지 않게 여겼을 수 있다. 그것이 후계구도에 영향을 미쳤을 개연성도 없지 않은 바, 본인의 출신도 짚고 넘어갈 대목이다.

처음에 삼해양三海陽(오늘날 길주) 다루가치 김방괘가 도조度祖(이성계의 조부 이춘)의 딸에게 장가들어 삼선과 삼개를 낳으니, 태조에게 고종형제가 되었다. 여진의 땅에서 나서 자랐는데 팔의 힘이 남보다 뛰어나고 말타기와 활쏘기를 잘했다. 불량한 젊은이를 모아서 북쪽 변방에 거리낌 없이 돌아다녔으나 … 이때에 이르러 삼선과 삼개는 태조가 서북면에 가서 도운다는 말을 듣고 여진을 유치해 크게 침략을 하고 드디어 함주咸州(함흥)를 함락시키니, 수비하던 장수 전이도, 이희 등이 군사를 버리고 도망해 돌아왔다.

도지휘사 한방신과 병마사 김귀가 화주에 진군했으나, 또한 패전해 물러와서 철관鐵關(철령)을 지키게 되니, 화주和州(오늘날 함남 금야군 일대) 이북 지방이 모두 함몰되었다. 관군이 여러 번 패전하니, 장수와 군사들이 의기가 저상되어 밤낮으로 태조가 이르기를 바라고 있었다.《태조실록》총서

2월, 태조가 서북면으로부터 군사를 이끌고 철관에 이르니 인심이 모두 기뻐하고 장수와 군사들의 담기가 저절로 배나 솟았다. 한방신, 김귀와 함께 삼면에서 전진해 공격해 크게 부숴 그들을 달아나게 하고 화주

와 함주 등 고을을 수복하니, 삼선과 삼개는 여진 땅으로 달아나서 마침내 돌아오지 않았다. 왕은 태조를 승진시켜 임명해 밀직부사로 삼고 …

《태조실록》 총서

대대로 동북면의 함주를 근거지로 하던 이성계가 서북면으로 출격하자 여진족의 실력자 삼선과 삼개 형제가 크게 쳐들어온 사건이 있었다. 그로 인해 가문의 근거지 함주는 물론 화주 일대까지 침범당해 매우 위태로웠을 때 이성계가 급히 돌아와 평정했다. 고려 말기에는 드물지 않은 사건이었지만, 문제는 삼선과 삼개의 어머니가 이성계의 고모라는 점이다.

이안사가 고려를 배신하고 원에 투항한 이후 백 년에 이르도록 그 지역에서 살아왔다면 몽골은 물론 여진족과도 혼인하게 되었을 것이다. 위태로운 시대에 생존하기 위해서는 유력한 자들과의 연합이 필수적인 만큼 혼인을 통해 동맹하는 것은 선택이 아닌 필수에 가깝다. 그렇게 백 년이나 지나는 과정에서 서로의 자식들을 주고받았을 것 역시 상식에 가깝기 때문에 이성계는 고려인으로서의 정체성을 의심받기에 충분했다.

왕친록王親錄(왕실 족보)을 대내에 도로 거둬들이도록 명했다. 처음에 종부시에서 하교를 받아 왕친록 두 벌을 편찬해 올렸는데, 그 왕친록에 환왕桓王(이성계의 부친 이자춘) 적첩嫡妾의 사실(이원계와 이화의 생모들이 포함된 대목으로 추정)을 서술했으므로, 궤봉櫃封한 한 벌을 왕세자(양녕대군)에게 주면서 명하기를 "남이 알지 말게 하라" 했다.

그러나 세자가 명완해 알지 못하고 숙위사인 이숙묘로 하여금 열어보게 했다. 임금이 이를 듣고 노해 조말생에게 명해 그 까닭을 묻게 했더니, 세자가 사실을 자백했다. 임금이 조말생에게 명해 이숙묘를 책망하기를 "너의 아비가 삼가지 못해 패망을 당했는데, 너도 네 아비를 본받아 너의 가문을 멸망시키려느냐? 만약이 이 일이 누설된다면 너는 마땅히 죄를 피하지 못할 것이다" 하고 즉시 왕친록을 대내에 들이도록 명했다.

조말생에게 명해 이 왕친록을 장차 좌의정 박은, 이조판서 박신, 병조판서 이원 등에게 보이게 하며 "이 왕친록을 불살라 버림이 어떻겠느냐?" 하니 모두가 말했다. "대내에 들여다 두면 누가 알 수 있겠습니까?"

《태종실록》17년(1417) 2월 5일

이방원이 즉위한 다음 세자로 삼은 장남 양녕대군에게 가문의 족보인 《왕친록》을 물려준 사실이 있다. 이때 이방원은 "남이 알지 말게 하라" 하고 엄하게 타이른 것은 '이자춘의 적첩' 등 가문의 비밀에 대한 내용이 속속들이 기록된 탓이다. 그런데도 양녕대군이 보란 듯이 공개하고 말았으니 이방원이 분노하는 것은 당연하다. 양녕대군이 폐위당하는 이유 가운데 하나로 작용할 정도로 파장이 컸던 《왕친록》 공개사건'은 그들 가문에 대한 의문이 제기될 수 있겠다.

이성계가 최영의 위치를 대체했으면 모르겠으되, 고려를 폐기하고 즉위한 만큼 가문을 세탁하고 적폐들을 떼어버릴 수 있는 특단의 대책이 요구되었다. 아직 혼인을 하지 않아 오염에서 자유로운 데다 입에 맞는 배필을 간택할 수 있는 왕자는 이방석이 유일했다. 그쪽으로 관심이 향할 수밖에 없는 상황에서 이방우가 스스로를 탈락시켰으니 어찌 고맙지 않겠는가.

무안군 이방번은 차비 강씨에게서 출생했는데, 태상왕이 이를 특별히 사랑했다. 강씨가 개국에 공이 있다고 칭탁해 이를 세자로 세우려고 조준과 배극렴, 김사형, 정도전, 남은 등을 불러 의논하니 극렴이 말하기를 "적장자로 세우는 것이 고금을 통한 의입니다" 하매, 태상왕이 기뻐하지 아니했다.

조준에게 묻기를 "경의 뜻은 어떠한가?" 하니 조준이 대답하기를 "세상이 태평하면 적장자를 먼저 하고, 세상이 어지러우면 공이 있는 이를 먼저 하오니 원컨대 다시 세 번 생각하소서" 했다.

강씨가 이를 엿들어 알고, 그 우는 소리가 밖에까지 들렸다. 태상왕이 종이와 붓을 가져다 조준에게 주며 이방번의 이름을 쓰게 하니 준이 땅에 엎드려 쓰지 아니했다. 이리하여 태상왕이 마침내 강씨의 어린 아들 이방석을 세자로 삼으니, 조준 등이 감히 다시 말하지 못했다. 《**태종실록**》 **5년**(1405) **6월 27일**

먼저 소개한 1392년 8월 20일의 《태조실록》과 함께, 이방석이 세자로 결정되는 과정을 기록한 《태종실록》 5년 6월 27일의 내용도 많이 인용되고 있다. 《태종실록》의 기록이 옳다는 경향이 적지 않지만, 《태조실록》과 다른 것은 이방석을 서자로 폄훼하지 않을 뿐 사료로서의 가치가 없기는 마찬가지다.

먼저 짚고 넘어갈 것은 《태조실록》과 《태종실록》에 공히 이방번을 염두에 두었다가 이방석으로 변경된다는 것과 함께,《태종실록》에 '강씨 역할론'이 등장한다는 점이다. 그것은 다시 '이성계가 강씨를 총애한 결과'라고 자연스레 포장되면서 그로 인해 반역을 당하는 치명적인 실책을 저질렀다는 것으로 귀결된다. 외형적으로 그렇게 되고 사실로 믿는 경향이 강하다. 특히《태종실록》의 경우 '강씨가 엿들어 알고, 그 우는 소리가 밖에까지 들리었다는 투로 강씨의 의사가 직접 반영된 것으로 나타나기까지 한다.

그러나 왕과 왕비는 생활공간 자체가 구획되어 있다. 당시 궁궐로 사용했던 수창궁도 왕이 정무에 임하는 공간과 왕비가 생활하는 중궁은 상당히 떨어져 있었을 것이다. 그리고 대부분의 경우 왕이 왕비를 비롯한 후궁들을 찾아가게 되어 있지, 왕비가 먼저 왕을 찾는 것은 법도에 맞지 않는다. 화급한 사안 등이 발생한 경우라도 내관이나 상궁을 앞세워 윤허를 받게 되어 있는 바, 하물며 세자를 정하는 엄중한 자리에 왕자들의 생모가 옆방에 있었다는 것은 상식적이지 않다.

게다가 '강씨가 이를 엿들어 알고'는 중차대한 기밀이 누설되었다는 것을 의미하거니와, 강씨의 울부짖음이 이방석으로 결정되는 요인이 되었다는 대목은 왕으로서의 자질 자체에 의문이 제기되지 않을 수 없다. 여색에 빠진 나머지 이방과를 비롯한 본처 소생의 장성한 왕자들을 배제하고 강씨 소생의, 그것도 코흘리개에 지나지 않는 막내를 후계자로 선택하는 이성계가 제정신으로 여겨지지 않는다. 게다가 그로 인해 반역을 당하는 바람에 보위에서 끌어내려지는 데다, 이방석은 물론 이방번까지 죽음을 당하게 만드는 이성계는 한심한 차원을 넘어 무능력자에 가깝다.

그러나 이성계가 강씨라는 불여우에게 홀린 나머지 그렇게 처신할 정도였다면 인척들이 날뛰었어야 마땅하다. 자고로 왕이 무능하면 인척들이 날뛰어 나라를 말아먹는 법이다. 민자영을 왕비로 맞던 고종이 확실하게 입증하거니와 이성계는 전혀 그렇지 않았다.

이성계가 강씨를 사랑한 것은 분명한 사실이지만, 그렇다고 해서 '처가 말뚝에까지 절을 하는' 얼간이는 아니었다. 오히려 이성계의 장인 강윤성의 집안은 물론, 곡산 강씨의 일문은 전혀 중용되지 않았다. 특히 이방석이 세자로 결정된 이후에도 처가에 특별히 배려하지 않았던 것만 보더라도 이성계가 금치산자가 아니라는 것이 쉽게 입증될 수 있다.

그리고 세자를 결정하는 사안이 당일치기로 결정되는 것 역시 있을 수 없기는 마찬가지다. 이방우가 스스로를 탈락시킨 것부터 시작해서 이방석으로 낙점되는 과정을 장황할 정도로 상세히 설명한 까닭은 그만큼 중대하고 이후의 역사에 결정적인 영향을 미친 사안이기 때문이다. 그런데도 시장바닥에서 야바위라도 치는 것처럼 급작스럽게, 그것도 정보를 알아챈 강씨의 울부짖음으로 인해 결정되었다는 것을 어떻게 믿으라는 말인가. 게다가 이성계를 금치산자에 가깝게 덧칠하는 광경은 이성계를 바라보는 이방원의 시각이 여과 없이 드러난 것에 지나지 않는다.

그 과정에서 가장 이득을 본 사람이 강씨라는 여론이 많다. 강씨의 입장에서야 아들 둘 가운데 아무나 세자가 되면 그만이었으니 그런 여론이 형성되는 것은 전혀 이상하지 않다. 기존의 주장들처럼 강씨가 정도전과 야합하지는 않았겠지만, 결과가 그렇게 되었다.

정도전도 어린 세자를 후견하면서 이성계 이후의 시대까지 장악할 수 있게 되었거니와, 이방원은 서열대로 이방과가 세자가 되었으면 기회를 잡을 수 없었던 만큼 그날의 결정은 이방과를 제외한 전부가 만족할 수 있는 황금분할로 기능했다. 그러나 바로 그 결정이 반역의 쏘시개가 되어 이성계를 파멸의 불구덩이에 몰아넣게 된다는 것을 누구도 알지 못했다.

지금의 결정으로 인해 가장 심각한 피해를 당한다는 것을 알지 못하는 이성계는 후계자를 정한 다음 비로소 한시름 놓았다. 비록 이방석이 열한 살에 지나지 않지만 계속 열한 살에 머무르지는 않을 것이다. 이성계도 당시로서는 노인인 58세였고 손주들을 여럿이나 보았지만 건강은 여전히 좋았다. 앞으로 10년은 물론 20년도 거뜬한 이상 어린 이방석이 장성해 앞가림을 할 수 있을 때까지 얼마든지 바람막이로 기능할 수 있었다.

게다가 정도전이 있는 이상 더더욱 걱정이 없었다. 모든 것을 실질적으로 추진한 정도전은 유방을 도와 한을 건국한 장량 이상으로 뛰어나고 출중했다. 게다가 사심까지 없는 정도전을 중심으로 하는 조정은 이방석을 충실하게 보필할 것이 분명했다. 고려에서 잔뼈가 굵은 한씨 소생의 아들들보다는 백지 상태의 이방석에게 보위를 물린 것은 역시 잘한 일이었다.

이성계는 자신의 선택에 반감을 가지는 자들이 훨씬 많을 것과 함께, 그들의 심정이 먹으려던 것을 빼앗긴 맹견과 다르지 않으리라는 것도 잘 알았다. 이방석이 세자로 책봉된 다음 한씨 소생의 왕자들이 가졌을 분노와 박탈감은 굳이 말할 필요조차 없었다.

반감의 강도는 먹이에 근접한 거리와 비례하겠지만, 맹견과 다른 점은 이빨을 드러낼 수 없다는 것이었다. 이성계에게 그런 태도를 보인 놈들치고 살아 있는 사례가 없는 만큼 정도전과 이방석의 조선은 충분히 안전할 수 있었다. 이성계의 유통기한이 다할 무렵에는 맹견들도 이빨이 빠지거나 충견으로 전락한 다음일 것이며, 그렇게 만들고 가는 것이 가장 큰 의무였다.

사대, 비열한 역사의 시작

세자까지 결정된 다음의 논의점은 국호를 변경하는 것이었다. 그 때까지 이성계는 임시직으로 고려를 다스리는 권지국사로 재직했기 때문에, 정식 왕이 되기 위해서는 국호를 바꾸고 종주국의 승인을 받는 것이 필수적이었다. 또한 명에서도 동일한 이슈에 대해 하문하는 등 고려를 폐기하고 새 술을 새 부대에 담는 화룡점정은 새로운 국호가 담당해야 마땅했다.

예문관학사 한상질韓尙質(한명회의 조부)을 보내 중국 남경에 가서 **조선**朝鮮과 **화령**和寧으로써 국호를 고치기를 청하게 했다. 주문奏文은 이러했다. "배신陪臣 조임이 중국 서울로부터 돌아와서 삼가 예부의 자문咨文(외교문서)을 가지고 왔는데, 그 자문에 '삼가 황제의 칙지를 받들었는데 그 내용에 이번 고려에서 과연 능히 천도에 순응하고 인심에 합해 동이의 백성을 편안하게 하고 변방의 흔단을 발생시키지 않는다면 사절이 왕래하게 될 것이니 실로 그 나라의 복이다. 문서가 도착하는 날에 나라는 어떤 칭호로 고칠 것인가를 빨리 달려와서 보고할 것이다' 했습니다.

삼가 간절히 생각하옵건대 소방小邦은 왕씨의 후손인 요瑤(공양왕)가 혼미해 도리에 어긋나서 스스로 멸망하는 데 이르게 되니, 온 나라의 신민들이 신을 추대해 임시로 국사를 보게 했으므로 놀라고 두려워서 몸 둘 곳이 없었습니다.

요사이 황제께서 신에게 권지국사權知國事를 허가하시고 이내 국호를 묻게 되시니, 신은 나라 사람과 함께 감격해 기쁨이 더욱 간절합니다. 신이 가만히 생각하옵건대, 나라를 차지하고 국호를 세우는 것은 진실로 소신이 감히 마음대로 할 수가 없는 일입니다. 조선과 화령 등의 칭호로써 천총天聽에 주달하오니, 삼가 황제께서 재가해주심을 바라옵니다."

《태조실록》1년(1392) 11월 29일

그동안 나는 그날의 결정을 극렬하게 비판했었다. 지금의 우리와 유전적으로 동일한 조선의 국호가 더 이상 비굴할 수 없는 치욕의 결과물이기 때문이다. 국호를 정하는 것은 어디까지나 자주적인 결정이어야 할 것인 바, 여기서 정한 다음 승인을 요청하면 허가될 것 역시 지극히 상식적이다. 그럼에도 국호를 정해줄 것을 요청하는 자체가 지극히 한심하거니와, '조선'이란 이름을 포함했다는 것은 진실로 제정신일 수 없다.

자신을 천하의 중심인 중원으로 칭하고 동서남북을 동이와 서융, 남만과 북적의 야만으로 깔보는 자들이 아무렴 이성계 가문의 발원지인 화령을 국호로 골라주겠는가? 그들이 바라보는 조선에 대한 시선은 자신들의 변방 구석에서 근근이 먹고 살았다는 기자조선으로 제한된 지 오래였다. 배달민족이 세운 강력한 옛 조선은 물론, 하마터면 고구려에 의해 여러 차례나 멸망당할 뻔했던 사실들을 애써 외면하던 자들에게 국호를 조선으로 정해달라는 것은 노예로 삼아달라는 것과 다르지 않다.

실제로 이후의 조선은 그렇게 전락했다. 개국한 다음 불과 30년도 지나지 않은 세종대왕의 시대에서는 망국적인 사대사상이 골수까지 도금된 나머지 필설로 형용하기 어려울 꼬락서니가 당연하게 벌어졌다. 위대한 군주인 세종대왕마저도 '중국에 사대하는 것이야말로 유일하고 숭고한 지상과제'라고 규정한 데다, 신하들은 흉가에 가까울 정도로 노후한 고구려와 백제의 사당을 새로 짓는 것에 거품을 물고 반대했다. 스스로를 오랑캐로 규정한 그들은 "당에 충성을 다해 중국을 섬기는 모범을 보인 신라의 사당은 당연히 개수해야 마땅하지만, 무도하게도 중국에 대항했던 고구려와 백제의 사당은 입에 올리는 자체가 불경하다!"고 침을 튀겼다.

제후국이 종주국을 그렇게 떠받들고 섬겼던 사례는 동서고금을 통틀어 조선이 유일하다. 로마는 속주의 주민들이 로마를 위해 공을 세우면 기꺼이 제국의 시민권을 발급했거니와, 로마에 결코 뒤지지 않는 당 역시 정복한 국가의 인재들을 등용하기에 인색하지 않았다. 그런데 오만불손한 명에게 본때를 보이기 위해 전쟁까지 불사했던 나라가 불과 몇 년도 되지 않는 기간에 저렇게 전락할 수 있다는 말인가? 게다가 그렇게 비굴하게 처신했으면 약간의 대우라도 받았으면 좋으련만, 돌아온 것은 상상조차 하기 어려운 멸시와 모욕이었다.

주청사 김주와 성절사 이우민이 역관 한순 등을 보내어 치계하기를 "종계에 대한 주청은 이미 성지를 받들어 국조의 아비(이자춘)의 성휘를 분명히 기록했습니다."

홍무 35년(1402)에 본국의 사신 조온이 북경에서 돌아와 '삼가 황명조훈을 보니 조선국 주註에 우리 태조의 성휘를 고쳐서 이인임李仁任의 아들로, 왕씨 네 왕을 죽였다고 쓰여 있었다'고 했는데, 이것은 본래 반적 윤이, 이초가 북경으로 도망쳐 무고를 통해 해치고자 한 데서 나온 일이었다. 영락 원년(1403)에 공정대왕이 이빈 등을 보내어 무고당한 사실을 갖추어 아뢰자 태종문황제(영락제)가 성지를 내리기를 '그 말에 따라 고치도록 하라'고 했다. 《명종실록》 18년(1563) 9월 30일

《황명조훈》은 후손들에게 전할 목적으로 주원장이 직접 저술한 황실의 유훈이다. 그런데 1402년(태종 3년) 명에 사신으로 갔던 조온이 《황명조훈》 가운데 조선에 관한 부분을 읽다가 하마터면 심장마비가 될 정도로 경악했다. 그럴 수밖에 없는 것이 "이성계가 이인임의 아들로서 고려 왕을 네 명이나 죽이고 즉위했다"는 내용이 있는 것이 아닌가?

이성계가 고려의 왕들을 죽이고 즉위한 것은 그렇다고 쳐도 이인임의 아들이라는 것은 절대 묵과할 수 없었다. 이성계가 이인임의 아들이라는 것은 이성계의 가문을 극도로 폄훼하는 동시에, 조선의 정통성을 근본적으로 부정하는 폭거가 아닐 수 없다. 명을 공격하라는

명령을 따르지 않고 반역까지 저질렀던 이성계로서는 꿈에서조차 상상도 하지 못할 상황이 벌어진 것이다. 그런 사실을 알게 된 이성계를 비롯한 인물들은 기가 막히다 못해 정신이 몽롱해졌겠지만, 문제는 명이 고의성 짙은 오류를 바로잡을 의도가 없었다는 점이다.

그때부터 조선은 즉위한 왕들마다 《황명조훈》의 오류 부분을 제발 정정해달라는 사신을 파견하거니와, "태조께서 직접 작성하신 유훈에 절대 손댈 수 없다!"는 원칙론에 부딪히게 된다. 황당하기 짝이 없는 그 사건을 '종계변무宗系辨誣'라 하고 정정을 요청하는 사신들을 '변무사辨誣使'라 하였던 바, 마침내 명이 조선의 요청을 받아들여 문제의 대목을 수정한 때가 무려 186년이나 지난 1588년(선조 21년)이었다. 이루 말하기 어려운 소모적 행태가 그쳤을 때 조선은 "비로소 광명을 얻었다!"며 감격하고 광란에 가까운 소동이 벌어졌으니 다시 한 번 기가 막힐 지경이다.

조선에 대한 명의 멸시는 국제성을 띄기까지 했다. 조선과 교역하면서 명에 조공을 바치는 나라 가운데 류큐왕국琉球王國(오늘날 오키나와)이 있었다. 말이 왕국일 뿐 국가의 규모와 전통의 모든 면에서 조선과 비교할 수 없었던 류큐가 오히려 훨씬 우대되었다. 류큐뿐 아니라 다이비엣(베트남) 같은 국가들의 사신이 황제를 알현할 때 구중궁궐인 자금성의 여섯 번째 대문부터 무릎을 꿇는 것에 비해, 조선의 사신들은 첫 번째 대문부터 꿇고 시작해야 했으니 모욕도 그런 모욕이 없었다.

그래도 명을 향한 연모를 그치지 않았던 조선은 명과 함께 멸망하려고까지 했다. 임진왜란 이전부터 거의 막장이었던 명은 누르하치가 건국한 후금에게 계속 밀리자 조선에 'SOS'를 치게 된다. 그들이 임진왜란 당시 순망치한의 논리에 의해 도움은커녕 피해만 끼쳤던 지원군을 보낸 것을 상기시키며 은혜를 갚으라고 윽박지르기도 전에 조선이 다시 뒤집어졌다.

그러나 광해군光海君이 국제정세를 냉정하게 파악하고 어느 측에도 치우치지 않은 등거리외교를 펼쳤다. 그 결과 배후의 위치가 되는 조선에 신경쓰지 않고 명에 집중하려는 누르하치의 환심을 사고 안전을 확보할 수 있었지만, 조선의 역사를 통틀어 유일무이하게 자주적이고 탁월한 외교정책이 파멸적인 결과로 치환되는 데는 긴 시간이 필요하지 않았다.

광해군을 끌어내리고 인조仁祖를 보위에 올린 자들이 가진 무기는 조선이 생성되었을 때부터 스스로에게 걸었던 최면밖에 없었다. 어떤 일이 있더라도 중국을 섬겨야 한다는 지상과제 앞에서는 어떤 논리도 통하지 않았다. 굳이 싸우고 싶은 생각이 없었던 후금이 거듭 달래고 경고해도 조선은 결사항전의 의지를 굳힐 따름이었다.

그로 인해 정묘호란丁卯胡亂의 뜨끔한 맛을 보고 인조가 강화도까지 몽진하는 사태까지 벌어졌어도 조금도 변하지 않았다. "아예 상대가 되지 않는 만큼 최악의 결과를 피하기 위해서는 대화로 해결해야 한다!"고 주장하는 자들이 아주 없지는 않았다. 그러나 백성이야 죽건 말건 나라야 망하건 말건 오직 명에게 충성을 다해야 직성이 풀리는 광신자들은 끝내 병자호란丙子胡亂의 치욕을 자초하고 말았다. 자신들이 광해군을 끌어내리고 보위에 앉힌 인조가 청 태종에게 무릎을 꿇고 항복하는 역사상 초유의 굴욕을 자초하고서도 광신은 결코 무릎을 긇지 않았다.

청에 볼모로 끌려갔다가 신앙 같았던 명의 멸망은 물론, 서양의 과학문물까지 접해 새로운 세상에 눈뜨고 귀국한 새로운 희망 소현세자昭顯世子를 독살한 범인도 광신이었다. 소현세자의 친동생으로 모든 것을 목격한 봉림대군이 17대 효종孝宗으로 즉위한 다음 북벌을 외치지 않을 수 없었다. 소현세자와 함께 볼모로 갔다가 돌아온 다음 형처럼 처신했다가는 어떻게 된다는 것을 실증적으로 체험한 효종은 가능하지도 않은 북벌을 죽을 때까지 외칠 수밖에 없었다.

조선이 하늘처럼 섬겼던 명의 복수를 위해 칼을 갈고 있을 때 정작 중국인들은 청의 백성이 된 것을 고맙게 여기고 있었다. 명을 멸망으로 몰아넣은 주범이 무능한 황제들과 호가호위하는 간신들인 데 비해, 황제들부터 유능했던 당시 청은 간신들이 뿌리박을 약간의 토양조차 허락하지 않았다. 당시 청은 세계에서 가장 부유했다고 해도 손색이 없거니와, 백성들이 누리는 삶의 질 역시 역대를 통틀어 비교할 나라가 없을 정도였다. 그렇기에 명의 후손들은 조선이 자신들을 위해 복수를 계획한다는 것을 납득할 수 없었다.

사실이 그러했어도 스스로가 광신도라는 사실을 인정할 수 없는 자들은 한족을 통해 얻게 된 사실들을 비밀에 붙였다. 오히려 명이 멸망한 다음 오직 자신들이 유일하게 중화의 명맥을 이은 것으로 규정한 다음 더욱 표독하게 스스로를 담금질했다.

외부로의 물꼬를 차단한 결과는 언제나 파멸적이었다. 절묘한 시기에 절묘하게 서양의 문물을 받아들인 다음 마술이라도 부리는 것처럼 야만에서 근대로 탈바꿈한 일본이 조선을 노리는 것은 당연한 수순이었다. 이미 열강들에 의해 무력해진 청에게서 조선을 분리해 대륙으로 진출하는 전진기지로 삼으려는 일본은 1894년 거침없이 청일전쟁을 일으켰다. 고종은 그제야 허겁지겁 1897년 대한제국을 선포하고 황제로 즉위하는 등 안간힘을 썼지만, 바뀐 것은 국호와 황제의 칭호밖에 없었다.

결국 일본의 강압에 의해 그들을 주인으로 섬기게 된 이후부터 주인을 섬겨야 직성이 풀리는 망국적인 근성이 거리낌 없이 노출되기 시작했다. 일본이 패망한 다음 매국적폐들을 청산하지 못한 것 역시 면면히 계승된 아름다운 정신과 무관하지 않다. 〈대한민국 헌법〉 제1조를 우습게 여기는 독재자들을 주인으로 섬기면서 무조건 따르는 세태의 원류가 어디에서 발원했는지 굳이 말할 필요가 없는 바, 나의 유전자에도 그런 성분들이 꿈틀거리고 있을지 차마 두렵다.

"조선의 사신은 오지 못하게 하라!"

지밀직사사 한상질을 보내 주본을 가지고 경사에 가서 삼가 성지를 받자오니, 이르기를 '동이의 칭호는 오직 조선이라 하는 것이 아름답고 또 그 내력이 오래 되니, 그 이름을 근본으로 삼아 본받을 만하니' 하셨기에 삼가 이에 따라 하기로 했습니다.

그밖에 홍무 26년 3월 초9일 문하평리 이염을 보내 전조 고려국왕의 금인金印을 부송附送했고, 또 그해 12월 초8일에 좌군도독부의 자문을 받자와 삼가 성지의 일절을 뵈었습니다. 그 사연에 '정명에 합치되게 지금 조선이라고 이름을 고쳤은즉, 표문에 전대로 권지국사라 함은 무슨 까닭인지 알지 못하겠다' 하셨으니, 이 분부를 받자와 일국 신민들이 벌벌 떨면서 황송하게 여기오며, 모두 국왕이라고 시행하라 합니다. 다만 오늘날 비록 국왕이라 일컬을지라도 명칭이 끊어져, 내려주신 고명과 조선국의 인장을 받지 못해 일국의 신민들이 밤낮으로 옹망하고 감히 사연을 아뢰오니, 엎드려 바라옵건대 번거롭지만 살피시기를 청합니다. 국왕의 고명과 조선의 인신을 주시어서 시행하게 합소서. 《**태조실록**》4년(1395) 11월 11일

1392년 11월 조선은 한명회의 조부가 되는 한상질을 파견해 조선과 화령 가운데 하나를 국호로 정해줄 것을 청했다. 그때까지 고려의 국호가 사용되는 것에 대한 명의 하문도 있었거니와, 분위기가 무르익었을 것으로 판단해 한상질의 손에 들려 보낸 국호는 문제없이 승인되었다. 그런데 주원장은 승인한 것은 국호밖에 없었다. 조선국왕으로 임명하는 임명장과 국왕 명의의 주요 사안과 외교문서에 날인해야 할 옥새는 보내주지 않았다.

이미 홍무 26년(1393)에 고려국왕이 사용하던 옥새를 명에 반납한 상태였다. 그래도 계속 옥새를 보내주지 않자 태조는 국왕으로서의 체통과 위신이 말이 아니었다. 일단 받아야 하는 만큼 왕으로서의 자존심마저 숙이고 저렇게 읍소까지 했는데도 주원장은 보낼 기미가 없었다. 결국 이성계는 강제로 보위에서 내려갈 때까지 임명장과 옥새를 받지 못하는 바, 주원장은 조선을 대하는 데 있어 처음부터 문제가 많았다.

사은사 이염李恬이 중국 서울로부터 돌아왔다. 이염이 들어가서 황제를 뵈오니 황제가 그의 꿇어앉음이 바르지 못하다고 책망하고 또 머리를 숙이게 하고 이염을 몽둥이로 쳐서 거의 죽게 되었는데, 약을 마시고 살게 되었다.

그가 돌아와 요동에 이르니, 역마를 주지 않으므로 걸어서 왔다. 황제가 요동에 명령했다. "조선의 사신은 들어오지 못하게 하라." 《태조실록》 2년(1393) 8월 15일

이때는 이성계가 즉위한 지 일 년밖에 지나지 않은 무렵이다. 명의 계열사로 편입된 것으로 기대하던 조선이 초기의 외교를 시도하던 시기에 주원장은 놀랍게도 사신을 죽을 지경으로 구타한 데다, 돌아갈 때 말도 내려주지 않았다. 그것만 해도 경악하고도 남을 지경인데 주원장은 한술 더 떠 사신을 보내는 자체를 금지하기에 이르렀다. 갑질을 한참이나 초월한 주원장의 행위는 조선을 명의 계열사는커녕 하청업체로조차 인정하지 않는 폭거였다.

고려에게 철령을 내놓으라고 허세를 부리다 하마터면 크게 당할 뻔했던 기억이 생생할 주원장이 저렇게 나오는 것은 언뜻 납득되지 않겠지만, 이번의 허세는 나름의 계산에 의한 것이었다. 주원장은 국호까지 승인받아 명을 종주국으로 섬기게 된 조선이 어떤 일이 있어도 북원과 근접하지 않을 것이라고 확신했다. 그렇게 확신한 주원장이 날린 언어도단의 허세는 그대로 먹혀들었다.

간관諫官(대간)과 헌사에서 정당문학 이염을 탄핵했다. "신들이 그윽이 생각하옵건대, 공자가 말하기를 '사방에 사신으로 가서 임금의 명령을 욕되게 하지 않는다'고 했습니다. 우리 전하께서 즉위하신 이래로 황제의 조정에 사신으로 간 사람들은 모두 지극한 은혜를 입었는데, 지금 이염은 명령을 받들고 입조해 진현하고 응대할 때에 어긋나고 실수한 일

이 있어서 구타와 매질을 당해 중국에 웃음거리가 되었으므로, 이로부터 중국에서는 조빙朝聘을 허가하지 않았습니다.

이렇게 된 것은 반드시 그 까닭이 있을 것이므로 죄는 마땅히 중하게 논단해야 될 것인데도 도리어 총질寵秩(높은 자리)에 머물러 있으니, 온 나라 신민들이 매우 상심하지 않는 사람이 없습니다. 원하옵건대 그 직첩을 회수하고 그 까닭을 국문해 사절을 권려勸勵하소서"하니, 임금이 다만 파직하도록 했다. 《태조실록》 2년(1393) 12월 27일

조정은 도리어 이염이 잘못했다고 탄핵하면서 직첩을 회수하고 엄중하게 국문할 것을 주장했다. 국문은 말할 것도 없거니와, 관직의 임명장인 직첩을 박탈하는 것은 가장 높은 수위의 처벌에 해당한다. 비록 이성계가 명해 파직하는 것으로 그치게 했지만 그러한 조치는 아무것도 아니었다. 어떻게 대하든 조선이 따를 수밖에 없다는 것을 확신한 주원장은 조선에 대한 압박의 강도를 높여나갔다. 심지어 주원장은 이성계가 여진족들과 연합해 국경을 침범하거나, 왜구로 변장해 해안지방과 도서지역을 약탈한 것에 대해 책임을 묻겠다고까지 했다.

흠차내사 노타내, 박덕룡, 정징 등이 좌군도독부의 자문을 가지고 오니, 임금이 여러 신하들을 거느리고 선의문宣義門에 나가서 그들을 맞이했다. 그 자문은 이러했다.

"홍무 26년(1393) 11월 20일에 산동도사山東都司(산동지역 사령부) 영해위에서 고려의 불한당 가운데 하나인 최독이崔禿伊를 잡아 본부에 이르렀

다. 본인의 장공狀供(진술)에 의거한다면 고려 숙주肅州(오늘날 평안남도 숙천) 노질동에 거주하는 사람인데, 홍무 26년 7월 7일에 **고려왕** 이성계가 만호 김사언과 천호 차성부, 이부수, 임원, 임청언, 이불수, 홍충언, 백호 정융, 홍원, 임충언을 보내 배 일곱 척을 거느리고 배마다 인원 37명씩과 베 2곤을 실으니 합계 인원이 259명이요, 베가 560필이었다.

매매를 가작假作해 소식을 듣게 하고는 말하기를 '만약 대군이 오지 않을 때는 우리가 군사를 일으켜 요동을 공격할 것이다'라고 했으며 뒤를 이어 재차 배 열 척을 보내는데, 배마다 인원 37명을 싣게 하고는 각기 무장을 하게 하니 합계 인원이 270명이 되었다. 《**태조실록**》**3년(1394) 1월 12일**

이날의 실록은 기가 막히는 차원을 한참이나 초월한 내용으로 도배되어 있다. 이성계가 장사치로 위장한 부대를 거느리고 명의 내정을 알아보려 했다는 것 자체가 말도 되지 않는 데다, '배 일곱 척을 거느리고 배마다 인원 37명씩 합계 인원이 259명', '재차 배 열 척을 보내는데, 배마다 인원 37명에 합계 인원이 270명'이라는 구체적인 숫자까지 명시되어 있는 데는 웃음조차 나오지 않을 지경이다. 그뿐 아니라 이성계를 고려의 왕으로 표기한 것 역시 극한 이상의 수모였다.

무시받을 수밖에 없었던 조선

주원장이 저렇게 나오는 원인은 조선이 절대 북원과 가까이 하지 않을 것이라는 확신과 함께, 그만큼 조선을 경계한 결과라는 일반론에 대해 반대할 생각은 없다. 고려를 폐기하고 건국된 조선은 모든 것이 일신되었다. 특히 군사력이 괄목할 정도로 강화되었는 바, 고려 시대부터 처절한 실전을 예사로 겪었던 상태에서 제대로 된 보급과 무장이 갖춰진 조선의 정규군은 명으로서도 만만치 않았다.

그리고 주원장의 전쟁 역량은 시원치 않았다. 다른 세력들이 원과 싸우는 상황을 이용해 어부지리를 챙긴 결과가 명의 건국이라고 해도 과언이 아닌 데다, 고향으로 밀려간 북원의 숨통을 끊지 못하고도 있었다. 막판에 패주하는 원의 세력을 몰아세우고 한때는 수도 카라코룸을 점령하기까지 했지만, 북원과의 회전에서 십만에 달하는 병력을 상실했을 정도로 고전하기도 했었다.

반면 이성계는 패배를 모르던 용장 아니던가? 전쟁에 관한 한 따를 자가 없는 이성계에게 지휘되는 신예의 조선군은 경계하지 않을 수 없었다. 그때 만일 이성계가 반역하지 않고 압록강을 건넜더라면 어떻게 되었을지 모르는 상태였다. 어차피 이성계가 왕이 된 이상 원하는 것을 어렵지 않게 들어줄 수 있고 그래야 마땅한 요식행위에 지나지 않았지만, 가장 근접한 조선이 하루라도 빨리 강해지는 것을 막아야 할 이유와 필요가 충분했다.

각도에서 군적을 올렸다. … 경기 좌우도와 양광도, 경상도, 전라도, 서해도, 교주도, 강릉도 등 팔도에 마병, 보병과 기선군騎船軍이 합계 20만 800여 명이고, 자제들과 향리, 역리와 여러 유역자가 10만 500여 명이었다. 《태조실록》 2년(1393) 5월 26일

당시 파악된 조선의 전력은 육군과 수군을 합쳐 20만이 넘었고 상비병으로 전용할 수 있는 규모도 십만을 초과하는 상태였다. 당시의 인구로 보아서 과장된 측면이 없지 않겠지만, 그렇다고 해도 최소한 10만 이상은 확실히 동원할 수 있었을 터였다. 게다가 고려시대부터 축적된 실전 경험에 고려와 비교할 수 없이 좋아진 보급이 결합된 당시의 조선군은 명에도 충분히 위협적이었다.

문제는 주원장 내부에도 존재했다. 주원장이 명을 건국하고 황제에 오른 1368년 이후 대대적인 숙청이 여러 차례나 자행되었다. 주원장이 장남 주표가 일찍 죽는 바람에 손자 주윤문을 황태손으로 책봉했다는 것은 앞서 말한 바 있거니와, 이후 주원장은 엄청난 숙청을

자행했다. 심지어 이성계로 치면 정도전에 해당할 정도로 건국에 공이 높은 심복들까지 무차별로 죽이는 바람에 공신들의 씨가 마를 지경이었다.

무고한 가족들까지 연좌해 죽이는 참상이 연일 벌어지자 주윤문이 눈물을 흘리며 호소하기에 이르렀다. 그러자 주원장이 날카로운 가시가 잔뜩 돋은 막대기를 주면서 잡으라고 하자 주윤문이 감히 잡지 못했다. 그것을 본 주원장이 "내가 지금 숙청하는 것은 네가 막대기를 잡을 수 있도록 가시를 제거하는 것과 같다"고 말한 것은 지금도 유명하다.

본래부터 의심이 많았던 데다, 후계자의 안전을 추구하기 위한 목적의 숙청은 끝이 보이지 않았다. 주원장의 숙청으로 유능한 심복들이 5만을 훌쩍 넘어 추산조차 어려울 정도로 죽어나간 상태에서 새롭게 거듭난 조선의 군대는 충분히 위협적이었다. 이율배반적인 상황을 자초한 주원장은 조선에 대한 위협의 강도를 높이는 것밖에 선택의 여지가 없다고 확신했다.

주원장이 고려시대부터 연속해 극단적인 방식을 사용한 것은 인생역정과 무관하지 않다. 극도로 혼란했던 원 말기에 굶기를 밥 먹듯했던 농부의 아들로 태어난 주원장은 하루하루가 생존을 위한 전쟁이었다. 살아 있는 사람보다 굶어 죽은 시체가 훨씬 많을 정도로 암울한 시대에 가족을 전부 잃은 주원장에게는 선택의 여지가 없었다. 그런 시대에 거지로 전락해 구걸하거나 거지와 다를 바 없는 승려가 되어 탁발에 나서야 했던 삶이 말할 수 없이 가혹했을 것은 굳이 말할 필요가 없을 것이다.

나이가 들어 체격이 커지고 물정을 알게 된 다음부터 도적질로 연명할 수 있었지만, 바람직한 인격을 형성하기 어렵게 하는 것은 도적질도 구걸과 다를 것이 없었다. 어렸을 때부터 누구도 믿지 못하게 된 데다, 심지어 사람을 죽여서라도 먹을 것을 얻는 도적질까지 경험했던 주원장의 내면에는 극히 바람직하지 않은 방어기제가 형성되었을 개연성이 높다. 주원장이 조선이라는 나그네의 옷을 벗기기 위해 '햇볕정책'을 사용하지 않고 바람의 강도를 높인 이유는 그렇게 형성된 성격과 무관하지 않다.

그것과 함께 또 하나 지적할 것은 이성계의 입장이다. 이성계를 정점으로 하는 조선의 군사력 자체는 결코 무시할 수 없었지만, 주원장의 내부에 문제가 함유된 것 이상으로 이성계에게도 내부의 문제가 심각했다. 주원장은 이성계가 고려의 장군으로서 왕들을 죽이고 보위에 오른 반역자라는 것과 함께, 태생적인 약점을 희석하기 위할 목적으로 명의 계열사가 되기 원한다는 것을 아주 잘 알고 있었다. 특히 주원장처럼 약점을 끝까지 물고 늘어지는 인물들은 결코 관대한 법이 없다.

그리고 이 대목에서 유의할 것은 주원장이 책봉을 전후로 괴롭힌 왕이 하나가 아니라는 점이다. 주원장이 처음 건국했을 때 공민왕과의 관계는 상당히 좋았었다. 당시의 상황으로 보아 그럴 수밖에 없겠지만, 공민왕의 처지가 의외로 절박하다는 것을 알게 된 다음부터는 일방적인 관계로 격하되었다.

필설로 형용하기 어려운 고통을 감내하면서도 공민왕이 친명정책을 추진한 것은 오래도록 지속된 원에의 예속을 단절하기 위함이었다. 비록 명을 섬기다고 해도 고려를 위한다는 대의와 목적이 분명한 이상, 오히려 자주성을 확립할 수 있는 정책이라고 할 수 있다.

그러나 공민왕의 후계자들을 죽이면서까지 보위를 강탈한 이성계의 목적이 대의적이고 자주적일 리 만무하다. 공민왕이 숙이는 척하면서 명분과 실리를 충족할 의도인 것에 비해, 이성계는 숙이는 것 자체가 목적이라고 해도 과언이 아니었다. 보위에 오르는 과정을 비롯한 모든 면에서 고려의 왕으로 하자가 없는 공민왕을 대하는 주원장의 태도와, 너무나 빤하게 목적이 드러나는 이성계를 대하는 태도가 같을 수 없지 않겠는가. 초기의 외교에서 이염을 죽도록 매질하고 말조차 주지 않고 돌려보낸 것은 말 그대로 초기에 간을 본 것에 지나지 않았다.

이후 압박의 강도가 점점 높아지던 가운데 1394년 1월 12일의 실록은 절정이었다. 주원장이 보낸 칙사를 영접하기 위해 신하들을 거느리고 나갔던 이성계는 자못 기대가 컸을 터였다. 그러나 임명장과 옥새를 받기는커녕 차마 입에 담기조차 어려운 망신을 당한 이성계는 피가 거꾸로 솟구치고 주먹이 부들부들 떨렸다. 그러나 이번에도 할 수 있는 것은 참는 것밖에 없었다. 국호만 승인받은 반쪽 국왕 이성계의 재위 기간은 참고 인내하다가 끝났다고 해도 과언이 아니다.

드디어 역사에 모습을 드러낸 이방원

이성계 즉위 3년차의 실록에 이방원이 사신으로 가서 주원장을 만나고 돌아온 기록이 있다. 돌연 나타나 정몽주를 죽인 것이 실록에서의 첫 번째 등장이고 이색을 따라 서장관으로 갔던 것이 두 번째 등장이다. 첫 번째는 개연성이 영에 가깝고 두 번째도 의혹이 적지 않기 때문에 이방원이 직접 나타난 1394년 당시를 기록한 실록에 유의할 필요가 있다.

게다가 그때는 주원장이 다시 몽니를 부리면서 '반드시 첫째나 둘째 왕자를 보내야 한다!'고 엄명한 데다, 서열이 높은 왕자들을 부를 정도로 주요한 외교적 사안이 걸려 있는 상태였다. 이때 이방원이 자원하는 형태로 건너간 다음 명쾌하게 해결해 주원장까지 칭찬할 정도로 큰 성과를 거두었다고 한다. 그렇다면 그때가 실질적인 데뷔라 할 것인 바, 주원장까지 칭찬할 정도였다면 더더욱 의미가 막중하지 않을 수 없다.

현실적으로 보아도 명 조정에는 이방원이 가는 것이 타당하다. 이방우는 이미 죽었거니와, 장남으로서 할 줄 아는 것이라고는 전쟁밖에 없는 이방과에게 조선을 대표하는, 그것도 주원장을 상대로 하는 외교를 맡기는 것은 막 훈련소를 나온 신병을 총사령관에 임명하는 것만큼이나 적절하지 못하다.

다음 서열인 이방의는 죽을 때까지 존재가 드러나지 않은 것으로 보아 어떤 이유로 인해 정치판에서 구획된 것으로 여겨진다. 이방원 바로 위의 이방간 또한 여러 면에서 마뜩치 않았던 반면, 과거에 급제한 문인으로서 사신으로 갔었다는 기록까지 갖춘 이방원이 가장 적격이다.

태조께서 정안군(태종)에게 일렀다. "명 황제가 만일 묻는 일이 있다면 네가 아니면 대답할 사람이 없다."

정안군이 대답했다. "종묘와 사직의 크나큰 일을 위해서 어찌 감히 사양하겠습니까?"

이에 태조가 눈물을 글썽거리면서 말했다. "너의 체질이 파리하고 허약해서 만 리의 먼 길을 탈 없이 갔다가 올 수 있겠는가?"

조정 신하들이 모두 정안군이 위험하다고 하니 남재가 말했다. "정안군이 만 리 길을 떠나는데 우리들이 어찌 베개를 베고 여기에서 죽겠습니까?" 하고서 스스로 따라가기를 청했다. 《태조실록》 3년(1394) 6월 1일

자못 비장하지만 정례적으로 파견되는 사신에 이방원이 포함된

것에 지나지 않는다. 사신의 대표 가운데 정일품이 포함되기 마련이라 막내라고 해도 정일품의 왕자인 이방원은 자격이 충분하다. 그리고 명의 기록에 의하면 그때 조선에서 사신을 보내 공물을 바쳤다는 내용이 있기 때문에 심각한 상황에 의한 사행은 아닐 것으로 보인다.

결정적인 것은 주원장이 '반드시 첫째나 둘째 왕자를 보내야 한다!'고 엄명한 이유가 나타나지 않는 데다, 어떤 사안인지조차 분명하지 않다는 점이다. 이전에 이색이 인질의 용도로 데려가겠다고 하자 태연하게 허락했던 이성계가 눈물을 글썽거렸다는 것도 믿기 어렵기는 마찬가지다. 그러나 정례적인 사신으로 가는 것이 분명하다고 해도 이전까지 보여준 주원장의 태도가 완전 막장이었던 데다, 고생을 겪지 않았을 이방원이 머나먼 길을 왕복하는 것에 대해 우려하는 것이야 충분히 있을 수 있는 일이다.

태종이 명 서울에서 돌아왔다. 남재와 조반도 같이 왔다. 태종이 명 서울에 이르니, 황제가 두세 번 인견했는데, 태종이 소상하게 '사신 통행에 대해' 주문하니, 황제가 우대하고 돌려보냈다. 처음에 태종이 떠날 때 찬성사 성석린이 시를 지어 태종을 전송했다. "자식을 알고 신하를 아는 예감睿鑑이 밝고, 하늘을 두려워하는 성의는 백성을 살리기 위함이라. 모두 말하기를 만세의 조선 경사는, 이 더위와 장마에 산을 넘고 물을 건너가는 데 있다 하더라."

명 선비들이 태종을 보고 모두 조선 세자라 하면서 대단히 존경했으며, 태종이 연부燕府(연왕이 다스리는 북경 지역)를 지날 때는 연왕燕王(영락제)이 친히 대해 보았는데, 곁에 시위하는 군사가 없고 다만 한 사람이 모시고 서 있었다. 온순한 말과 예절로 후하게 대접하고, 모시고 선 사람을 시켜서 술과 음식을 내오게 했는데, 극히 풍성하고 깨끗했다.

태종이 연부를 떠나서 도중에 있을 때, 연왕이 서울(남경)에 조회하기 위해 편안한 가마를 타고 말을 몰아 빨리 달려갔다. 태종이 말 위에서 내려 길가에서 인사하니, 연왕이 수레를 멈추고 재빨리 연의 휘장을 열고서 오래도록 화기애애하게 서로 이야기하다가 지나갔다. 《태조실록》 3년(1394) 11월 19일

실록에는 주원장이 추궁하고 이방원이 해명하는 광경은 조금도 나타나지 않는다. '중대한 사안을 해명하기 위해 반드시 첫째나 둘째 왕자를 보내야 한다는 주문에 의해 이방원이 가게 되었다'는 그동안의 대세가 무색할 지경이다. 하기야 이성계조차 우습게 여기는 천하의 주원장이 서른 살도 되지 않은 이성계의 막내아들과 주요한 사안을 논한다는 자체가 지극히 상식적이지 않다.

이방원이 우대를 받고 돌아온 것은 당연하며 그래야 하는 것이 외교의 기본이다. 주원장이 미치지 않고서야 조선의 왕자를 초기에 사신으로 갔던 이염처럼 죽을 지경으로 구타하지 않았겠지만, 그동안의 태도가 워낙 막장이었기 때문에 발생한 착시현상에 지나지 않는다.

주문사奏聞使 남재가 중국 서울로부터 돌아와서 아뢰었다. "황제께서 후하게 대우하고 또 명령하기를 '너희 나라 사신의 행차가 왕래하는 데 길이 멀어서 비용이 많이 드니, 지금부터는 삼 년에 한 번 조회하라' 했습니다." 《태조실록》 2년(1393) 9월 2일

이염이 죽을 고생을 하고 겨우 돌아온 지 불과 한 달도 지나지 않았을 때 명을 방문한 사신들은 의외로 후하게 대우받았다. 당시 주원장이 그러한 태도를 보인 것은 당연히 스스로를 위해서였다. 고려시대부터 종주국에 일 년에 세 차례 정기적으로 사신을 파견하던 상태였다. 정월에 인사드리는 하정사賀正使와 황제의 생일에 파견되는 성절사聖節使 및 황태자의 생일에 보내는 천추사千秋使가 공식적인 사신이다.

주원장이 '앞으로는 삼 년에 한 번 조회하라'고 말한 것은 비용을 아끼기 위할 의도였다. 일단 사신이 오면 체류에 따른 모든 비용을 부담하고 바치는 예물에 대해서 후하게 답례를 해야 했기 때문에 '길이 멀어서 비용이 많이 드니' 등으로 생각해주는 척하면서 실리를 챙기려 했던 것이다.

주원장은 이미 공민왕 때부터 삼 년에 한 번 사신을 보낼 것을 요구했던 바, 이전부터 계속 요구했던 공물이 엄청난 것을 감안하면 쪼잔하기 짝이 없는 이기적인 태도가 아닐 수 없다. 그러나 경위야 어쨌든 주원장이 필요에 따라 대우할 때는 대우할 줄 안다는 것이 중요하다.

그리고 남재는 '정안군이 떠나는데 우리들이 어찌 여기에서 죽겠습니까?'라고 비장하게 따라나선 것이 아니라 외교의 전문가였기 때문에 선발된 것이다. 1393년 9월 2일의 실록에 나타난 사신이 남재라는 것과, "조선의 사신들을 출입금지하라!"는 엄포가 엄포에 지나지 않았다는 것에 유의하라.

이방원이 사신으로 선발되고 돌아오는 과정은 누구나 할 수 있는 것에 지나지 않는다. 그런 것을 가지고 주원장이 '반드시 첫째나 둘째 왕자를 보내야 한다!'고 엄명했다거나 어려운 외교적 사안을 주원장과 담판을 지어 해결했다느니, '명 황제의 우대를 받고 돌아오다'는 등으로 떠드는 것은 믿기 어렵다.

게다가 '명 선비들이 태종을 보고 모두 조선 세자라 하면서 대단히 존경했으며'의 대목은 완전한 날조다. 누군지조차 알지 못할 이성계의 막내아들이 대단하면 얼마나 대단하겠거니와, 설령 조선의 세자가 방문한다고 해도 종주국의 기득권층에게 존경받을 이유는 어디에도 없다. 실록에 그런 대목이 포함된 이유에 대해서는 길게 설명할 필요를 느끼지 못하겠다.

남은과 남재, 형제의 엇갈린 최후

당시 이방원을 따라갔던 남재는 정도전과 조준과 더불어 이성계의 최측근으로 꼽히는 남은의 친형이다. 개국일등공신에 포함되는 등 공이 적지 않고 이성계의 신임이 두터웠던 남재는 조준과 함께 이방원의 편에 선다. 이후 남은이 참살당하는 반면, 남재는 목숨을 건지고 영의정에 오르는 등으로 출세하고 천수를 누렸다.

영락제는 이방원을 후대하지 않았다

연왕에 대한 대목에 대해서는 약간의 부연이 필요하다. 주원장의 넷째아들 주체는 3대 황제 영락제가 되는 인물로서 주원장이 후계자로 삼으려고 했을 정도로 출중했다. 그러나 신하들이 장자상속의 원칙을 들어 반대함에 따라 주원장은 어쩔 수 없이 장남 주표를 황태자로 책봉했다.

이후 주표가 죽고 손자 주윤문을 황태손으로 책봉한 주원장은 주체를 비롯한 아들들에게 변방을 지키라는 명분을 줘 내보내는 조치를 취했다. 강성한 숙부들이 주윤문을 노리는 것을 막기 위한 조치에 의해 주체도 북경 지역인 연의 왕으로 부임했다.

주원장이 죽고 주윤문이 건문제로 즉위한 다음에도 주체는 몽골 등의 외적들을 막아내 나라의 안전에 크게 일조했다. 그러나 숙부들을 경계한 주윤문이 변방의 친왕들을 차례로 불러 제거하자 주체가 가만있지 않았다. 치열한 내전이 벌어진 끝에 군사적 역량이 뛰어나고 실전 경험이 풍부한 군대를 가진 주체가 승리해 황제로 즉위할 수 있었다.

이방원이 남경에 있었던 기록보다 당시 연왕이었던 주체를 만난 기록이 훨씬 많은 것은 그런 연유에 의한 것이다. 실록에는 주체가 극진할 정도로 대우하는 것으로 나타나지만 믿음이 가지 않기는 마찬가지다. 명 서울인 남경으로 가기 위해서는 주체가 다스리는 북경 지역을 거쳐야 하겠으나, 주체가 이방원을 극진하게 대할 이유는 어디에도 없다.

조선의 사신들이 도착했으니 숙식과 경비를 비롯한 편의를 제공하는 것은 당연하다. 사신 가운데 조선의 왕자가 포함되었다고 해도 조선을 한참 발 아래로 여겼던 분위기를 감안하면 극진하게 대우할 개연성이 거의 없다. 적지 않은 인원들을 치다꺼리하는 것이 귀찮은 나머지 하루 빨리 떠날 것을 바랐을 터다. 그뿐 아니라 주체의 시각에서 조선이 잠재적인 적으로 분류될 수 있다는 것까지 감안될 수 있겠지만, 문제는 실록을 편찬하는 붓을 잡은 자들이 조선인이라는 점이다.

정도전의 위험한 개혁

한편 조선을 설계하고 시공하면서 감리까지 도맡았던 정도전이 공신들을 바라보는 시각은 극히 좋지 않았다. 건국에 동참했다는 명분으로 그들에게 엄청나게 배분된 토지와 노비는 고려에서 강탈한 것이었다. 그들은 고려를 지배하던 자들이 불법적으로 가졌던 것은 물론, 사찰세력이 점유한 자산에도 눈독을 들였다. 명을 섬기는 것이 골자인 사대교린事大交隣과 함께 국시가 된 숭유억불崇儒抑佛은 사찰 세력의 자산을 강탈하기 위한 제도적인 장치로 기능했다. 추산이 가능하지 않을 규모였던 사찰의 자산이 앙상한 뼈다귀만 남는 데도 긴 시간이 필요하지 않았다.

고려가 뇌사 상태에 빠졌을 때부터 아귀다툼을 벌이던 자들이 공신이 되면서 합법적으로 자신에게 이전한 엄청난 경제력은 신생 조선에 적지 않은 부담이 되었다. 자신들의 이득을 지키는 것밖에 관심을 두려 하지 않는 자들이 세력을 형성하면 고려를 말아먹은 지배층을 대체할 우려가 컸다. 고려를 폐기할 때 명분과 협력을 확충할 목적으로 어쩔 수 없이 받아들인 자들이 조선의 목에 빨대를 박는 것을 용납할 정도전이 아니었다.

건국 직전에 스스로 목숨을 끊은 이성계의 배다른 형 이원계와 명리에 초연했던 의형제 이지란 등의 극소수를 제외한 전부가 적폐들이라고 해도 과언이 아니었다. 실제로 일등공신의 반열에 포함된 이화와 이제는 이성계의 배다른 동생과 사위가 아닌가? 그래도 이화는 공이 아예 없는 정도는 아니었지만, 강씨가 낳은 경순공주의 남편 이제는 부마라는 타이틀 덕택에 일등공신을 받을 수 있었다.

이등공신에 오른 자들 가운데 조영규는 정몽주를 직접 죽인 것으로 유명한 심복이며, 조온은 어머니가 이자춘의 큰딸로서 이성계의 외조카가 되는 인물이다. 게다가 삼등에 오른 조영무는 이름도 없는 졸병 출신으로 발탁된 심복이고 이부와 고여 등도 정몽주를 죽이는 데 관여된 심복 출신들이었다. 심복으로 사병까지 가진 자들이 공신의 반열에 올라 엄청난 토지와 노비를 하사받고 어지간한 죄는 사면되는 데다, 특혜가 자식에게까지 대물림되는 것은 극히 바람직하지 않았다.

그러나 정도전은 간단하게 약분해버렸다. 사병을 중앙군으로 흡수해 개편하는 일련의 사업은 그가 가장 역점을 둔 사업이라고 해도 과언이 아니었다. 새롭게 출발한 조선이 중앙군을 확립하는 것은 신혼부부가 살림에 필수적인 세간을 마련하는 것만큼이나 당연하다.

강력한 중앙군의 확보가 건국의 완성이라고 해도 과언이 아니겠거니와, 군벌에 가까운 사병들을 보유한 자들이 득시글거렸을 당시에 퍼졌을 충격파는 어렵지 않게 상상할 수 있다. 비록 공신이 되었다고 해도 사병을 빼앗기면 봉급쟁이로 전락하게 될 따름이다. 그들이 공신이 될 수 있었던 자본은 바로 사병인 바, 유일한 자본을 중앙에 입금하라는 요구는 자발적으로 파산하라는 것과 같았다.

당연히 불만이 극심했겠지만 정도전의 배후에는 '끝판왕'이 존재했다. 여타 군벌들과는 차원이 다른 최강의 군벌로서 직접 반역을 성공시켰던 이성계는 통제를 벗어난 군대의 위험을 너무나 잘 알았다. 이성계의 명령으로 변화된 정도전의 의도를 따르지 않았다가는 어떻게 된다는 것을 굳이 말할 필요가 없는 바, 세자 책봉에 이은 두 번째 승부수였다.

정도전이 흔쾌하지 않기는 조정도 다르지 않았다. 정도전이 모든 것을 주도하는 형편에 허드렛일이나 잘하면 다행일 고관들의 미래도 불투명했다. 게다가 정도전이 일반적인 수재들과 본질적으로 차별되는 것 가운데는 사심이 없는 것도 포함된다. 지금도 정도전의 세상이라고 해도 과언이 아닌 판에 이성계가 죽고 이방석이 즉위한 다음 벌어질 일이 눈에 선했다.

그런 분위기가 형성되는 와중에 사행에서 돌아온 이방원은 비로소 주목받기 시작했다. 아무런 공도 세울 수 없었던 일상적인 사행이었지만, 이방원은 주원장에 의한 착시현상을 십분 활용했다. 게다가 이방원은 뼛속까지 정치인이었다. 그때까지 거의 존재감이 없고 공을 세우지 못했다고 해서 앞으로도 그런 것은 아니다. 위기의 사행을 성공시켜 정치적 자산을 얻은 이방원의 주변에 인물들이 모이기 시작했다.

　그러나 이방원은 시한부를 선고받은 상태였다. 가장 막내인 이방석이 즉위한 다음에는 배다른 형들을 가만 두지 않을 것은 깊이 생각할 것도 없다. 바로 이웃한 명에서 완전히 동일한 사태가 벌어지거니와, 입장을 바꿔 생각해도 그것밖에 답이 없었다. 지금의 세상이 계속 유지되어 이방석이 즉위하는 것을 절대 바라지 않는 자들, 정확히 정도전의 세상이 되는 것을 절대 바라지 않는 자들이 이방원을 주목하기 시작했다.

이방원을 만든 사람들

대장군 심효생을 보내 계룡산에 가서 새 도읍의 역사를 그만두게 했다. 경기좌우도 도관찰사 하륜이 상언했다. "도읍은 마땅히 나라의 중앙에 있어야 될 것이온데 계룡산은 지대가 남쪽에 치우쳐서 동면, 서면, 북면 과는 서로 멀리 떨어져 있습니다. 또 신이 일찍이 신의 아버지를 장사 하면서 풍수 관계의 여러 서적을 대강 열람했사온데 … 《태조실록》2년 (1393) 12월 11일

건국한 이후 시급한 현안 가운데는 도읍을 옮기는 것도 포함되었 다. 그동안 머물렀던 개경은 고려의 도읍으로 구세력의 본거지였기 때문에 새로운 도읍과 전혀 맞지 않을 뿐더러, 무수한 죽음을 양산했 던 개경에서 하루빨리 벗어나 새롭게 출발하고 싶었던 이성계는 천 도에 대해 지나칠 정도로 적극적이었다.

처음 천도의 후보지로 선정되고 공사까지 시작된 곳은 계룡산 인근 지역이었다. 이성계가 추위를 무릅쓰면서까지 직접 공사를 독촉하는 가운데 놀랍게도 하륜河崙이 정면으로 반대하고 나섰다. 게다가 하륜은 '계룡산은 반드시 망할 요소를 두루 갖춘 극히 좋지 않은 지역'으로까지 주장하고 나섰다. 이성계는 물론 조정이 크게 놀라고 상세히 검증한 결과 하륜의 주장이 옳다는 것이 입증되었다. 그에 따라 이성계가 계룡산의 공사를 중지하고 새로운 후보지를 물색할 것을 명령하기에 이르렀다.

이때 하륜이 다시 나섰다. 하륜의 주청에 따라 계룡산이 탈락한 이상 그의 발언에 주목하지 않을 수 없었다. 당시 하륜이 주장한 적합한 땅은 무악(오늘날 신촌 일대)이었다. 무악이 대세로 결정되려는 순간 정도전이 강력하게 딴죽을 걸었다. 당시 정도전은 하륜이 경기도를 관장하는 직책인 것까지 걸고 들어갈 정도였는데, 정도전을 중심으로 반박하고 주장한 결과 경복궁을 비롯한 성곽이 지금의 위치로 결정되었다.

비록 하륜의 주장이 모두 받아들여지지 않았어도 그만하면 아주 성공적으로 데뷔한 셈이었다. 특히 천하의 정도전을 상대로 막상막하로 선전한 것은 주목을 받기에 충분했다. 하륜은 정몽주와 정도전, 이숭인과 함께 이색의 문하로서 미처 스무 살이 되기도 전에 과거에 급제한 초특급 인텔리였다. 게다가 풍수지리까지 통달한 하륜은 색깔이 뚜렷하고 능력이 뛰어났지만, 지나치게 출세 지향적이었다. 특히 이인임의 사위라는 결함을 가졌음에도 조선이 건국되자 요직을 맡은 것으로 봐 학식과 능력에 대해서는 타의 추종을 불허하는 수준에 오른 것이 분명하다.

그런 하륜이 이방원을 주목한 것 역시 정도전과 무관하지 않다. 출세를 목적으로 학식을 이용하는 것을 경원하는 정도전의 시각에서 하륜이 어떻게 보였는지 길게 말할 필요가 없거니와, 혼자서 모든 것을 추진할 수 있는 정도전의 세상에서 하륜 같은 인물들이 출세하기 어려웠다.

하륜이 이방원을 주목하게 된 이유는 인물을 알아보는 안목을 갖췄기 때문이다. 이미 세자가 이방석으로 정해진 상태에서 한씨 소생의 막내아들로 건국에 전혀 공을 세우지 못했던 이방원은 뼛속까지 정치인이었다. 이 책의 맨 앞에 나오는 '독사의 두뇌와 호랑이의 심장을 가진 이방원'이라는 묘사는 적확하다고 자신할 수 있다. 이방원이 그때까지 두각을 나타내지 못한 것은 기회가 주어지지 않았을 뿐이지 능력이 없어서가 아니었다. 그러던 가운데 무사히 사행을 다녀오고 나이도 들면서 타고난 능력이 풍겨나기 시작했다.

하륜이 이방원을 택한 이유 가운데는 이방과의 세력이 만만치 않다는 점도 포함된다. 이방우가 죽은 다음 장남으로 올라선 이방과는 이리저리 얽힌 세력이 왕에 버금간다고 해도 과언이 아닐 정도였는 바, 바로 그 점이 하륜의 마음에 들지 않았다. 주변에 적지 않은 인물들이 포진하고 있을 이방과를 도와 즉위시킨다고 해도 장남인 이방과는 고마워할 이유가 없다. 그러느니 막내 이방원을 돕는 것이 백번 현명하거니와, 이방원은 이방과와 달리 정치적 능력과 야심까지 겸비한 상태였다.

하륜과 함께 '이방원의 사람들' 가운데 이숙번李叔蕃도 대표적이다.

이숙번도 문과에 급제하고 능력이 비범하지만 과격하고 직선적이어서 무관을 방불케 하는 인물이다. 그를 알아본 하륜이 이방원에게 소개하는 것으로 되어 있는 바, 정도전과 반대되는 성향을 가진 자들이 다른 가능성을 찾는 것은 당연할 수 있겠다.

하륜은 이방원에게 정도전처럼 기능하고 이숙번은 반역에 결정적으로 공헌하게 되지만, 당시에는 그럴 엄두조차 내지 못했다. 이성계가 주원장처럼 팔다리가 되었던 공신들을 숙청해 자멸의 빌미를 제공할 정도로 막나가지도 않았거니와, 반역을 노리기에 정도전은 너무나 강했다. 하루가 다르게 정도전에 의해 기틀이 잡혀가고 뼈대가 굳어지는 조선에서 그에게 칼을 들고 덤볐다가 얻을 것이라고는 떼죽음밖에 없었다.

게다가 정도전은 그런 상황을 노리고 있을지도 몰랐다. 세자 책봉에 깊이 개입되었을 정도전이 왕자들의 박탈감과 증오를 모를 리 만무한 데다, 어차피 제거할 수밖에 없다는 것은 상식에 해당한다. 상황을 만든 정도전의 입장에서는 왕자들 가운데 누군가가 나서주기를 은근히 바라고 있을 것 역시 충분히 예상 가능하다. 그런 상황에서 이방원이 할 수 있는 선택은 지극히 제한적일 수밖에 없었다. 하륜과 이숙번도 이따금씩 이방원을 찾아가 술이나 마시는 것 이상은 허용되지 않았다.

주원장의 계산된 몽니

하정사 타각부 김을진과 압물 고인백 등이 예부의 자문을 가지고 왔다.
그 자문은 이러했다.

"본부관이 삼가 황제의 분부를 받드니, 전자에 조선 국왕이 여러 번 흔
단釁端을 내었다고 해서 악진과 해독 등 산천 귀신에게 고하고 상제께
전달하게 했더니 이번에도 본국에서 보낸 사신이 올린 홍무 29년(1396)
정조의 표, 전문 속에 경박하게 희롱하고 모멸하는 문구가 있어 또 한
번 죄를 범했으니 이것으로 군병을 거느리고 부정한 것을 다스릴 것이
나, 만약에 언사가 모만侮慢(극히 무례하고 건방짐)하다고 해서 군사를 일
으켜 죄를 묻는다면 옳지 못하니 무엇 때문일까?
예전에 주에서 견융을 치려 하니 간하는 자가 있어서 말하기를 '옳지
못합니다. 선왕이 정하신 법제에 원방에 동병을 하지 않는 이유가 다섯
가지 있습니다'고 했다. 이번에 즉시 군사를 일으키지 않음도 이 때문

이니, 이李(이성계)로 하여금 흔단의 소이所以를 알게 하고, 글 지은 자가 도착하면 사신은 돌려보낼 것이다. 삼가 이것으로써 본부에서 지금 황제의 분부를 받들어 자문으로 옮긴다."《태조실록》5년(1396) 2월 9일

정월 초하루에 황제에게 인사를 드릴 목적으로 파견한 하정사 일행이 가져온 외교문서는 너무나도 뜻밖이었다. 주원장은 의례적으로나마 이성계를 치하하고 푸짐한 답례품을 준비하는 대신 전쟁을 일으킬 수 있다는 언어도단의 협박을 들려 보냈다. 게다가 이성계를 '이李'라는 개인으로 지칭하는 등 납득하기 어려운 무례와 모욕 이상의 폭거를 자행했다.

상상조차 하기 어려운 폭거의 빌미는 '표, 전문表箋文 속에 경박하게 희롱하고 모멸하는 문구가 있어 또 한 번 죄를 범했으니'였다. 황제에게 바치는 문서를 표문이라 하고 황태자에게 바치는 문서는 전문이라 하는 바, 새해 들어 주원장과 주윤문에게 인사의 용도로 바치는 문서에 '경박하게 희롱하고 모멸하는 문구가 있어'가 직접적인 빌미였다. 게다가 '또 한 번 죄를 범했으니'라 해서 이전부터 반복되었다고 하는 등으로 보통 심각하지 않았다.

외교에 미숙해 실수가 있었다고 해도 그렇지, 그런 것을 가지고 전쟁까지 입에 담고 이성계를 개인으로 지칭하는 것은 너무나 정상적이지 못하다. 그뿐 아니라 주원장은 문제의 표전문을 작성한 자들을 보내라고까지 요구했다. 당시 주원장이 표출한 갑질은 납득하기 어려운 차원을 한참이나 초월했지만 갑이 그렇다면 그런 것이다. 이성계는 조정과 부랴부랴 논의해 표전문의 작성과 관련된 신하들은 물

론 가족들까지 명으로 보내야만 했다.

그러나 주원장의 몽니는 그것으로 끝나지 않았다. 지극히 이기적이고 잔혹한 데다, 그릇된 가치관으로 인해 명을 건국할 수 있도록 희생한 공신들은 물론 가족들까지 마구잡이로 죽인 주원장이 조선을 우호적으로 대할 리 만무하다. 수모와 멸시의 수위를 계속 높이던 주원장이 마침내 칼을 뽑았다.

중국 사신 상보사승尙寶司丞 우우牛牛와 환자 왕예, 송패라, 양첩목아 등이 왔다. 임금이 백관을 거느리고 반송정까지 나가서 맞았다. … 또 예부의 자문을 전했는데, 그 내용은 이러했다.
"본부상서 문극신 등 관이 삼가 성지를 받자오니 '전자에 조선국에서 바친 정조正朝(명 조정)의 표문과 전문 속에 경박하고 모멸하는 귀절이 있어 이李에게 글을 지은 사람을 보내게 했다. 그랬더니 단지 전문을 지은 자만 보내오고, 그 표문을 지은 정도전, 정탁은 여태껏 보내오지 않아 지금 다시 상보사승 우우와 내사 양첩목아, 송패라, 왕예 등 일동과 원래 보냈던 통역관 양첨식의 종인 김장에게 본국에 가서 표문을 지은 정도전 등과 원래 데리고 오라던 본국 사신 유구 등의 기솔을 데리고 와서 완취完聚(확실하게 마무리)하게 하라' 하시기에, 이제 이 뜻을 받들어 성지를 갖추어서 자문으로 전한다." 《태조실록》 5년(1396) 6월 11일

놀랍게도 주원장이 정도전을 조준했다. 정탁이 병이 심해 보내지 못한 상태에서 직접 관련도 없는 정도전을 보내라는 의도가 의심되지 않을 수 없다. 정도전에 대한 의존도가 절대적인 이성계의 입장에

서는 도저히 가능하지 않거니와, 당시 정도전이 주도한 한성으로의 천도가 한창 진행되고 있는 점을 보더라도 결코 받아들일 수 없는 요구였다. 정도전이 병이 심해 보낼 수 없다고 핑계한 이성계가 일단 정탁을 보내고 권근이 자발적으로 나서는 선에서 마무리하려 했지만 주원장은 물러서지 않았다.

> 사신 송패라가 먼저 남경으로 돌아갔다. 임금이 백관을 인솔하고 반송정에 나가 전별했으며, 사신 우우는 유후사留後司까지 가서 전별하고 돌아왔다. 판사역원사 이을수로 관압사管押使를 삼아 표문과 전문을 지은 예문춘추관 학사 권근과 우승지 정탁과 그것을 계품 교정한 사람 경흥부사인 노인도를 남경으로 보내고, 한성윤 하륜으로 계품사를 삼아서 황제에게 시말을 주달했다. 《태조실록》 5년(1396) 7월 19일

이때 주목할 대목은 하륜이 사신으로 갔다는 것과 함께 권근이 다른 사람들과 달리 우대를 받았다는 점이다. 당시 상황에서 주원장에게 주달할 목적의 사신으로 선발될 정도라면 하륜의 능력과 정치 감각을 충분히 짐작할 수 있거니와, 이방원을 도와 공신이 되는 권근도 만만한 인물이 아니다.

먼저 하륜의 속내를 관찰해보자. 정도전을 제외하면 당대 제일의 두뇌인 하륜도 주원장이 요구하는 '정도전 소환'이 결코 성립될 수 없다는 것은 잘 알고 있었을 것이다. 그럼에도 주원장이 계속 그런 요구를 하는 의도는 하나밖에 없다. 조선이 부강해지는 것이 지극히 흔쾌하지 않을 주원장은 조선의 중심에 정도전이 존재한다는 것에

주목했다. 주원장이 정도전을 압박하는 것은 조선을 움직이는 운영체제에 딴죽을 걸기 위한 목적이었다.

정도전을 보내라는 요구에 이성계가 응할 리 없겠지만, 그런 상태에서 정도전에게 계속 중책을 맡기기는 곤란할 터였다. 어떤 형태로든 정도전이 중심에서 밀려나면 태동 시기에서 멀리 벗어나지 못한 조선에 부정적인 결과가 초래될 것이며, 진전에 따라서는 극히 좋지못한 상황에 봉착하게 될 수도 있다.

그런 계산에서 움직이는 주원장을 가장 목마르게 하는 것은 '정보의 부재'였다. 정보의 입수와 전달에 따른 수단이 인력밖에 없었던 당시 국가들은 상대방에 대한 정보가 놀랄 정도로 부족했다. 주원장부터가 최영이 주도한 '2차 요동정벌'이 코앞까지 닥친 다음에야 비로소 알아차릴 정도였으니까.

이때 명에 사신으로 들어간 하륜이 어떻게 움직였는지는 어렵지않게 추정 가능하다. 공식적인 자리에서는 본래의 목적인 '정도전 일병 구하기'에 진력하는 모습을 보였겠지만, 그렇지 않은 자리에서는 '정도전 일병 죽이기'에 나섰을 것이 분명하다. 정도전의 세상이 되는 것을 주원장만큼이나 바라지 않았을 하륜의 움직임이 주원장의 귀에 들어가기에는 긴 시간이 필요하지 않았을 터다.

하륜이 돌아간 다음에는 권근이 뒤를 이었다. 앞서 권근이 만만치않은 인물이라고 말했지만, 그것이 주원장의 우대를 받을 수 있는 조건은 되지 못한다. 이미 실리를 추구할 목적으로 남재를 우대했던 주원장이 권근을 우대하는 목적도 유사할 것이다. 특히 권근이 명에 온이유는 남재와는 전혀 다르다. 감히 자신을 우습게 여긴 책임을 추궁

의순관영조도義順館迎詔圖. 1572년(선조 5) 의주 의순관義順館에 들른 명 사신을 원접사 일행이 맞이하는 장면을 그린 화첩 가운데 일부. 명의 사신을 맞고 또 사신을 파견하는 일은 조선에서 가장 중요한 행사 가운데 하나였다.

하고 처벌하겠다며 펄펄 뛰면서 오게 만든 권근이 오히려 우대받고 살아남을 수 있었던 것은 주원장이 필요로 하는 무언가를 제공했을 것이라는 추정을 가능하게 만든다.

그렇다고 해서 국방이나 주요한 정책의 결정 같은 특급 정보까지는 필요 없었다. 당시의 남은이 그런 정보에 접근하기 곤란했을 뿐더러, 조선에서 대수롭지 않은 것들이라고 해도 주원장 같은 인물들에게 들어가면 그렇지 않게 되는 것들이 적지 않다. 남은은 여상한 말일 뿐이라도 정보로 가공되어 유용하게 사용될 수 있었기 때문에 우대하는 형식을 취해 가급적 많이 얻어냈을 것이다.

> 밤에 현비가 이득분의 집에서 훙薨했다. 임금이 통곡하고 슬퍼하기를 마지아니했고, 조회와 저자(시장)를 10일간 정지했다. 《태조실록》5년 (1396) 8월 13일

이날 강씨가 세상을 떠났다. 슬픔에 잠긴 이성계가 통곡하면서 몸부림치는 가운데 최초의 왕비가 죽은 자들의 공간으로 이동했다. 이성계는 강씨를 신덕왕후로 존호한 다음 광화문에서 멀지 않은 위치 (오늘날 교보빌딩에서 광화문에 근접한 영국대사관)에 능을 쓰고 정릉貞陵 이라 칭했다. 그뿐 아니라 이안군移安軍까지 편성해 교대로 정릉을 지키게 했으니, 이성계가 보위에 오르기 전에 사망해 개성에 묻힌 한씨에 비하면 대단한 특혜가 아닐 수 없다. 그것만 해도 이방과를 비롯한 한씨 소생 왕자들이 충분히 불만을 가질 수 있는 데도 이성계는 특혜를 그치려 하지 않았다.

임금이 흥천사興天寺에 거둥해 공장工匠들에게 음식을 내렸다. 《태조실록》 5년(1396) 12월 1일

정릉에 거둥해 흥천사의 역사를 살폈다. 임금이 처음에 정릉에 절을 세운 것은 조석의 향화만을 받들기 위함이었는데, 내관 김사행이 잔재주와 꾀로 예쁘게 보이기를 구해 사치와 화려함으로 극진히 했다. 《태조실록》 6년(1397) 2월 19일

이성계는 정릉에서 멀리 떨어지지 않은 오늘날 정동에 규모가 170여 칸이나 되는 흥천사를 건립하게 했다. 강씨를 사랑하는 마음에서 명복과 왕생극락을 기원하는 심정이야 그렇다 쳐도 소요된 경비가 만만치 않았다. 그 이전에 숭유억불이 국시가 된 상태에서 가장 먼저 모범을 보여야 할 왕이 도성 내부에 사찰을 창건한 자체가 언어도단이거니와, 잊을 만하면 찾아가 법회를 열면서 승려들에게 푸짐하게 하사하는 이성계에게 곱지 않은 시선이 쏟아졌다.

그러한 일련의 행동은 세자 이방석을 배다른 형들과 차별화하는 것과 함께, 한씨까지 차별에 포함되는 결과를 가져왔다. 그렇지 않아도 후계에서 배제당해 부글부글 끓던 한씨 소생의 왕자들은 갖은 고생을 다 하던 어머니가 죽어서까지 홀대당하는 것에 격분했겠지만, 속으로 격분하는 것 외에 할 수 있는 것이 없었다.

그리고 강씨가 죽었다고 해서 당장 달라지는 것은 없었다. 세자가 정해졌거니와 정도전이 존재하는 한 아무것도 달라질 수 없었다. 그러나 강씨의 죽음은 조선과 명을 뒤흔드는 뇌관으로 작용하게 된다.

정도전을 요구하는 주원장

봄철에 쌓은 곳에 물이 솟아나서 무너진 곳이 있으므로 석성으로 쌓고 간간이 토성을 쌓았다. 운제雲梯(도성 내부 개울의 다리)도 빗물로 인해 무너진 곳이 있으므로 다시 쌓고, 또 운제 한 곳을 둬 수세를 나누게 하고, 석성으로 낮은 데가 있는 곳은 더 쌓았다.

또 각문의 월단누합月團樓閤을 지었다. 정북은 숙정문, 동북은 홍화문이니 속칭 동소문이라 하고, 정동은 홍인문이니 속칭 동대문이라 하고, 동남은 광희문이니 속칭 수구문이라 하고, 정남은 숭례문이니 속칭 남대문이라 하고, 소북은 소덕문이니, 속칭 서소문이라 하고, 정서는 돈의문이며, 서북은 창의문이라 했다. 《태조실록》 5년(1396) 9월 24일

주원장이 압박의 강도를 높이는 사이에 천도가 이루어졌다. 고려를 폐기하고 조선을 건국했음에도 480년에 이르도록 고려의 수도로

기능했던 개경에 머무는 자체가 온당치 못하거니와, 아직도 만만치 않은 구세력을 일소하고 새 술을 새 부대에 담기 위해서는 한성으로의 천도가 필수적이었다.

또한 이성계는 천도하기 전에 정도전으로 하여금 새로운 궁궐의 명칭을 정하게 하였는 바, 경복궁과 광화문을 비롯한 모든 명칭이 그에게서 나왔다. 조선의 왕실이 담긴 경복궁과 새로운 수도로 기능할 한성 전체는 물론, 국가의 모든 것이 정도전에 의해 완성되었다고 해도 과언이 아닐 정도였다. 정도전에게 즉위교서에 이어 '새 궁궐 전각의 이름을 짓게 한 것'은 상징성 이상의 의미가 강하게 표출된다.

한편 정도전을 향한 주원장의 공세가 지속되자 조선의 내부에서도 반응이 나타났다. 놀랍게도 하륜이 이성계에게 정도전을 명으로 보내야 한다고 주청하기에 이르렀다. 물론 이성계의 입장에서는 도저히 승낙할 수 없겠지만, 주원장이 그렇게 명령한 이상 하륜의 주청은 확실한 명분을 가질 수 있었다.

게다가 하륜만 그런 것이 아니었다. 조정에서도 정도전을 보내야 하지 않겠느냐는 여론이 형성되기 시작한 데다, 심지어 조준까지 그렇게 주청할 정도였다. 조준은 남은과 더불어 이성계의 심복 가운데 심복이고 정도전과는 목숨을 걸고 혁명을 함께한 동지 가운데서도 동지였다. 그런 조준까지 정도전을 보내야 한다고 주청하기에 이르자 폭주기관차처럼 거침없던 정도전의 행보에 제동이 걸리기 시작했다. 정도전을 표적으로 설정해 조선의 내부를 뒤흔들려는 계략이 보기 좋게 들어맞는가 싶었지만, 주원장은 최악의 자충수를 두고 말았다.

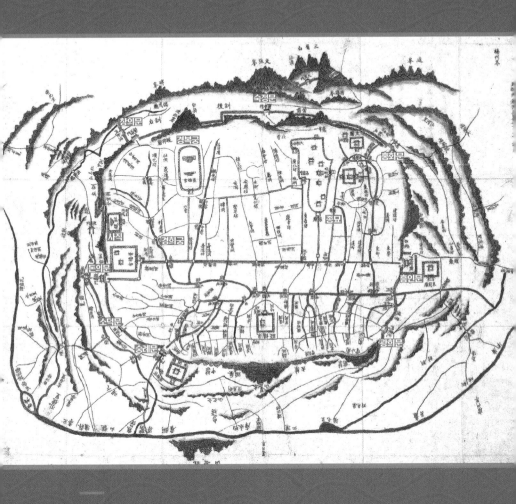

조선성시도朝鮮城市圖. 흥선대원군이 중건하기 이전이기에 경복궁은 터만 남은 형태로 그려져 있으며, 경희궁慶熙宮이 '경희궁景禧宮'으로 기록되어 있다. 지도의 우측 여백에는 태조 시절 도성 축조에 동원된 전국 민정 수가 총 20만이라는 설명과 함께, 도성의 둘레가 9,975보, 높이가 48척 2촌, 주거하는 백성은 30,723호임을 기록하고 있다. 1830년 제작.

정총, 김약항, 노인도의 처가 정윤보의 말을 듣고 발상發喪하니, 임금이 듣고 말하기를 "황제가 만일 총 등을 죽였으면 예부에서 반드시 자문이 있을 것이다. 윤보의 말을 믿을 수 없다" 하고 금하게 했다. … 황제가 우리나라 조정에서 표문을 낸 것이 회피하는 자양字樣이 있음에 바야흐로 노해, 정총더러 표문을 지었다 해서 구류하고 사람을 보내 처자를 데려갔는데, 황제가 진실이 아니라고 노해 모두 돌려보내고 또 사신을 보내 정도전을 잡아가려 했다.

정도전이 병이 들매 권근이 청하기를 "표문을 지은 일에는 실상 신도 참예했사온데, 신은 지금 잡혀 가는 것이 아니므로 용서받을 수 있고 잡혀가지 않는 자들도 또한 의심을 면할 수 있겠지만 신이 만일 후일에 잡혀가게 되면 신의 죄는 도리어 중해질 것입니다" 하니 임금이 보내었다.

황제가 권근을 보고 노여움이 조금 풀려서 권근과 정총에게 날마다 문연각에 나가 여러 선비의 강론을 듣기를 명하고, 장차 돌려보내려 해 함께 옷을 주고 사흘 동안 돌아다니며 구경하게 하고, 제목을 내려 시를 짓게 했다. 뜰 아래에서 하직할 때를 맞아 권근은 황제가 내려준 옷을 입었는데, 총은 현비의 상사로 흰옷을 입었다. 황제가 노해 말했다. "너는 무슨 마음으로 내려준 옷을 입지 않고 흰옷을 입었는가?"

권근만 돌려보내고 금의위에 명해 정총 등을 국문하게 했다. 정총은 두려워해 도망하다가 잡히게 되니 형刑(사형)을 당했고, 김약항, 노인도도 총 때문에 아울러 형을 당했다. 임금이 이를 듣고 심히 슬퍼하여 …

《태조실록》6년(1397) 11월 30일

강씨가 병환으로 사망한 것이 문제의 발단이었다. 그때까지 주원장은 정총과 권근을 잘 대해주고 직접 옷을 하사하기까지 할 정도였다. 그런 와중에 강씨의 부음이 전해지자 돌아갈 것을 허락했다. 그때 권근이 주원장이 하사한 관복을 차린 것에 비해 정총은 상복을 입었다.

왕비의 부음을 듣고 상복을 입은 것은 이상할 것도 아니거니와, 오히려 예의를 갖추는 모습을 보일 수 있음에도 주원장은 "너는 무슨 마음으로 내려준 옷을 입지 않고 흰옷을 입었는가!"라며 길길이 날뛰었다. 그로 인해 정총은 물론 김약항과 노인도까지 처형당하고 권근만 무사히 돌아올 수 있었다.

정도전에 비견되는 위치의 심복들도 마구잡이로 숙청해버린 주원장의 입장에서 조선의 신하들을 죽인 것쯤이야 대수롭지 않았을지 모른다. 또한 그때까지의 조선은 어떤 모욕을 가해도 대들기는커녕 더욱 자세를 낮췄다. 주원장이 트집을 잡아 죽도록 구타하고 말까지 내주지 않아 거의 죽을 지경으로 돌아왔던 이염에게 오히려 책임을 전가하고 엄중하게 처벌해야 한다고 떠들었던 것을 보라.

이번에도 그렇게 넘어갈 것으로 짐작한 주원장은 정총을 위시한 애꿎은 충신들을 죽여 정도전에 대한 압박을 더욱 강화하려 했다. 게다가 주원장의 나이가 당시로서는 언제 죽어도 이상할 것이 없는 일흔이었다. 그렇기 때문에 더욱 압박하려 했겠지만, 꿈에서조차 예측하지 못한 역습에 직면하게 된다.

그 사건은 이성계의 격분을 불렀다. 이성계가 사랑했던 강씨의 죽음을 애도하는 충신을 죽인 것은 폭발 직전의 뇌관을 망치로 내리친

것과 같았다. 명의 계열사가 되기 위해 갖은 모멸을 인내하며 무진
애를 썼던 그동안의 노력과 인내의 결과가 없어도 그만인 하청업체
에 편입된 것에 지나지 않았다는 데에서 오는 배신감이 활활 타올랐
다. 게다가 주원장은 그때까지 임명장과 옥새를 보내지도 않았다. 앞
으로도 계속 그럴 것 같으면 더더욱 참을 이유가 없었다.

동북면도선무순찰사^{都宣撫巡察使} 정도전과 도병마사^{都兵馬使} 이지란 등이
복명하니 각각 안마^{鞍馬}를 주고, 인하여 잔치를 내려주고 임금이 정도전
에게 일렀다. "경의 공이 윤관보다 낫다. 윤관은 다만 구성을 쌓고 비를
세운 것뿐인데, 경은 주군^{州郡}(행정구역의 완비)과 참로^{站路}(보급로)를 구
획하고 관리의 명분까지 제도를 정하지 않은 것이 없어서, 삭방도를 다
른 도와 다를 바가 없이 했으니 공이 적지 않다."
또 의성군 남은에게 일렀다. "충성된 말이 귀에는 거슬리나 행실에는
이로우니, 경들은 마땅히 말해 숨기지 말라."
인하여 도승지 이문화에게 분부했다. "귀에 거슬리는 말은 반드시 대간
에서 오지! 내 성품이 매우 급해 혹 너그럽게 용납하지 못하니, 네가 좌
우에 있어서 과감하게 말하되 두려워하지 말라."
남은이 진언했다. "상감께서 잠저에 계실 때 일찍이 군사를 장악하고
있지 않았던들 어떻게 오늘날이 있사오며, 신 같은 자도 또한 보전할 수
없었을 것입니다. 개국하는 처음을 당해 여러 공신으로 하여금 군사를
맡게 한 것은 가하였지마는 지금 즉위하신 지가 이미 오래오니, 마땅히
여러 절제사를 혁파하고 합해 관군을 만들면 거의 만전할 것입니다."
임금이 말했다. "누가 남은을 무실하다 하는가? 이 말이 진실로 시종^始

주원장의 압박으로 이지란과 함께 동북면으로 보냈던 정도전을 다시 불러들인 자리에서 놀라운 발언이 돌출되었다. "마땅히 여러 절제사를 혁파하고 합해 관군을 만들면 거의 만전할 것입니다"는 남은의 주청은 바로 사병을 혁파하자는 것이다. 사병혁파는 국가의 안전에 반드시 필요했지만 고양이 목에 방울 달기와 진배가 없었다. 정도전도 실행하기 만만치 않은 작업으로 인해 골머리를 앓고 있는 마당에 주원장이 아주 좋은 명분을 만들어줬으니 망설일 이유가 없었다. 이성계와 정도전은 이번 기회에 요동을 되찾겠다는 발전적 명분을 제시하고 행동에 나섰다.

처음에 남은이 정도전과 더불어 친근해 몰래 요동을 공격하자는 의논이 있었는데, 남은이 임금에게 비밀히 말했다. "조준과 김사형이 매양 이의가 있습니다."《태조실록》7년(1398) 7월 11일

요동을 공격하겠다는 야심찬 계획은 순조롭게 진행되지 않았다. 심지어 조준과 김사형 같은 중신들까지 반대하고 나설 정도였다. 그들은 '종주국으로 섬기는 명을 공격할 수 없다'는 명분과 함께 '명을 상대로 하는 전쟁은 승산이 희박하다'는 현실적 이유를 들어 반대했다. 최영이 기획했던 '2차 요동정벌'을 반대한 사불가론을 방불케 할 정도였지만, 반대의 본질은 정도전의 세상이 되는 것을 절대 용납할 수 없는 것에 있다.

만일 요동을 공격해 승리를 거두는 날에는 조선이 바로 정도전의 나라가 된다고 해도 과언이 아닌 데다, 전쟁이 벌어지지 않는다고 해도 그것을 이용해 사병을 혁파할 것이 분명했기 때문에 반대가 극심할 수밖에 없었다. 실제로 정도전이 요동을 수복하겠다는 것을 빌미로 중앙군을 급격히 강화하는 바람에 반대파들의 입지가 날이 다르게 위태해졌다.

《진도》를 연습했다. 처음에 황제가 표사表辭로써 기모欺侮했다고 해 공사供辭가 정도전에게 관련되어 칙지로써 입조하게 하니, 정도전이 병이 났다고 일컫고 가지 않았는데 장차 죄를 묻는 일이 있을까 두려워해 임금에게 계책을 올렸다. "군사들이 병법을 알지 않아서는 안 될 것입니다." 마침내 《진도》를 찬술해 올리고, 여러 도의 절제사와 군사들로 하여금 약속을 정해 갑자기 연습하게 하고 사졸을 매질하니, 이를 원망하는 이가 많았다. 《태조실록》 7년(1398) 윤5월 29일

대사헌 성석용 등이 상언했다. "전하께서 무신들에게 《진도》를 강습하도록 명령한 지가 몇 해가 되었는데도, 절제사 이하의 대소원장들이 스스로 강습하지 아니하고 그 직책을 게을리 하오니 ⋯ ."
임금이 말했다. "⋯ 모두 죄를 논의할 수 없으니, 그 당해 휘하 사람은 모두 각기 태형 50대씩을 치고, 이무는 관직을 파면시킬 것이며, 외방外方 여러 진의 절제사로서 《진도》를 익히지 않는 사람은 모두 곤장을 치게 하라."
처음에 정도전과 남은이 임금을 날마다 뵈옵고 요동을 공격하기를 권

고한 까닭으로 《진도》를 익히게 한 것이 이 같이 급하게 했다. 이보다 먼저 좌정승 조준이 휴가를 청해 집에 돌아가 있으니, 정도전과 남은이 조준의 집에 나아가서 말했다. "요동을 공격하는 일은 지금 이미 결정되었으니 공은 다시 말하지 마십시오."

조준이 말했다. "내가 개국원훈의 반열에 있는데 어찌 전하를 저버림이 있겠습니까? 전하께서 왕위에 오른 후로 국도國都를 옮겨 궁궐을 창건한 이유로 백성이 토목의 역사에 시달려 인애의 은혜를 받지 못했으므로 원망이 극도에 이르고 군량이 넉넉지 못하니, 어찌 그 원망하는 백성을 거느리고 가서 능히 일을 성취시킬 수 있겠습니까?"

또 정도전에게 일렀다. "만일에 내가 각하와 더불어 여러 도의 백성을 거느리고 요동을 정벌한다면, 그들이 우리를 흘겨본 지가 오래되었는데 어찌 즐거이 명령에 따르겠습니까? 나는 자신이 망하고 나라가 패망되는 일이 요동에 도착되기 전에 이르게 될까 염려됩니다. 임금의 병세가 한창 성해 일을 시작할 수 없으니 원컨대 여러분들은 내 말로써 임금에게 복명하기를 바라며, 임금의 병환이 나으면 내가 마땅히 친히 아뢰겠습니다."

그 후에 조준이 힘써 간하니, 임금이 그대로 따랐다. 《태조실록》 7년 (1398) 8월 9일

《진도》는 앞서 말했듯 정도전이 직접 편찬한 저술로서 전쟁에 대한 거시적인 개념부터 실제 전투에 소용되는 미시적인 요소를 두루 포함하는 역작이다. 정도전이 《진도》를 각급 지휘관에게 적용하고 습독할 것을 요구했다는 것은 바로 지휘권을 장악했다는 말이 된다.

이때 종합적으로 평가한 결과 합격점을 받은 지휘관이 거의 없었다. 심지어 이지란과 이화 같은 항렬들은 물론, 이방과와 이방원 등의 왕자들까지 낙제하는 수모를 겪게 된다.

게다가 직접 처벌당하지 않았을 뿐 부하들을 태형 50대에 처하고 의흥친군위절제사 가운데서도 비중이 높았던 이무는 파면을 당했다. 정도전은 그것으로 그치지 않고 '외방 여러 진의 절제사로서 《진도》를 익히지 않는 사람, 즉 전방을 지키는 절제사들 가운데 낙제를 받은 자들에게 전부 곤장을 치게 했다. 전쟁을 명분으로 세운 정도전은 시퍼렇게 날선 모습으로 군기를 잡으면서 자신의 위치를 명확하게 해뒀다.

또한 이날의 실록에서 조준과의 대립이 극에 달하는 광경도 나타난다. 조준이 정도전에게 정면으로 반대하고 이성계에게 주청해 의도를 관철하는 대목이 나타나지만 사실이기 어렵다. 갑자기 이성계의 뜻이 바뀐다는 것은 생각하기 어렵거니와, 이전부터 조준과의 불화가 극심했기 때문이다. 조준이 주원장의 명령에 찬성해 정도전을 보낼 것을 주장했을 때에는 이미 루비콘강을 건넌 다음이었다.

정도전과 남은에 의해 사병이 혁파된 다음 정도전은 왕자들마저 휘하에 두는 위치로까지 격상되었다. 정도전을 압박해 조선을 뒤흔들려던 주원장은 오히려 호랑이에게 날개를 달아주면서 요동까지 위협당하는 최악 이상의 결과를 선사하고 죽어버렸다. 게다가 명에서 내전의 조짐이 비치는 등, 정도전의 앞을 막을 것은 아무것도 없을 것 같았다. 지금의 상태가 지속되다가 이방석이 즉위하는 날에는 이방원과 하륜 등이 처할 현실은 악몽보다 더할 것이 분명했다.

3장

︙

반역의 주인공은
이방원이 아니다

절대로 성공할 수 없었던 반역

태조가 계룡산에 도읍을 옮기고자 해 이미 역사를 일으키니 감히 간하는 자가 없는데, 하륜이 힘써 청해 파했다. 갑술년에 다시 첨서중추원사가 되었다. 병자년에 고황제高皇帝(주원장)가 우리의 표사表辭가 공근하지 못하다고 해 문장을 쓴 정도전을 불러 입조하게 했다. 태조가 비밀히 보낼지 안 보낼지를 정신들에게 물으니, 모두 서로 돌아보고 쳐다보면서 반드시 보낼 것이 없다고 했는데 하륜이 홀로 보내는 것이 편하다고 말하니, 정도전이 원망했다.

태조가 하륜을 보내어 경사京師에 가서 상주해 자세히 밝히니, 일이 과연 풀렸다. 그때에 정도전이 남은과 꾀를 합해 유얼幼孼(이방석)을 끼고 여러 적자를 해하려 해 화가 불측하게 되었으므로, 하륜이 일찍이 임금의 잠저에 나아가니, 임금이 사람을 물리치고 계책을 물었다.

하륜이 말하기를 "이것은 다른 계책이 없고 다만 마땅히 선수를 써서

이 무리를 쳐 없애는 것뿐입니다" 하니 임금이 말이 없었다.

하륜이 다시 "이것은 다만 아들이 아버지의 군사를 희롱해 죽음을 구하는 것이니, 비록 상위上位(이성계)께서 놀라더라도 필경 어찌하겠습니까?" 했다. 《태종실록》 16년(1416) 11월 6일

하륜이 죽은 다음 전반적인 생애와 공과를 기록한 졸기에 반역, 이른바 '왕자의 난'의 실체가 나타난다. 당시 정의된 반역은 남은의 도움을 얻어 이방석을 세자로 책봉한 정도전이 이방원을 비롯한 신의왕후 소생의 왕자들을 제거하려는 것에 대한 정당방위 차원이었다고되어 있다. 반역이 성공한 다음에도 그렇게 기록되지만, 기본적인 상식을 비롯한 모든 것에 부합하지 않는다.

하륜은 정도전이 이성계를 도왔던 것처럼 이방원을 도와 보위로이끌었던 것으로 알려졌다. 정도전에게 불만을 가진 자들을 포섭하고 규합해 반역에 동참하게 만들었거니와, 특히 이숙번을 등용하도록 한 것이 결정적이었다. "그런 것은 손바닥 뒤집는 것처럼 쉽다!"고호언장담한 이숙번은 입으로만 떠들지 않았다. 당시 안산군수로 있다가 병력을 이끌고 도성에 들어온 다음 결정적인 역할을 수행한 이숙번이 아니었다면 반역이 성공하지 못했을 것이라는 시각이 지배적이다.

그러나 정도전이 활약하던 시대와 하륜이 등장한 시대는 본질적으로 다르다. 두 사람이 각각 1342년과 1347년생으로 나이가 그리차이나지 않고 같은 이색 문하에서 수학했지만, 갖은 고난을 뚫고 모든 것을 이뤄낸 정도전과 이인임의 사위로서 부족함이 없었던 하륜

의 입장은 완전히 다르다. 이후 조선이 건국된 다음 전권을 장악한 정도전과 하륜은 상태가 역전된다. 그런 상황에서는 하륜이 아무리 뛰어나도 자신의 의도대로 움직이기 어려울 것이다.

게다가 정도전이 왕성하게 활약하던 고려 말기에는 움직일 수 있는 여지가 충분했다. 우왕이 왕으로서의 함량이 한참이나 부족했거니와, 성균관 출신의 정통 관료들을 탄압하던 세력들이 최영과 이성계에 의해 모조리 제거당하는 사태가 벌어졌다. 그로 인해 급진과격파들까지 압박하고 구속했던 장악력이 사라진 데다, 정치 문외한에 가깝던 최영이 정권을 잡은 결과 정도전이 마음껏 활약할 수 있는 환경이 조성될 수 있었다.

그러나 정도전이 정권을 잡은 시대에서는 반역이 움트기 어려웠다. 정도전 같은 인물이 정권을 잡았다는 것은 곧 정보까지 장악했다는 말이 된다. 누가 누구를 만나고 어떻게 움직이는지 손금 보듯 꿰고 있는 데다, 왕자들까지 휘하에 두었다고 해도 과언이 아닐 정도전이 정권을 장악한 당시에는 반역이 생성되는 자체가 불가능했다.

머지않아 사병을 빼앗길 왕자들과 공신은 당연히 위기감이 팽배하겠지만, 그것을 입 밖으로 내는 날이 바로 제삿날이다. 그렇지 않아도 제거할 빌미를 잡을 목적으로 정도전이 호시탐탐 노리는 판에 하륜이 움직인다는 것은 말도 되지 않는다. 하륜이 그렇게 어리석지도 않거니와, 그 이전에 움직인다는 자체가 불가능한 상황이었다.

하륜과 함께 이방원의 '원투펀치'로 활약했다는 이숙번도 믿음이 가지 않기는 마찬가지다. "손바닥 뒤집는 것처럼 쉽다!"고 호언한 이숙번이 하륜 덕택에 도성으로 들어올 수 있었다는 것 역시 사실이 아니다. 당시 그럴 위치에 있지 않았던 하륜은 심지어 도성에 있지도 않았었다. 이숙번이 부대를 이끌고 도성으로 들어올 수 있었던 것은 '정릉을 지키던 이안군이 교대할 시기가 이르러 교대하라'는 명령에 의한 정상적인 이동에 지나지 않았다.

그리고 이숙번이 들어왔다고 해도 무슨 일이 벌어질 것 같지 않다. 대동한 병력이 얼마나 되겠으며 지방 병력의 수준이 높으면 얼마나 높겠는가? 그런 병력으로 경복궁을 공격하는 것은 자살행위에 다름 아니다. 1970년대 당시 약간의 그저 그런 병력을 이끈 지휘관이 청와대를 공격한 결과와 하나도 다르지 않을 것 역시 상식에 가깝다.

정축년에 고황제가 본국의 표사 안에 희모하는 글자가 들어 있다 하여 사신을 보내 그 글을 지은 사람 정도전을 잡아서 경사로 보내게 했는데, 태상왕이 조준을 불러 비밀히 의논하니 대답하기를 보내지 아니할 수 없다고 했다. 정도전이 그때 판삼군부사로 있었는데, 병을 핑계해 가지 아니하고 음모하기를 국교를 끊으면 자기가 화를 면할 것이라 하고, 마침내 건언建言하기를 "장병을 훈련하는 것은 군국의 급무이니 진도훈도관陣圖訓導官을 더 두고, 대소 중외中外 관리로서 무직을 띤 자와 아래로 군졸에 이르기까지 모두 연습하게 해 고찰을 엄중히 할 것입니다" 했다.

그리고 남은과 깊이 결탁해 남은으로 하여금 상서하게 하기를 "사졸이 이미 훈련되었고 군량이 이미 갖춰졌으니, 동명왕東明王의 옛 강토를 회복할 만합니다" 하니 태상왕이 자못 그렇지 않다고 했다.

남은이 여러 번 말하므로 태상왕이 도전에게 물으니, 정도전이 지나간 옛일에서 외이外夷가 중원에서 임금이 된 것을 차례로 들어 논해 남은의 말을 믿을 만하다고 말하고, 또 도참圖讖을 인용해 그 말에 붙여서 맞췄다. 조준은 휴가 중에 있은 지 한 달이 넘었는데, 정도전과 남은이 명령을 받고 조준의 집에 이르러 이를 알리고 또 말하기를 "상감의 뜻이 이미 결정되었다"고 했다.

조준이 옳지 못하다 해 말하기를 "이는 특히 그대들의 오산이다. 상감의 뜻은 본래 이와 같지 아니하다. 아랫사람으로서 윗사람을 범하는 것은 불의 중에 가장 큰 것이다. 나라의 존망이 이 한 가지 일에 달려 있는 것이다." 《태종실록》 5년(1405) 6월 27일

앞서 인용했던 조준에 대한 내용 가운데 일부에서 조준이 정도전과 남은에 대해 대립하는 것이 극명하게 나타난다. 고구려를 건국한 동명성왕을 들어 요동을 수복하는 것을 강력하게 주장하던 정도전은 심지어 중원에 건국되었던 나라들이 외이, 즉 오랑캐의 나라라고 폄훼하기까지 했다.

그러나 조준이 강력하게 반대했다. 정도전, 남은과 함께 혁명동지였던 조준은 건국한 이후의 비중도 만만치 않았다. 그런 조준이 정도전과 등을 돌리게 된 것은 권력의 속성 때문이다. 처음에는 공동의 목표를 위해 협조할 수밖에 없겠지만 언젠가는 각자의 방향으로 결별하게 마련이다. 그때 권력을 장악하지 못한 자들의 미래는 불투명할 수밖에 없다.

게다가 조준은 출신성분도 달랐다. 그는 정도전처럼 가난을 비롯한 모든 악조건을 극복하고 성취한 '아웃사이더'가 아니었다. 권문세

족 출신으로 기득권을 버리고 혁명에 동참했던 조준은 정도전에 의해 나라가 움직이는 것을 더더욱 용납할 수 없었다.

주원장이 "반드시 정도전을 보내라!"며 게거품을 물었을 때 주원장에 찬동하며 주도권을 잡을 수 있었지만, 주원장의 공세에 부담을 느낀 정도전이 중앙에서 물러난 덕택에 지나지 않았다. 주원장이 죽고 다시 돌아온 정도전이 숙청의 칼날을 휘두르지 않았지만, 자신으로 인해 완전히 갈라진 사이는 봉합될 성격의 것도 아니었다.

정도전이 중앙에서 물러났다가 복귀했을 기간에 이전에 없었던 거리가 발생한 것은 사실이다. 당시 정도전이 보복조치를 취하지 않은 것은 요동정벌과 사병혁파라는 지상과제에 당면했기 때문이지 조준에게 받은 신세를 잊어서가 아니었다. 당면한 지상과제가 해결되고 장악한 권력이 더더욱 확고해지면 조준은 결코 무사할 수 없었다. 이방석으로의 권력이동이 시작되기 전에 왕자들과 함께 처형장으로 끌려갈 개연성이 거의 확실했다.

조준도 그런 것을 모르지 않을 터였다. 당사자로서 가장 절실하게 체감하고 있을 조준은 그러나 운신의 폭이 지극히 제한적이었다. 그렇다고 해서 조준이 다른 가능성을 찾는 것도 생각하기 어려웠다. 이방원에게 이쪽의 정보와 정도전의 동선을 흘리는 등으로 반역이 성공할 가능성을 높여주는 것도 좋지 않은 결과가 초래되기는 마찬가지였다.

정도전과 함께 고려를 폐기하고 최고의 권력을 잡았던 자신이 겨우 아들 또래에 지나지 않는 이방원의 밑에서 굽실거리는 것은 생각하기조차 싫었다. 그러느니 아직 힘이 있을 때 이판사판으로 해보는 것이 옳았다. 그것이 권력을 노리는 자가 취할 유일한 방도거니와, 이 방원에게 가능성을 찾는다는 자체가 절대 성립될 수 없다. 당시 상황이 이방원이 아니라 누구라도 반역을 꿈꿀 수 없었다는 것은 충분히 설명했거니와, 조준 역시 반역이 발생하리라는 것을 꿈에서조차 상상하지 못했을 터였다.

　그런데도 이방원에 의한 반역이 성공했다. 모든 것이 압도적으로 불리했던 이숙번이 결정적인 공을 세우고 한성에 있지도 않았던 하륜도 최고의 공신에 올랐다. 실록에 '1차 왕자의 난'을 기획한 하륜은 물론 직접 행동한 이숙번의 활약이 상세히 나타나거니와, 조준도 그들과 함께 이방원을 섬기면서 출세하고 천수를 다했으니 대체 무슨 일이 벌어졌던 것일까?

허위로 그득한 그날의 실록

역사의 흐름을 뒤바꾼 1차 왕자의 난이 발발한 태조 7년(1398) 8월 26일의 실록은 대단히 중요하다. 그대로 읽어서는 의미가 파악되기 어려운 점이 있는 관계로 풀어 쓰는 형식을 취해 전달하고자 한다.

그날 이방석의 배후에 있는 정도전과 남은 등의 일파와 이방석의 장인 심효생 등이 왕자들을 몰살시키려 했다. 그런 움직임은 이전부터 감지되었다. 특히 유명한 점쟁이가 "이방석의 배다른 형들 가운데 보위에 오를 사람들이 있다"고 말하자 정도전이 "머지않아 전부 제거할 것이니까 하나도 걱정할 것 없다"고 말하기까지 했다. 그것을 알게 된 자가 이방원에게 알리자 긴장이 급격히 고조되었다. 그러던 가운데 병환이 있던 이성계가 위독하다는 전갈로 인해 경복궁 인근에 위치한 소격서昭格署에서 아비의 쾌유를 빌던 장남 이방과를 제외한 왕자들이 급히 입궁했다.

이때 정도전 일파는 광화문 바로 건너, 오늘날 평화의 소녀상과 일본대사관 부근의 나지막한 고개인 송현에 모여 있었다. 남은이 애첩에게 마련해준 송현의 집에서는 이전부터 정도전 일당이 모여 작전을 거듭 논의하는 상태였다. 이성계가 위독하다는 것을 핑계로 왕자들을 불러들인 다음 미리 대기시켜둔 무사들에게 명령하며 모조리 죽이는 것으로 결정한 'D데이'가 바로 그날이었다.

이방원과 형 이방의와 이방간은 물론 심종, 이백경, 이화, 이제李濟 (강씨의 사위이자 이방석의 매부) 등의 주요 인물들이 근정문 밖의 서쪽 행랑에 모여 숙직하는 가운데 시간이 빠르게 흘러갔다. 모인 사람들 가운데 이제는 경복궁 내부에서 숙직하던 친군위도진무 박위 등과 더불어 왕자들을 죽이기로 약속된 상태였다.

한편 이방원도 이럴 때를 대비해 이숙번에게 명해 '언제든지 연락하면 즉시 움직일 것'을 지시했는데, 큰처남 민무구를 보내 상황을 알렸다. 이때 이숙번은 이방원의 사저 인근에 사는 신극례의 자택에서 대기하고 있었다.

신시申時(오후3시~오후5시) 무렵, 자택에 있던 이방원의 부인 민씨는 애가 탔다. 둘째동생 민무질과 한참이나 이야기하던 민씨는 사병을 겸하는 종 소근을 불렀다. 민씨가 소근에게 "내가 가슴과 배가 몹시 아프다"고 말하라고 했다. 소근이 서쪽행랑으로 달려가 그렇게 말하자 이화가 청심환을 건네면서 빨리 치료할 것을 권유했다.

민씨의 기지 덕택에 집으로 돌아온 이방원은 민씨와 민무질 등과 한동안이나 이야기했다. "대장부가 어찌 죽음을 두려워해 대궐에 나아가지 않겠소! 더구나 여러 형들이 모두 대궐 안에 있으니 사실을 알리지 않을 수가 없소! 만약 변고가 있으면 내가 마땅히 나와서 군사를 일으켜 나라 사람들의 마음을 살펴보아야 될 것이오!"

결의를 마친 이방원이 경복궁으로 다시 돌아갈 것을 결심했을 때는 이미 날이 어두워질 무렵, 마침내 집을 나서자 민씨는 불안한 나머지 혼절할 지경이었다. 이방번을 제외한 왕자들이 거느렸던 사병들이 강제로 해산당한 지 열흘밖에 되지 않는 데다, 이방원은 모범을 보이기 위해 직접 사병들을 해산하고 무기마저 불태웠었다. 그런 상황에서 모든 왕자들을 불러들이자 민씨는 불안할 수밖에 없었다. 그나마 민씨가 약간의 무기를 빼돌렸지만, 불과 스무 명도 무장시키지 못할 정도의 말 그대로 약간에 지나지 않을 뿐이었다.

그러는 사이에도 상황이 급박하게 흘러갔다. 이무와 박포를 위시한 자들이 정도전에게 편 드는 척하면서 이방원에게 동정을 알렸거니와, 이방원의 명을 받은 이숙번이 휘하의 병력들에게 언제라도 움직일 수 있도록 다그쳤다. 이윽고 이방원이 다시 행랑에 나타났을 때는 모든 자들이 말을 돌려보낸 상태였다. 이때 이방원은 소근을 시켜 행랑 뒤에서 말을 대기시켰다. 그때 이방번이 홀로 궁궐 내부로 향하는 것이 보였다. 이방원이 부르자 이방번은 머리를 긁적이며 머뭇거리다가 대답하지 않고 들어갔다.

초경初更(저녁 7시~밤 9시)에 누군가가 경복궁 내부에서 나와 "임금께서 병이 위급해 병을 피하고자 하니, 여러 왕자들은 빨리 안으로 들어오되 종자는 모두 들어오지 못하게 하시오"라고 전했다. 대부분의 사람들이 들어가려 하는 가운데 이방원이 언뜻 바라보니 출입문에 등불을 밝히지 않은 것이 보였다. 그것을 의심한 이방원이 은밀히 알린 다음 배가 아프다고 핑계해 뒷간에 들어가 한동안이나 생각하는데 이방의와 이방간이 황급히 찾는 소리가 들렸다.

그 순간부터 이방원의 결심은 돌이킬 수 없게 되었다. 이방원이 대기시켜둔 말을 타고 달려 궁성의 서문 밖으로 빠져나갔다. 말이 없던 왕자들을 비롯한 자들은 넘어지고 자빠지면서 허둥지둥 밖으로 나갔다. 그때 이방의와 이방간, 이백경 등이 모두 달아나는 와중에 이백경 하나만이 이방원의 말을 잘 따라왔다.

이때 이방원이 마천목을 시켜 이방번에게 의사를 전했다. "지금이라도 나와서 나를 따르기를 바란다. 그렇지 않으면 정도전 일파가 너도 보전해 주지 않을 것이다"라고 타일렀지만 이방번은 듣지 않았다, 세자가 될 수 있었던 이방번은 이방원과 생각이 너무나 달랐다. 그때까지도 헛된 망상을 버리지 않으면서 사병들을 길렀던 이방번이 충고를 따르지 않자 너무나 급박했던 이방원은 포기할 수밖에 없었다.

자택으로 돌아온 이방원은 즉시 이숙번을 부르게 했다. 그때 이방의와 이방간, 이백경들도 아들들과 함께 말을 타고 합류했다. 그뿐 아니라 **이거이, 조영무, 신극례, 서익, 문빈, 심귀령 등 진심으로 이방원을 따르는 사람들이 모여들었다.** 또한 민무구와 민무질까지 합세했지만 기병은 겨우 열 명뿐이고 보졸은 겨우 아홉 명에 지나지 않았다. 이때 민씨가 몰래 준비했던 철창을 절반의 군사에게 나눠줬으며, 다른 왕자들과 종친들의 심복들은 모두 막대기를 들었을 정도로 무장이 미약하고 취약했다.

홀로 칼을 든 소근이 이방원을 가까이서 호위해 총사령관의 깃발이 보관된 둑소纛所의 북쪽 길에 이르렀을 때 이숙번을 불러 의견을 구했다. 이숙번은 "기왕 이렇게 되었으니 두려워할 것 없다!"고 용기를 주면서 암호를 정할 것을 건의했다. 이숙번의 건의에 따라 암호를 정한 다음부터 루비콘강을 건넜다.

거병한 직후의 이경二更(밤 9시~ 밤11시)이 가장 급박했다. 이방원은 "세력으로는 대적할 수 없다"는 이숙번의 의견을 받아들여 정도전을 기습했다. 먼저 보졸과 소근 등의 열 명을 보내 핵심들이 모여 있는 남은 첩의 집을 포위한 다음 들이쳤다. 동시에 불을 지르니 이웃집들까지 화재로 인해 아비규환이 되었다. 이때 심효생과 이근, 장지화 등이 죽음을 당했고 남은은 겨우 달아났다 붙잡혀 죽었다. 가장 중요한 목표인 정도전은 이웃집으로 달아났다가 체포당한 다음 죽었다.

정도전 일당을 손쉽게 제거한 이방원은 삼군부의 제압에 나섰다. 이방원의 병력이 광화문에 인접한 삼군부에 이르렀을 때는 경복궁에서도 눈치를 챘다. 이때 세자 이방석이 나가 싸울 목적으로 휘하에게 경복궁의 남문에 올라가서 상황을 살펴보게 했는데, 광화문으로부터 남산에 이르기까지 정예한 기병이 그득한 상태였다. 이방석 등이 두려워 감히 나오지 못했으니 참으로 신의 도움이었다.

삼군부와 도당까지 제압한 이방원은 좌정승 조준과 우정승 김사형을 불렀다. 조준이 두려웠던 나머지 점쟁이에게 점을 치는 등으로 시간을 끌며 나오지 않자 이숙번을 보내 강제로 데려오게 했다. 좌우정승의 신병을 확보한 이방원은 "정도전과 남은 등이 어린 서자를 세자로 꼭 세우려고 해 나의 동모형제들을 제거하고자 하므로, 죽지 않기 위해 선수를 쓴 것이다!"라며 거사의 명분을 밝혔다.

계속해서 주요한 신하들을 소집하던 이방원은 경복궁의 움직임에 신경을 집중했다. 비록 정도전을 위시한 운영체제를 제거하고 삼군부를 장악했지만 병력이 열세했기 때문에 경복궁에서 밀고 나오는 날에는 끝장이었다. 이때는 이미 사경四更(오전 1시~오전 3시)이 이슥했기 때문에 시간이 지날수록 이방원에게 불리할 수밖에 없었다.

이방원이 예조에 명령해 백관들을 재촉해 모이게 했을 때 공신이자 친군위도진무親軍衛都鎭撫를 맡고 있었던 조온이 대궐 안에 숙직하고 있었다. 그때 박위도 함께 있었는데 이방원이 사람을 시켜 박위를 부르자 조온은 명령을 듣고 즉시 휘하의 갑사, 패두 등을 거느리고 나와서 말 앞에서 배알했다.

그러나 박위는 한참 동안 응하지 않다가 마지못한 태도로 칼을 차고 나왔다. 그래도 이방원이 온화한 말로써 대했지만, 그렇지 않아도 마뜩치 않았던 박위는 이방원의 세력이 생각 이상으로 약한 것을 보고 안색이 달라졌다.

"모든 처분은 날이 밝기를 기다리겠습니다."

박위는 그렇게 말하고 몸을 돌렸다. 박위가 보기에도 날이 밝아 약한 형세가 드러나면 성공하지 못할 것이 확실했기 때문에 이방원을 따를 필요가 없다고 판단했던 것이다. 이방원은 그래도 인내했지만 이방간이 휘하를 시켜 목을 베게 했다.

이방원이 조온에게 명해 숙위하는 갑사들을 나오게 했다. 조온이 명을 따라 휘하를 보내 숙위하는 갑사를 전부 나오게 하자 근정전 이남의 갑사들이 빠짐없이 나와 갑옷과 무기를 버리고 투항했다. 이에 이방원이 각자 집으로 돌아가게 하는 것으로 상황이 끝났다. 당일의 실록은 훨씬 길지만 자잘한 것들까지 소개할 필요는 없을 줄 안다.

경복궁은 왜 쉽게 붕괴되었을까?

실록을 기반으로 풀어 쓴 내용들도 믿을 구석은 거의 없다. 많은 관련 저술가들이 지적한 것처럼 이성계가 위중하다는 것을 빌미로 왕자들을 불러들여 몰살시키려 한다는 자체부터 믿을 수 없다. 게다가 그런 계획을 세운 정도전이 호위무사도 대동하지 않고 술이나 마시다가 오히려 기습을 당해 죽는다는 것 역시 현실성이 없기는 마찬가지다. 또한 이방원으로서는 죽여야 마땅할 이방번을 오히려 살려주기 위해 노력하는 모습을 보이는 것도 전혀 사실이 아니다.

그리고 실록에는 이방원이 은밀하게 이숙번을 대기시키는 것으로 나타나지만, 앞서 말한 것처럼 당시 안산군수였던 이숙번은 신덕왕후 강씨의 능을 지키라는 명령에 의해 정상적으로 도성에 들어온 상태였다.

이서를 참찬문하부사로 삼고, 강인부를 상의중추원사로 삼고서, 그 거처를 정표旌表해 충신의 여間라 하고 안장 갖춘 말과 의복, 갓, 금대를 내려주었다. 처음에 이서와 강인부가 왕후의 능을 지키고 3년 동안 상복을 입었다. 《태조실록》 7년(1398) 8월 13일

그동안 강씨의 능을 지켰던 이서와 강인부가 크게 표창을 받은 날이 8월 13일이니까 이숙번이 교대한 것도 그 무렵이었을 것이다. 당시 이숙번이 거느린 병력은 대략 백에서 이백 정도로 추정되는 바, 종친들과 왕자들은 물론 공신들이 거느린 수효가 열 명에 지나지 않는다는 것도 믿기 어렵다. 그들 역시 어느 수준 이상의 사병을 동원했을 것이기 때문에, 이방석이 보낸 자가 "광화문으로부터 남산에 이르기까지 정예한 기병이 그득한 상태"라고 보고한 것은 느닷없이 출현한 신의 도움에 의한 것이 아니다.

당시 이방원이 거느린 종 소근은 움직임을 보면 절대 종이 아니다. 담대한 배짱과 출중한 무예를 갖추고 사람을 예사로 죽이는 소근이 사병이 아니라면 이상하겠지만, 종으로 등록하는 편법을 사용해 곁에 뒀을 터였다. 이방원이 그럴진대 전쟁까지 겪었을 공신들은 오죽했겠는가. 정도전에 의해 대부분의 사병을 빼앗겼을지라도 반드시 필요한 사병은 용도 변경을 해서라도 보유했을 것이 분명하다.

예나 지금이나 중앙의 지침이 완벽하게 이행되는 것은 가능하지 않거니와, 특히 권력을 가진 자들은 어떻게든 기피하는 경향이 강하다. 당시의 종친과 공신들도 편법을 통해 사병을 보유했을 것은 의심의 여지가 없다. 그럼에도 저토록 한심하게 나타나는 것은 "모든 것

을 빼앗기고 심지어 목숨까지 빼앗으려 하므로 죽지 않기 위해서 어쩔 수 없이 자구책을 강구할 수밖에 없었다"며 포장할 용도에 지나지 않는다.

또한 컨트롤타워로 기능해야 할 이방원이 직접 정도전을 찾아가 죽이는 것도 사실과 부합하지 않는다. 당시 이방원은 주력을 이끌고 삼군부 방면으로 진출했을 개연성이 확실하다. 오늘날 광화문네거리에서 바라봤을 때 광화문에서 약간 내려온 왼쪽, 지금의 정부종합청사 위치에 자리한 삼군부는 가장 먼저 제압해야 할 전략목표이자 임시사령부로 사용하기에 안성맞춤이다. 게다가 건너편에 도당을 비롯한 주요기관들이 있었기 때문이 그쪽을 제압하기 위해서라도 삼군부를 확보하는 것이 관건이라 하겠다.

삼군부를 접수하기 위해 출발한 이방원은 이숙번에게 지휘되는 일부를 보내 정도전을 기습하게 했을 것이며, 발견하는 즉시 죽이도록 명령했어야 한다. 정도전을 잡는 것이 거사의 성패를 좌우한다고 해도 과언이 아닌 상태에서 쓸데없이 말을 나누며 시간을 끄는 것은 절대 있을 수 없다. 그러다가 정도전이 빠져나가거나 반격을 당하는 것은 상상조차 하기 두렵거니와, 바로 길 건너가 경복궁이기 때문에 그렇게 될 우려가 결코 적지 않았다. 어떻게 접근해도 정도전은 말을 꺼낼 사이조차 없이 참살당했을 것이 분명하다.

정도전이 도망해 그 이웃의 전 판사 민부의 집으로 들어가니, 민부가 아뢰었다. "배가 불룩한 사람이 제 집에 들어왔습니다."
정안군은 그 사람이 정도전인 줄을 알고 이에 소근 등 4인을 시켜 잡게 했더니, 도전이 침실 안에 숨어 있는지라 소근 등이 그를 꾸짖어 밖으로 나오게 했다. 이에 정도전이 자그마한 칼을 가지고 걸음을 걷지 못하고 엉금엉금 기어서 나왔다. 소근 등이 꾸짖어 칼을 버리게 하니, 정도전이 칼을 던지고 문 밖에 나와서 말했다. "청하건대 죽이지 마시오. 한 마디 말하고 죽겠소이다."

소근 등이 끌어내어 정안군의 말 앞으로 가니, 정도전이 말했다. "예전에 공이 이미 나를 살렸으니 지금도 또한 살려 주소서." 예전이란 것은 임신년(이방원이 정몽주를 죽인 해)을 가리킨 것이다.

정안군이 말했다. "네가 조선의 봉화백이 되었는데도 도리어 부족하게 여기느냐? 어떻게 악한 짓을 한 것이 이 지경에 이를 수 있느냐?"

이에 그를 목 베게 했다. 《태조실록》 7년(1398) 8월 26일

당시의 정도전은 창졸간의 기습을 당한 나머지 경황이 없었겠지만, 저렇게 목숨을 구걸할 인물도 아니다. 게다가 "예전에 공이 이미 나를 살렸으니 지금도 또한 살려 주소서"라는 대목은 진실로 말이 되지 않는다.

정몽주가 이방원에게 죽지 않았다는 것은 앞서 충분히 설명했을 뿐더러 '정몽주 암살작전'의 요체가 정몽주를 죽여 역전을 노리는 것에 있지 않다는 것을 감안하면 웃음조차 나지 않는다. 그리고 정도전을 생포하기 이전부터 적지않은 시간이 소요되었거니와, 방금 말했듯이 시간을 낭비할 이유는 어디에도 없다.

지금 지적한 것 외에도 오류가 한도 끝도 없을 정도지만 가장 납득할 수 없는 것은 경복궁이 싸워보지도 않고 붕괴했다는 점이다. 이방

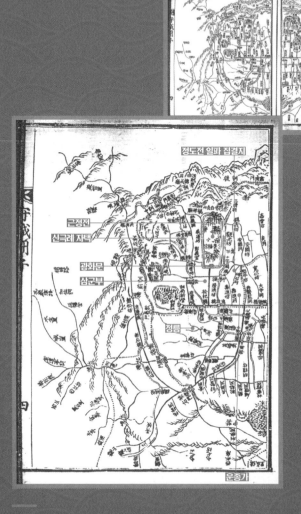

都城三軍門分界之圖

정도전 일파 집결지

근정전
신극례 자택
광화문
삼군부
정릉

운종가

1차 왕자의 난 당시 주요세력 위치. 오늘날 경복궁사거리 오른쪽이 정도전 일파가 있는 곳이었고, 근정문 밖이 이방원 일파가 있는 곳이었다. 1728년 이인좌의 난 이후 새롭게 구성된 도성 및 왕궁 수비에 관해 기록한 〈도성삼군문분계지도〉. 1751년 제작. 성신여자대학교 박물관 소장.

원의 부름을 받고 밖으로 나온 조온이 경복궁을 지키는 갑사와 패두를 전부 나오게 한 다음 해산시킨 것이 승부를 갈랐는데, 그게 과연 정상적일 수 있는가?

게다가 과거의 경복궁은 지금과 비교할 수 없이 거대했다. 임진왜란 당시 난민들에 의해 전소된 경복궁은 조선 말기 흥선대원군 이하응李昰應 때에 이르러서야 비로소 중건되었으며, 그때 들어간 비용이 이하응의 실각을 부를 정도로 규모가 엄청났다. 그뿐 아니라 최초의 경복궁은 외부와의 구획이 지금처럼 담장이 아니라 견고한 성벽이었다고 했으니, 얼마 되지도 않는 병력으로 어쩔 수 있는 대상이 아니다. 도성과 경복궁을 설계한 사람이 누구인지 생각해보라.

이성계의 거주공간과 근정전을 비롯한 집무공간에 세자와 빈궁전을 포함하는 주요한 건물은 물론, 부속건물들과 외곽을 비롯해 삼중사중으로 설치된 경계와 즉응시스템에 소요되는 병력에 교대 병력까지 포함하면 최소한 연대급이었을 것이다. 1970년대 청와대를 방불케 하는 당시 경복궁의 전투력이 대대 규모에도 미치지 않는, 그것도 급조된 반란군 따위와 비교조차 되지 않을 수준이었을 것은 너무나 분명하다.

당시 이숙번이 말했던 "세력으로는 대적할 수 없으니"는 내용은 분명한 사실이다. 규모로 보나 개개인의 수준과 무장으로 보나 상대가 되지 않을 정도로 우세한 경복궁의 무사들이 한바탕 싸워보기는커녕 이방원의 한마디에 무장을 해제하고 귀가한다는 것이 말이나 되는가!

그뿐 아니라 반란에 소요된 시간이 지나치게 길다는 것도 지적할 사안이다. 저녁 7시 정도에 시작된 반란이 다음날 오전 1시를 넘겨서까지 진행되는 바, 벼락처럼 기습해 승부를 내는 반란의 특징과 부합하지 못한다. 게다가 모든 것이 형편없이 열세한 상태에서 그렇게 시간을 끌다가 경복궁이 자멸한 덕택으로 성공할 수 있었다는 것은 너무나 상식적이지 않다.

도저히 납득하지 못할 일련의 과정 가운데서도 가장 견고하게 눌어붙어 있는 것은 '이성계의 부재'다. 당시 싸우려 했던 사람이 겨우 열일곱밖에 먹지 않은 이방석이 유일했다는 것은 진실로 언어도단이다. 어린 세자가 나설 것도 없이 조온과 박위 등의 쟁쟁한 자들이 대응하는 것이 상식적이겠지만, 싸움에 관한 한 당할 사람이 없는 이성계는 대체 무엇을 하고 있었다는 말인가?

이성계가 싸움이 두려워 피할 인물도 아니거니와, 그의 카리스마라면 굳이 나가 싸울 필요조차 없다. 호통 한 번으로 간단하게 상황을 정리할 수 있을 이성계가 조온까지 반역해 경복궁을 무장해제시킬 때까지 왜 나타나지 않았던 것인가? 게다가 그로 인해 사랑하는 세자와 이방번을 위시한 측근들까지 떼죽음을 당하는 것을 보노라면 실록을 읽는 내가 이상해질 지경이다.

"임금이 병환이 나다." 《태조실록》, 7년 5월 24일
"임금이 병환이 나다." 《태조실록》, 7년 7월 29일
"임금이 병환이 나다." 《태조실록》, 7년 8월 3일
"임금이 병환이 나다." 《태조실록》, 7년 8월 6일
"임금이 병환이 나다." 《태조실록》, 7년 8월 14일

실록에 의하면 이성계가 병환이 있었던 것은 분명하다. 또한 정도전이 《진도》를 이용해 종친들과 왕자들은 물론 주요한 공신들까지 군기를 잡았던 1398년(태조 7년) 8월 9일의 실록에도 조준이 요동정벌을 반대하며 "임금의 병세가 한창 성해 일을 시작할 수 없으니 원컨대 여러분은 내 말로써 임금께 복명하기를 바라며, 임금의 병환이 나으면 내 마땅히 친히 아뢰겠습니다"라고 말하는 내용이 나온다.

실록을 통해 확인하면 5월 이전부터 반역 당일에 이르기까지 이성계의 병환이 지속되었던 것은 사실이다. 또한 실록에 이방과가 이성계가 쾌할 것을 비는 제사를 지내고 있었다는 기록도 있지만, 심각할 정도의 상황은 나타나지 않는다.

이성계는 사건이 벌어지기 얼마 전인 태조 7년(1398) 8월 9일과 8월 13일에 흥덕사에서 개최된 신덕왕후를 위한 법회를 관람하기 위해 직접 거둥한 기록들이 있다. 아울러 8월 13일에는 '왕후의 능을 지킨 이서와 강인부의 집을 정표하고 상을 내렸다'는 기록도 존재한다.

당시 이성계가 64세로서 아프지 않는 것이 이상할 나이이고 실제로 병환이 있던 것도 사실이다. 그러나 코앞에서 반란이 일어나는 데도 전혀 대응하지 못할 정도로 위중하지는 않았다. 만일 그런 상태였다면 정도전이 급히 경복궁으로 들어왔을 것이며, 이방과도 소격서에서 제사나 지낼 것이 아니라 경복궁으로 달려가야 마땅하다. 그러나 정도전이 계속 술을 마시는 것과 함께, 이방과가 소격서에서 자리를 뜨지 않았던 것을 보면 적어도 그때까지는 위중하지 않았던 것이 확실하다.

노석주와 변중량이 대궐 안에 있으면서 사람을 시켜 도승지 이문화와 우승지 김육을 그들의 집에 가서 불러 오게 하니, 문화가 달려와 나아가서 물었다. "임금의 옥체가 어떠하신가?"

노석주가 말했다. "임금의 병환이 위독하므로 오늘 밤 자시子時(밤11시~오전1시)에 병을 피해 서쪽 작은 양정涼亭으로 거처를 옮기고자 한다." 이에 여러 승지들이 모두 근정문으로 나아갔다. 도진무 박위가 근정문에 서서 높은 목소리로 불렀다. "군사가 왔는가? 안 왔는가?"

이문화가 물었다. "이때에 임금이 거처를 피하여 옮기는가? 어찌 피리를 부는가?"

박위가 말했다. "어찌 임금이 거처를 피하여 옮긴다고 하겠는가? 봉화백奉化伯(정도전)과 의성군宜城君(남은)의 모인 곳에 많은 군마가 포위하고 불을 지른 까닭으로 피리를 분 것뿐이다." 《태조실록》 7년(1398) 8월 26일

당일의 실록에 단서가 될 것 같은 대목이 있다. 이방원이 남은 첩의 집에 보낸 많은 군마가 불을 질렀을 때 이미 이성계의 상태가 좋지 않았다. "임금의 병환이 위독하므로 오늘 밤 자시에 병을 피해 서쪽 작은 양정涼亭으로 거처를 옮기고자 한다"는 내용이 그것이다.

이성계가 위독하다면 당연히 어의를 부르고 대신들을 소집해야 할 것인데, 무엇 때문에 "서쪽의 작고 시원한 거처로 옮기고자 한다"거나, 심지어 "임금이 거처를 피해 옮기는가? 어찌 피리(위급한 상황을 알리는 긴급신호)를 부는가?"라는 다급한 외침이 나온다는 말인가?

그렇다면 조온과 박위를 비롯한 무관들은 더더욱 이성계를 지켜야 마땅하다. 두 사람 모두 공신으로 조온은 모친이 이자춘의 딸로

이성계가 외삼촌이 되는 사람이다. 게다가 일찍부터 이성계의 신임이 돈독했던 박위는 '홍천사의 9공신'에 포함될 정도로 비중이 높은 데다 대마도를 소탕했을 정도로 무공 또한 발군이었다.

이성계의 특별한 신임을 받고 홍국사의 9공신에 포함되기까지 했던 박위가 건국공신에 오르지 못한 것은 앞서 말했던 '윤이, 이초의 사건'에서 파생된 '김종연의 난'에 연루되었기 때문이다. 하마터면 그때 크게 당할 뻔했지만 이성계가 적극적으로 비호해 무사할 수 있었다. 이후에도 여러 차례나 탄핵당하던 박위는 급기야 반역사건에 연루되는 바람에 절체절명의 위기에 몰린 다음에도 무사히 벗어날 수 있었다.

임금이 사람을 보내어 박위에게 술을 내려 주고, 명하여 수갑을 풀어주게 하고 개유開諭했다.

"이와 같은 일을 경이 어찌했겠는가? 중질과 가행 등이 오기를 기다려 변론한다면 석방되어 나올 수 있을 것이다. 이 일은 사직에 관계되기 때문에, 내가 사사로운 정을 쓸 수가 없으므로 경에게 옥에 나아가도록 명한 것이다. 내가 사람들에게 비록 큰 죄일지라도 모두 용서하는데, 하물며 경에게 있어서랴! 경은 마음 쓰지 말라." 《태조실록》 3년(1394) 1월 18일

임금이 윤허하지 아니하고 박위를 용서해 복직시키고, 이어 말했다.

"박위가 비록 본디부터 배반할 마음이 있었더라도 지금 내가 높은 작위를 주어 대우하기를 후하게 했으니, 어찌 변고를 감히 도모했겠는가?

박위와 같은 인재는 쉽사리 얻을 수가 없다."《태조실록》3년(1394) 1월
21일

반역의 배후로 지목된 박위가 체포당한 다음 이성계가 갇혀 있는
박위에게 술을 내려주는 바, 반역의 혐의가 걸린 죄인에게 너무나 가
당치도 않은 성은이다. 게다가 수갑까지 풀어주게 하고 좋은 말로 타
이르는 것을 보면 거의 정도전 급으로 신뢰하는 것이 분명하다.

박위가 삼성추국까지 당했을 때도 이성계가 "박위와 같은 인재는
쉽사리 얻을 수가 없다"는 이유로 사면한다. 이성계가 저럴 정도로
신임했으니까 주변에 두고 안전을 책임지게 했을 것인 바, 수하들을
엄중히 단속하고 수비를 단단히 하다 보면 반란세력의 규모가 드러
날 것은 상식에 가깝다. 그때가 되면 간단하게 격파할 수 있을 것인
데도 이방원의 부름에 응해 나갔다가 조온은 경복궁을 말아먹고 박
위는 목숨까지 잃게 된다.

병환이 있었어도 상태가 그리 나쁘지 않았던 이성계가 오후 느지
막이 급작스럽게 정신을 잃는 등 상태에 빠진 것은 분명한 것으로 보
인다. 이미 병환이 있었던 이성계의 나이를 감안해도 그런 상태에 빠
지는 것은 전혀 이상하지 않다. 그러나 그 상황과 반란의 연결고리
가 존재하지 않는다. 경복궁을 제압하는 것이 생과 사를 구획하는 관
건일진대, 설마 이방원이 그렇게 될 것까지 예측해 반란을 일으키고,
'이방원의 정도전'으로 기능했던 하륜이 그런 상황까지 예측하고 작
전을 세웠다는 말인가? 이방원과 하륜이 아무리 뛰어나다고 해도 신
통력을 가지지 못한 인간에 지나지 않는다.

1차 왕자의 난과 '무인정사[戊寅定社]'로 기록된 그날의 사건은 오래
도록 나를 괴롭혔다. 이제까지 같은 사건을 소재로 삼은 여러 저술들
도 거기에 대해 확실하게 설명하지 못했다.

　막내 이방석을 세자로 세운 자체가 이방원을 비롯한 장성한 왕자
들의 제거가 전제되기 때문에 정당방위의 필연적인 결과라거나, 정
도전에 의해 추진된 사병혁파에 불만을 가진 세력들의 반격이라는
이제까지의 분석은 하등의 가치가 없다. 그것들은 범행동기가 생성
되고 누적되는 과정과 인과를 말하는 것이지 결정적인 증거를 잡아
내는 것과 무관하기 때문이다.

　결정적인 증거가 없어도 형량을 구형하고 선고하는 것에는 지장
이 없었다. 아니, 문제가 없는 것처럼 유통되었다. 나 또한 처음에는
그렇게 여겼지만, 결정적인 증거가 제출되지 못한 상태에서 형량이
결정되는 것은 심각한 결과가 초래될 수 있다. 범인을 아예 잘못 짚
을 수도 있는 데다, 무엇보다도 스스로가 만족할 수 없었다.

바로 곁에 있었던 그날의 증거

　그동안 사학의 영역을 누비면서 세운 철칙은 '새로운 사실을 발굴하거나 기존에 통용된 사실을 반박할 수 있거나, 최소한 기존의 주장을 보완할 수 있는 증거를 제출하는 것'이다. 따라서 1차 왕자의 난에 대해 반박하거나 기존의 주장을 보완하기는커녕, 가장 중요한 증거가 제출되지 못한 기존의 입장들을 그대로 따라갈 수는 없다. 어떻게든 이제껏 제출되지 못한 증거를 발굴해야 했지만, 난공불락의 미스터리에 패퇴를 거듭할 따름이었다. 거의 포기할 무렵 의외의 방향에서 돌파구가 열렸다.

　태상왕이 다시 세자에게 일렀다.
　"조온은 자부姉夫의 아들이고, 조영무는 번상하는 군사인데, 내가 그 미천한 것을 불쌍히 여겨 혹은 의관도 주고 혹은 관작도 제수해 입상人相

출장出將할 때에 따라다니지 않은 적이 없어 드디어 개국 공신이 되고, 지위가 경, 상에 이르렀으니, 모두 나의 덕이다.

조온과 조영무가 모두 금병禁兵을 맡아 내전에 숙직하다 무인년(1차 왕자의 난이 벌어진 해)에 과인이 병으로 편치 못한 때를 당해 옛날의 애호愛護한 은혜는 돌아보지 아니하고 군사를 거느리고 내응했으니, 배은망덕한 것이 비할 데가 없다."《정종실록》2년(1400) 7월 2일

아무래도 조온이 미심쩍었던 관계로 관련 기록들을 조사하다가 눈이 번쩍 뜨였다. 나중에 정종이 즉위하고 이방원이 세자로 책봉되었을 무렵의 일이다. 정종 2년(1400) 7월 2일 여덟 번째 기사에 의하면 강제로 보위를 물려주고 태상왕으로 승진한 이성계가 이방원으로 하여금 자신을 배신한 심복들을 처벌하라고 주장했다. 이성계는 강하게 처벌할 것을 요구했지만, 이방원은 차마 그럴 수 없었기 때문에 관직을 떼고 유배하는 정도로 그쳤다는 내용이다.

정안군이 본저동구의 군영 앞길에 이르러 말을 멈추고 이숙번을 부르니, 이숙번이 장사 두 사람을 거느리고 갑옷 차림으로 나왔으며 익안군, 상당군, 회안군 부자도 또한 말을 타고 있었다. 또 이거이, **조영무**, 신극례, 서익, 문빈, 심귀령 등이 있었으니, 이들은 모두 정안군에게 진심으로 붙좇는 사람인데 이때에 이르러 민무구, 민무질과 더불어 모두 모였으나 …《태조실록》7년(1398) 8월 26일

조온과 조영무가 모두 금병을 맡아 내전에 숙직하다가, 무인년에 과인

이 병으로 편치 못한 때를 당하자 옛날의 은혜는 돌아보지 아니하고 **군사를 거느리고 내응했으니 배은망덕한 것이 비할 데가 없다.** 《태조실록》 7년(1398) 8월 26일

당일의 실록에는 조영무가 경복궁 밖에 있다가 이방원에게 합류하는 것으로 나타난다. 그러나 정작 반란을 당해 모든 것을 상실한 이성계 본인은 "조영무가 경복궁 내부에서 금병을 맡았다가 군사를 거느리고 내응했으니 배은망덕한 것이 비할 데가 없다"라고 말하고 있다. 그렇다면 둘 가운데 하나는 거짓임이 분명하다. 일단 이성계의 발언이 옳다고 가정하면 난공불락이었던 미스터리에 메스를 들이댈 수 있다.

이성계에 의하면 그때 조영무는 조온, 박위 등과 함께 경복궁에서 숙직을 하고 있는 상태였다. 당시 왕자들과 공신들에게서 사병을 빼앗은 정도전의 피해자 가운데는 조영무와 조온도 포함되었다. 정도전에 대한 불만이 폭발할 지경으로까지 치달았겠지만, 어디까지나 이성계의 명령을 통하는 형식을 취했기 때문에 입도 벙긋하지 못하는 상태였다.

자신들이 살아남기 위해서는 정도전을 제거할 수밖에 없다는 공감대가 오래전부터 형성되었지만, 당시의 상황에서는 불가능에 가까웠다. 오히려 이성계와 정도전이 그런 움직임이 표출되는 것을 기다릴지도 몰랐기 때문에 섣부르게 움직이는 것은 절대 금물이었다.

정도전에 의한 위기가 턱밑에까지 닥친 와중에 예상치 못한 기회가 발생했다. 오후가 늦어질 무렵 병석에 있던 이성계의 상태가 갑자

기 나빠졌다. 어의들이 날치고 비서관인 승지들이 달려오는 등 한바탕 비상이 걸렸다. 이성계의 상태가 심각해지면 대신들을 소집해 대책을 세우게 하는 조치를 취해야 했다. 그러나 처음 경험하는 상황이거니와, 만일의 사태가 발생하는 날에는 중신들을 소집하라고 명령한 승지들에게 불똥이 튈 수도 있었다. 사병혁파가 막바지에 이르러 극도로 민감했던 당시 상황에서 갑자기 이성계의 상태가 악화됨에 따라 중신들이 소집된다면 정도전이 그것을 빌미로 숙청을 시행할 수도 있었기 때문이다. 정도전과 입장을 바꿔 생각해도 그럴 수 있는 만큼 승지들은 감히 중신들을 소집하기 어려웠다.

그러나 이성계의 심복 가운데 심복인 조영무는 그럴 걱정에서 자유로웠다. 이성계에게 근접해 호위하는 심복들은 이성계의 상태에 대해 가장 빨리 알 수 있고 조치를 취할 수 있는 만큼, 이런 상황에 대비한 매뉴얼도 가지고 있었을 터다. 매뉴얼에 따라 대신들을 소집하는 절차를 취하려던 조영무의 머리에 뭔가가 번뜩였다.

앞에서 나온 '조온이 명을 따라 휘하를 보내 숙위하는 갑사를 전부 나오게 하자 근정전 이남의 갑사는 빠짐없이 나와 갑옷을 벗고 무기를 버리고 투항했다'는 내용을 보라. 상황에 따라 근정전은 물론 광화문까지 제압할 수 있는 좌표를 책임지는 조온도 조영무와 같은 위험에 처한 상태였다. 머지않아 사병을 빼앗기고 나면 숙청당할 위기에 처한 조온은 대부분 그렇듯 배포가 부족했지만, 조영무가 행동에 돌입한 다음 속내를 전하면 주저하지 않고 같은 배를 탈 것이 분명했다.

우연히 맞닥뜨린 기회를 놓치지 않기 위해 필사적으로 머리를 굴리던 조영무가 가장 중요한 정보를 떠올리기에 긴 시간이 필요하지 않았다. 정도전을 비롯한 주요한 자들이 경복궁 길 건너, 엎어지면 코 닿을 거리에 있는 남은의 첩 거처에 모여 술을 마시고 있다는 보고도 들어온 상태였다. 이성계보다 중요하다고 해도 과언이 아닐 정도전의 동선은 친위 조직의 수장들이 반드시 숙지할 기본사항 가운데 하나였다.

박위가 "어찌 임금이 거처를 피해 옮긴다고 하겠는가? 봉화백과 의성군의 모인 곳에 많은 군마가 포위하고 불을 지른 까닭으로 피리를 분 것뿐이다"라고 외친 것을 보라. 이성계가 언제 부를지 모르는 관계로 조영무의 위치에 있는 자들은 반드시 정도전의 동선을 파악하고 있어야 했다.

조영무가 조온, 박위와 함께 금병을 맡았다고 가정하면 이성계의 가장 측근에 있었을 개연성이 높다. 당시는 강씨가 사망하고 없기 때문에 이성계가 중궁인 교태전에 갈 일이 없었거니와, 병환으로 인해 후궁을 찾을 일도 없었을 것이다. 조온이 근정전 이남을 맡고 있었던 것이 확실했으니 바로 경복궁 전면을 차단할 수 있는 좌표를 점유할 수 있다. 조영무가 침전인 강녕전에 있는 이성계를 근접해 감싸고 조온이 근정문을 포함하는 전면을 지키는 상태에서 박위가 측면을 맡아 호위하는 상황이었다고 보면 맞아 떨어진다.

술을 즐기지 않는 정도전이 남은의 첩이 거처하는 곳에서 연일 술자리를 가진 것은 정치의 연장이었다. 비록 자신에 의해 조선이 건설되고 운영되었다고 해도 주원장의 압박에 의해 중앙을 떠나는 바람에 발생한 공백을 메워야 할 필요가 시급했다. 반대파로 돌아선 조준과 김사형 등의 중신들이 정도전의 공백을 틈타 활발하게 움직였거니와, 특히 사병혁파가 막바지에 이른 상태였기 때문에 자신의 부재로 인해 발생한 문제를 봉합할 필요가 시급했다.

그럴 용도와 함께 제거할 자들의 목을 칠 칼날에 기름칠을 겸하는 술자리는 아무나 초대받을 수 없었다. 그동안 정도전이 중앙에서 멀어졌다가 돌아왔다고 해도 일일이 찾아다닐 위치가 아니었다.

권력자들이 애첩에게 마련해준 거처는 당시의 사교장으로 기능했을 것인 바, 경복궁의 길 건너인 그 장소는 언제든지 이성계에게 달려갈 수 있는 이점까지 갖췄다. 정도전과 극히 밀접한 남은이 애첩에게 책임지고 대접할 것을 명해 연일 밤이 이슥하도록 계속되었던 그동안의 술자리도 거의 끝물이었다.

조영무, 다음 왕을 결정하다

모든 정보와 가능성을 대입해 빠르게 계산한 조영무는 이방원에게 모든 것을 걸었다. 조영무의 긴급한 연락과 함께 정도전이 있는 곳을 전달받은 이방원은 즉각적으로 반응했다. 게다가 이방원에게는 운도 따랐다.

당일 실록에는 이숙번이 이방원의 자택에 바로 인접한 신극례의 집에 유숙하고 있는 것으로 나타난다. 언뜻 그럴싸할지 모르겠지만 이숙번은 반역에 동참하기 위해 미리부터 대기하고 있던 것이 아니라 '신극례의 집에 유숙'하고 있었을 따름이다.

원래대로 따지면 이숙번이 있어야 할 곳은 신극례의 집이 아니라 정릉에 설치된 군막이다. 이숙번 이전에 정릉을 지켰던 이서와 강인부가 '왕후의 능을 지키고 3년 동안 상복을 입었다'는 이유로 크게 포상을 받은 사실로 미루어, 정릉을 지키는 이안군의 임무에는 강씨를 애도하는 것도 포함된다 할 것이다.

그러나 강씨가 사망한 다음 삼년상도 지나는 등 적지 않은 시간이 흘렀기 때문에 이숙번이 왔을 때는 엄격하게 따르지 않아도 무방할 수 있었을 터다. 자유분방한 이숙번의 성격을 보아서도 모든 것이 불편한 군막에서 생활하는 것보다는 뭔가 연결이 있었을 신극례의 집에서 유숙하는 것을 택했을 것으로 여겨진다.

게다가 신극례의 집은 '본저의 문 앞에' 있었기 때문에 퇴근한 이숙번이 이전부터 가까웠던 이방원과 만나 저녁을 먹으면서 술도 한잔 할 수 있었을 터였다. 그런 환경이 반란 당일의 결정적인 순간에 시간을 아낄 수 있는 데다, 만만치 않은 무관 출신인 신극례까지 끌어들이는 부수적인 효과까지 창출하게 되었다.

결심을 굳힌 다음 정릉으로 달려간 이숙번이 꿈을 꾸기라도 하는 것처럼 얼떨떨해 하는 장교들을 다그쳐 출격에 나섰을 때 이방원은 평소에 자신과 뜻이 같았던 왕족과 공신들에게 수하들을 보냈다.

실록에는 이화와 이거이 등을 위시한 주요한 인물들이 함께 따라나선 것으로 되어 있지만, 그들이 감춰둔 사병들을 이끌고 집결하기 위해서는 상당한 시간이 소요될 터다. 뿐만 아니라 주저하다가 고발하는 자들까지 나타날 우려마저 배제할 수 없다. 자신은 물론 가족들의 목숨까지 걸린 상황에서 그런 위험을 감수하느니 가급적 빠르게 출격해 선수를 치는 것이 난을 성공시킬 개연성을 높일 수 있는 유일한 방책이다.

이방원이 이숙번과 함께 먼저 움직여야 할 이유는 순군巡軍의 존재와도 결부된다. 당시 한성의 내부를 경비하고 치안을 유지하면서 보안까지 담당하는 순군만호부가 존재했던 바, "익안군, 상당군, 회안군 부자도 또한 말을 타고 있었다. 또 이거이, 조영무, 신극례, 서익, 문빈, 심귀령 등이 있었으니, 이들은 모두 정안군에게 진심으로 붙좇는 사람인데 이때에 이르러 민무구, 민무질과 더불어 모두 모였으나"란 기록은 완벽한 날조다.

반역을 목적으로 그렇게 모였다가 순군에게 포착될 것은 의문의 여지가 없거니와, 순군의 급보를 받은 만호부와 삼군부가 움직이는 날에는 미처 시작도 하기 전에 체포당할 것이 불문가지다. 그런 이유와 함께 모든 상황을 고찰했을 때 병력이 준비된 이숙번과 함께 출발해야 타당하다.

이방원이 움직이기 시작했을 때까지도 순군만호부가 전혀 눈치채지 못했던 것은 그만큼 우발적이었다는 증거가 된다. 반역을 도모할 움직임이 있었다면 당연히 순군에게 포착되었을 것이 분명하다. 게다가 당시의 순군은 이성계에 의해 확대 개편되고 병력도 증원했던 데다, 비록 조작이라고 해도 잇따른 반역 사건을 거치면서 역량도 높아진 상태였다. 그런 순군만호부가 마지막 순간까지도 눈치채지 못한 것은 다른 이유가 있을 수 없다.

하륜이 순군만호부의 지휘부를 회유해 동조하게 만들었을 가능성도 불가능하기는 마찬가지다. 단종 시기에 수양대군을 앞세운 한명회가 그런 방식을 통해 반역에 성공할 수 있었지만, 권력체계와 지배구조가 꽉 짜인 당시에서는 경복궁의 직접 지휘를 받는 순군만호부가 회유당해 반역에 동참한다는 것은 있을 수 없다. 행여 이방원이나 하륜이 그런 시도를 했더라도 즉시 이성계와 정도전에게 보고되었을 것이기 때문에 스스로 무덤을 파는 결과밖에 얻을 것이 없다.

　이방원의 명을 받은 이숙번이 정도전을 기습했을 때 이상하게도 경복궁이 반응하지 않았다. 정도전이 기습을 당하던 장소는 경복궁의 길 건너인 데다, 오늘날 평화의 소녀상이 있는 위치는 경복궁에서 엎어지면 코 닿을 정도의 지척이라고 해도 과언이 아니다. 그런 곳에서 화재가 발생하고 비명이 터지는 등 급박하고 심상치 않은 상황이 발생했다면 경복궁이 즉시 반응해야 마땅하다. 그랬다면 정도전을 위기에서 구할 수 있는 동시에 반란군의 규모가 파악되어 초기 진압이 얼마든지 가능할 수 있었다. 그런데도 경복궁이 '골든아워'를 전혀 활용하지 못한 이유는 앞서 인용한 실록에 있다.

　노석주와 변중량이 대궐 안에 있으면서 사람을 시켜 도승지 이문화와 우승지 김육을 그들의 집에 가서 불러오게 하니, 문화가 달려와 나아가서 물었다. "임금의 옥체가 어떠하신가?"
　노석주가 말했다. "임금의 병환이 위독하므로 오늘 밤 자시子時(밤11시~오전1시)에 병을 피해 서쪽 작은 양정凉亭으로 거처를 옮기고자 하오."
　이에 여러 승지들이 모두 근정문으로 나아갔다. 도진무 박위가 근정문에 서서 높은 목소리로 불렀다. "군사가 왔는가? 안 왔는가?"
　문화가 물었다. "이때에 임금이 거처를 피하여 옮기는가? 어찌 피리를 부는가?"
　박위가 말했다. "어찌 임금이 거처를 피해 옮긴다고 하겠는가? 봉화백과 의성군의 모인 곳에 많은 군마가 포위하고 불을 지른 까닭으로 피리를 분 것뿐이다." 《태조실록》 7년(1398) 8월 26일

이숙번이 정도전을 기습했을 때는 이미 경복궁이 기능을 상실한 다음이었다. 조영무와 같은 위기에 처한 데다, 당일에 인계철선이 맞닿았던 조온은 수월하게 끌어들일 수 있었던 것에 비해 박위는 그렇지 않았다. 대마도를 정벌하는 등 말이 필요 없는 활약을 펼쳤던 박위가 심상치 않은 것을 직감하고 근정문 방면으로 나왔을 때는 믿기 어렵게도 조영무와 조온에 의해 이성계의 신병이 확보된 상태였다. 가장 가까운 심복들이 그렇게 나올 줄 꿈에서조차 짐작하지 못하던 박위는 한동안이나 어이가 없었다.

그러나 정신을 차린 다음에는 오히려 더욱 갈피를 잡기 어려웠다. 어떻게든 이성계를 구출해야 했지만 칼부림이 벌어졌다가 이성계가 다치는 최악 이상의 상황이 발생할 수 있거니와, 조온의 지휘를 받는 병력들이 배후를 차단하기 시작했다. 조영무와 조온에게 포위당했어도 박위는 조금도 두렵지 않았다. 독보적인 무공과 용맹을 자랑하는 박위는 누구에게도 패배하지 않을 자신이 충만했지만, 이성계가 역적들의 수중에 떨어진 상황에서는 칼조차 뽑을 수 없었다.

조준과 김사형 등이 도평의사사로 들어가 앉았는데, 정안군은 생각하기를, 방석 등이 만약 시위하는 군사를 거느리고 궁문 밖에 나와서 교전한다면 우리 군사가 적으므로 형세가 장차 물러갈 것인데, 만약 조금 물러가게 된다면 합좌한 여러 정승들이 마땅히 저편 군사의 뒤에 있게 될 것이므로 혹시 저편을 따를까 여겨 사람을 시켜 도당에 말했다. "우리 형제가 노상에 있는데, 여러 정승들이 도당에 들어가 앉아 있는 것은 옳지 못하니 마땅히 즉시 운종가雲從街 위에 옮겨야 될 것이다."

마침내 예조에 명령해 백관들을 재촉해 모이게 했다. 《태조실록》 7년 (1398) 8월 26일

정도전 일파를 제거하는 동시에 도당과 도평의사사까지 제압한 이방원은 조준과 김사형 등의 중신들을 강제로 소집하는 과정에서 상당한 시간을 소요했다. 이때 이방원은 세력이 미약했기 때문에 세자 이방석을 비롯한 세력이 광화문을 뛰쳐나와 공격할 것을 우려했다. 조준과 김사형을 비롯한 대신들 전부가 반역이 일어나리라고는 꿈에서조차 예상하지 못한 상태에서 얼결에 끌려나온 만큼, 이방원에게 불리하게 돌아가는 조짐이 나타나면 통제에서 벗어날 우려가 적지 않을 수 있다.

그런 상황에서 도평의사사에 감금한 대신들을 즉시 운종가(오늘날 종각) 위에 옮기고 예조에게 백관을 소집하게 하는 등의 조치는 충분히 있을 수 있다. 언뜻 상당히 불리한 상황에서 긴박하게 움직이는 것 같지만 전혀 그렇지 않다. 이성계의 상태가 갑자기 좋지 않은 것을 기회로 조영무가 신병을 확보하고 조온이 동조하는 바람에 경복궁이 무력화되었는데 무슨 반격을 가할 수 있다는 말인가?

그 이전에 송현의 사교장을 기습해 정도전 일파를 일망타진할 수 있었던 것부터가 반역한 조영무의 급보를 받았던 결과인데도 태연히 경복궁의 반격을 입에 담는 이방원은 과연 보통 인물이 아니다.

이방원을 저지할 세력은 없었을까?

당시 이방원을 위협할 수 있는 세력이 없던 것은 아니었다. 삼군부가 직할부대가 없는 반면 순군만호부는 그렇지 않았다. 게다가 조직이 확대 개편되고 병력까지 증강된 순군만호부가 마음만 먹는다면 반란군을 제압하는 것은 어렵지 않았다. 그런데도 송현이 기습당하고 삼군부와 도당과 도평의사사마저 제압당하는 것은 물론, 중신들과 백관들이 끌려오는 사태까지 벌어지는 데도 순군은 경복궁처럼 전혀 움직이지 못했다.

그때는 순군 역시 무력화된 상태였다. 사병을 중앙으로 편입해버린 정도전이 도성 내부에서 상당한 병력을 운용하는 순군만호부를 자유롭게 놔둘 리 만무하다. 특히 강하게 통제되었을 순군만호부는 경복궁이 반역자들의 손에 들어가는 순간 대가리 잘린 독사처럼 위력을 상실했다. 경복궁 바로 건너에서 불길과 비명이 치솟고 곳곳에서 살육이 벌어지는 데도 경복궁이 침묵하자 순군도 침묵할 수밖에 없었다.

순군만호부에 명령을 내릴 경복궁이 침묵하는 반면 목표가 명확했던 반란군의 지휘부는 발 빠르게 움직였다. 이방원과 이방간 등의 왕자들과 왕실의 높은 항렬들은 물론, 가세한 자들 가운데는 공신들과 절제사들마저 포함되었다. 이방원이 직접 지휘하는 데다, 순군만호부를 한참이나 발아래로 여기는 의흥친군위의 절제사들이 적극적으로 동조하는 것을 목격한 순군의 지휘관들이 선택할 수 있는 여지는 극히 제한적이었다.

친군위 도진무 조온도 또한 대궐 안에 숙직하고 있었는데 정안군이 사람을 시켜 조온과 박위를 부르니, 조온은 명령을 듣고 즉시 휘하의 갑사와 패두 등을 거느리고 나와서 말 앞에서 배알하고 박위는 한참 동안 응하지 않다가 마지못해 칼을 차고 나오니 정안군이 온화한 말로써 대접했다. 《태조실록》 7년(1398) 8월 26일

실록에서처럼 이방원이 부르자 조온과 박위가 나온 것이 아니다. 근정전 이남을 맡고 있던 조온은 광화문까지 영향에 둘 수 있었을 것이며, 광화문 밖에 있는 이방원과 연락을 취하는 것이 충분히 가능한 상태였다. 박위가 광화문 밖으로 나왔다는 자체가 그런 사실을 입증하거니와, 반역자들이 경복궁을 완전히 장악했다는 것을 의미한다.

휘하의 병력들이 투항한 다음에도 마지막까지 남아 있던 박위가 무사히 광화문 밖으로 나갈 수 있었던 까닭은 얄팍한 배려에 의해서

였을 수 있다. 반역을 시작한 조영무의 입장에서 가장 충성하는 박위가 이방원에게 무릎을 꿇는 모습을 보이면 책임이 분배되고 희석될 수 있거니와, 이방원 역시 마찬가지다. 조온이 먼저 나가 상황이 종료된 것을 알린 다음 박위가 나가 무릎을 꿇는 것으로 반역의 종지부를 찍어주면 바랄 것이 없었지만 박위의 내심은 그렇지 않았다.

그날을 기록한 실록의 다음 내용을 보자. "이에 여러 승지들이 모두 근정문으로 나아갔다. 도진무 박위가 근정문에 서서 높은 목소리로 불렀다. '군사가 왔는가? 안 왔는가?'" 여기서 박위가 말한 군사는 당연히 외부의 병력이다. 만에 하나라도 삼군부가 무사하다면 순군만호부의 협조를 요청할 수 있거니와, 성문을 열어서라도 외부의 병력을 끌어들일 의도를 가졌던 박위는 자신의 눈에 비친 광경을 다시 한 번 믿을 수 없었다. 삼군부와 도당은 물론 도평의사사마저 제압당하고 조준과 김사형을 비롯한 중신들까지 끌려왔을 때는 정도전도 이 세상 사람이 아니라고 보는 것이 타당했다.

게다가 반역의 수괴가 이방원이라는 사실은 박위를 다시 한 번 어이없게 만들었다. 문과 출신의 막내아들에 지나지 않고 이제까지 아무런 공도 없었던 이방원이 반역해 경복궁을 제압한 것은, 강아지가 호랑이를 물어 죽인 것만큼이나 믿기 어려웠다. 만일 정상적으로 반역이 벌어졌다면 이방과가 주역일 가능성이 농후했다. 이방과라면 어떻게 설득해볼 여지가 없지 않았지만 이방원은 전혀 그렇지 않았다. 그러나 어차피 이렇게 된 이상 살아남을 생각 따위는 없었다.

박위는 한참 동안 응하지 않다가 마지못해 칼을 차고 나오니 정안군이 온화한 말로써 대접했다. 박위는 군대의 세력이 약한 것을 보고 이에 고했다. "모든 처분은 날이 밝기를 기다리겠습니다."

그의 뜻은 날이 밝으면 군사의 약한 형세가 나타나서 여러 사람의 마음이 붙좇지 않을 것이라 여겼던 것이다. 정안군이 그를 도당으로 가게 했는데, 회안군이 정안군에게 청해 사람을 시켜 목 베게 했다. 《태조실록》 7년(1398) 8월 26일

실록은 다시 진실을 말하고 있지 않다. 경복궁이 제압당한 이상 날이 밝아봐야 달라질 것은 아무것도 없다. 도성 내부에서 유일한 가용병력인 순군만호부까지 무력화된 상태에서 무엇을 바란다는 말인가? 당시 박위는 도당으로 가려다가 죽음을 당한 것이 아니라 끝까지 굴복하지 않고 호통을 치다가 자결하거나 반역에 동참했던 조온에 의해 처형당했을 개연성이 높다.

끝까지 동조하지 않았던 박위의 죽음은 반역의 종지부로 기능했다. 박위가 피를 뿜으며 쓰러진 직후 '조온이 즉시 패두 등을 보내 대궐에 들어가서 숙위하는 갑사를 다 나오게 했다. 이에 근정전 이남의 갑사는 다 나와서 갑옷을 벗고 무기를 버리니, 명하여 각기 제 집으로 돌아가게 했다'는 결정적 상황이 벌어졌다.

그것을 목격한 자들은 일제히 이방원에게 무릎을 꿇었다. 조준과 김사형을 위시해 강제로 끌려나온 백관들은 물론, 누구에게 붙을까 저울질하던 자들도 경복궁까지 제압당하는 것을 직접 목격한 이상 고민을 연장할 필요가 없었다.

이상의 경과로 보았을 때 이방원이 부르고 조온이 나온 다음 경복

궁을 무장해제시킨 이유로 제출되는 '이방원의 사람'이라는 기존의 대세는 전혀 합당하지 못하다. 경복궁과 반란 세력은 양과 질 모든 면에서 상대가 되지 않거니와, 경복궁 내부에서 예기치 못하게 발생한 상황이 조영무와 조온에 의해 외부로 유출된 것이 결정타가 되었기 때문이다.

한국현대사상 가장 강한 권력을 잡았던 박정희 전 대통령의 청와대가 일시에 붕괴한 원인도 가장 믿었던 심복 김재규가 발사한 총탄이었던 것처럼, 권력의 정점에 있던 이성계에게 발생한 상황이 악용된 결과 경복궁이 붕괴되었던 것이다.

그때 결정적으로 움직였던 조온은 이방원과 외사촌 관계지만 1347년 생으로 이방원보다 스무 살이나 많은 데다, 정몽주를 죽인 조영규처럼 이성계의 심복이다. 개국이등공신에까지 녹권된 조온이 갑자기 이성계를 배신하고 이방원의 심복이 될 리 만무하거니와, 실록을 살펴도 이방원에게 근접했다는 내용이 존재하지 않는다.

반란 이전 실록에 조온이 여덟 차례 등장하는 바, 이방원과 연계되는 내용은 하나도 없다. 이성계가 보위에 올랐던 1392년부터 반역이 발생하기 직전인 1398년 5월까지 실록에 등장한 조온이 이방원의 사람이기는커녕 가까이 근접한 사실조차 기록되지 않았다. 이방원보다 스무 살이나 많았던 조온은 가장 처음 실록에 등장했을 때부터 이조판서를 역임하는 등, 이방원이 쉽게 접근할 수 있는 인물이 아니다. 그 조온이 동명이인이라고 해도 이후에 등장하는 조온 역시 만만치 않거니와, 이방원의 사람이 되는 계기 역시 발견되지 않는다.

역사 앞으로 나선 이방원

임금이 시녀로 하여금 부축해 일어나서 압서押署(결재)하기를 마치자,
돌아와 누웠는데, 병이 심해 토하고자 하였으나 토하지 못하며 말했다.
"어떤 물건이 목구멍 사이에 있는 듯하면서 내려가지 않는다."《태조실
록》7년(1398) 8월 26일

이성계가 정신을 수습했을 때는 모든 것이 끝난 다음이었다. 불과
하룻저녁 사이에 권력을 빼앗긴 이성계가 할 수 있는 것은 이미 결정
된 사안에 결재하는 것밖에 없었다. 정도전이 죽었다는 것이 아직도
믿기지 않는 이성계는 자신이 책봉한 어린 세자를 죽음을 향해 내보
내야 했다.

이방석에 이어 이방번은 물론 사위 이제까지 죽음을 면치 못했다.
강씨 소생 가운데 유일하게 살아남은 경순공주는 사랑하는 남편을

잃은 다음 머리를 깎고 사찰로 들어가야 했다.

이성계의 삶은 그날부터 조선을 건국한 영웅 태조에서 '아들에게 반역을 당한 칠칠맞지 못한 왕'으로 구획되었다. 원숭이는 나무에서 떨어져도 원숭이고 다시 나무에 오를 기회가 주어지겠지만, 보위에서 추락한 왕은 더 이상 왕일 수 없었다. 게다가 가장 믿었던 충견들에게 물린 것이 추락의 원인이라는 사실은 이성계를 더더욱 비참하게 전락시켰다.

이때 영안군(이방과)이 임금을 위해 병을 빌어 소격전에서 재계를 드리고 있었는데, 변고가 났다는 말을 듣고는 몰래 종 하나를 거느리고 줄에 매달려 성을 나와 걸어서 풍양豊壤에 이르러 김인귀의 집에 숨어 있었다. 정안군이 사람을 시켜 그를 찾아서 맞이해 궁성 남문 밖에 이르니, 해가 장차 기울어질 때였다. 이때 사람들이 모두 임금에게 청해 정안군을 세자로 삼고자 했으나, 정안군이 굳이 사양하면서 영안군을 세자로 삼기를 청하니 영안군이 말했다. "당초부터 의리를 수립해 나라를 세워서 오늘날의 일까지 이르게 된 것은 모두 정안군의 공로이니, 내가 세자가 될 수 없다."

이에 정안군이 사양하기를 더욱 굳게 하면서 말했다. "나라의 근본을 정하고자 한다면 마땅히 적장자에게 있어야 할 것입니다."

영안군이 말했다. "그렇다면 내가 마땅히 처리함이 있겠다."

이에 정안군이 도당으로 하여금 백관들을 거느리고 소를 올리었다.

"적자를 세자로 세우면서 장자로 하는 것은 만세의 상도인데, 전하께서 장자를 버리고 어린 자식을 세웠으며 정도전 등이 세자를 감싸고서 여러 왕자들을 해치고자 해 화가 불측한 처지에 있었으나, 다행히 천지와 종사의 신령에 힘입어 난신이 형벌에 복종하고 참형을 당했으니, 원컨대 전하께서는 적장자인 영안군을 세워 세자로 삼게 하소서." 《태조실록》7년(1398) 8월 26일

그때까지 말석으로조차 거론되지 못하던 이방원이 비로소 역사의 전면에 나섰다. 조영무의 판단이 결정적이기는 했지만, 이방원이 이숙번을 거느리고 반역해 정도전을 죽인 다음 삼군부와 도당은 물론 경복궁까지 무릎 꿇리는 모습을 보인 것도 사실이다. 극적으로 주도권을 잡은 이방원은 희생을 최소한으로 하면서 조준과 김사형 같은 인물들도 일등공신으로 대우하는 조치를 취하는 등 타고난 정치인과 '준비된 왕'으로서의 행보에 나섰다.

그러나 이방과는 제대로 대우받기 어려웠다. 비록 장남인 것을 인정받아 세자의 물망에 오르지만, 이방원이 목숨을 걸고 일어났을 때 비루하게도 '몰래 종 하나를 거느리고 줄에 매달려 성을 나와 걸어' 도주한 것으로 나타나 있다. 게다가 지금의 남양주에 해당하는 풍양까지 도주해 숨었다니 형식적으로나마 보위를 물려받을 '귀하신 몸'의 체면이 말씀이 아니다.

적자를 세우되 장자로 하는 것은 만세의 상도이며, 종자宗子는 성과 같으니 과인의 기대다. 다만 그대의 아버지인 내가 일찍이 나라를 세우고 난 후에 장자를 버리고 어린 자식을 세워 이에 방석으로써 세자로 삼았으니, 이 일은 다만 내가 사랑에 빠져 의리에 밝지 못한 허물일 뿐만 아

니라, 정도전, 남은 등도 그 책임을 사피辭避할 수가 없을 것이다.《태조실록》7년(1398) 8월 26일

이방과를 세자로 책봉하는 교지는 전혀 엄숙하고 영광되지 않았다. 이성계의 자아비판에 가까운 교지가 낭독되고 세자가 교체되는 등으로 반역이 성공적으로 마무리된 다음에도 이성계의 신병은 그 상태가 유지되었다.

조영무와 조온은 왜 배신했을까?

신분과 집안을 통틀어 아무것도 없는 상태에서 오직 공을 세워 그때의 위치까지 오른 조영무에게 졸병에 지나지 않았던 자신을 발탁해준 이성계의 은공은 절대적이었다. 이성계를 위해 죽을힘을 다해 싸우고 공을 세운 것은 당연한 보은이겠지만, 유일한 자본인 사병을 빼앗기고 예전의 위치로 돌아가는 것은 상상조차 하기 두려웠다.

특히 신분이 천하고 권력자들과 인맥 형성이 가능하지 않았던 조영무는 선택의 여지가 없었다. 실제로 당시까지 살아남은 공신들 가운데 이성계와 혈연과 척연으로 연결되지 않거나, 신분이 되는 최측근의 심복 출신이 아닌 사례는 조영무가 유일하다고 해도 과언이 아니었다. 조영무에게 이성계는 부모 이상으로 섬겨야 할 존재였고 실제로 그렇게 했다. 그러나 과거는 과거였고 앞으로는 앞으로였다. 살아남는 것 이상의 명제는 존재하지 않는 데다, 기회를 잡은 이상 이성계를 따라 순장될 수는 없었다.

조온 역시 조영무의 입장과 다르지 않았다. 비록 이성계가 외삼촌이라고 해도 정도전에 의해 사병을 빼앗기고 이성계가 죽은 다음에 처할 상황은 불을 보듯 뻔했다. 이성계가 시퍼렇게 살아 있는 이상에는 어쩔 수 없었지만, 조

영무에 의해 기회를 맞은 조온 역시 선택의 여지가 없었다. 그런 입장에 선 자들이 조영무든 조온이든 하나밖에 없었다면 행동에 옮기기 여의치 않았겠지만, 둘이 된 다음부터는 그렇지 않았다.

이때 박위는 실록에 '왕자들을 제거할 명령을 받은 것'으로 기록되었지만, 그런 명령 자체가 존재하지 않았을 개연성이 완벽에 가깝기 때문에 사실과 부합하지 않는다. 박위는 어떤 일이 있어도 이성계를 보위해야 한다는 의무를 수행하다 끝내 목숨까지 잃는 바, '전두환의 난' 당시 정병주 특전사령관의 비서실장으로 반역자들에게서 상관을 지키기 위해 싸우다 죽음을 당한 김오랑 소령을 방불케 한다.

뜻밖에 이뤄진 필연, 왕자의 난

'이방원의 난'은 이성계가 어떤 이유로 급작스럽게 기능하지 못하는 상태에 빠지게 된 것이 사태의 진앙이었다. 그때는 정도전에 의해 추진되던 사병혁파가 마무리되는 시점으로 이성계를 가장 가까이서 경호하던 조영무 역시 혁파의 주요한 대상이었다. 이때 조영무가 매뉴얼에 따른 조치를 취하지 않고 역시 위기감이 팽배했을 조온을 끌어들인 다음 이성계의 신병을 확보하면서 반역이 분출하게 되었다는 것은 충분히 설명한 줄로 안다.

조영무가 출발점에 서게 되는 다른 요인들도 확인해보자. 이방원과 가까운 이숙번이 얼마간의 병력을 인솔해 도성에 들어왔던 것과 함께, 경복궁과 길 하나의 사이로 인접한 송현에 정도전을 위시한 주요 인물들이 모였던 것도 주목할 요인이다. 이성계의 신병을 확보한 조영무의 긴급한 연락을 받은 이방원이 송현을 기습해 정도전을 죽인 다음 삼군부와 도당을 제압하고 대신들을 소집하는 과정은 마무리 정도에 지나지 않았다는 것 역시 설명했다.

이숙번과 정도전의 움직임이 조영무의 판단에 상당한 영향을 미친 것은 사실이다. 그러나 역사를 뒤바꾸는 사건들은 대부분 여러 요인이 중복되어 매설되어 있기 쉽다. 하마터면 조선은 물론 명까지 멸망하게 만들 뻔했던 임진왜란의 경우 일일이 열거하기조차 어려운 요인들이 중첩되었다.

그때는 야간항해가 가능하지 않았기 때문에 어쩔 수 없이 피해를 각오하고 훤하게 밝은 무렵에 적전상륙을 감행했지만, 어쩐 일인지 약간의 저항조차 받지 않고 무사히 상륙할 수 있었다. 당시 일본 수군의 진행경로를 감시하고 요격할 수 있는 위치에 있던 데다, 전국 최강으로 명성이 자자한 경상우수영을 지휘하는 자가 그 유명한 원균元均이었다.

전혀 예상치 못한 나머지 기습적으로 상륙을 허용했더라도 적의 일번대가 상륙한 부산을 차단하고 후속하는 적들을 바다에서 요격했으면 전황이 달라질 수 가능성은 충분했다. 그러나 원균이 아시아 최강에 손색없을 백 척의 판옥선을 자침시키고 일만에 달하는 수군을 해산시킨 다음 도주하는 바람에 10만이 훨씬 넘는 적들이 무사히 상륙할 수 있도록 결정적으로 도와줬다.

적들이 상륙한 다음에도 비슷한 상황이 줄을 이었다. 적이 직접 상륙한 부산과 바로 인접한 동래가 삽시간에 함락당하는 것은 어쩔 수 없었다. 그러나 당시 조선의 방어 시스템은 스스로가 아닌 적을 위해 최적화된 상태였다. 해당 지역의 사령관에게 재량권을 줘 예하의 병력을 이동하고 집결해 대응할 수 있게 했던 진관법鎭管法에서, 해당 지역의 병력들을 주요한 거점에 집결하도록 한 다음 중앙에서 파견된 지휘관을 기다리도록 하는 제승방략制勝方略으로 전환한 것이 치명적이었다.

일본의 침략이 우려되던 당시에 비변사의 자격을 가졌던 류성룡이 제승방략의 단점을 조목조목 지적하면서 진관법으로 돌아갈 것을 주장했는데도 받아들여지지 않았다. 그 결과 경상도의 병력들이 집결지인 대구로 집결했지만, 가장 기본적인 군량은 물론 취침시설까지 미비한 상태였다. 게다가 때마침 비까지 내렸다. 추위와 굶주림에 시달리던 병력들은 중앙에서 파견한 이일이 상주에서 지체하는 바람에 기다리다 못해 흩어지고 말았다.

결국 대구까지 적에게 넘어간 다음 이일이 있던 상주마저 박살났다. 그때 총사령관 신립申砬이 '새도 날아 넘기 어렵다'는 천혜의 요새 문경새재를 포기하고 야전에서 승부를 걸었지만, 조총의 집중사격으로 학살하는 경험이 풍부한 적들에게 최정예의 기병들을 바치는 결과가 초래되었다.

그로 인해 부산에 상륙한 적의 보병들이 거의 달리듯 해 불과 20일 만에 도성을 점령하기까지 했는데, 지금 소개한 것 외에도 전략적으로 결정적인 실책들이 중첩된 상태였다. 당시 침공을 명령했던 도요토미 히데요시豐臣秀吉은 평생에 걸쳐 한 번 보기 어려운 '잭팟'이 줄줄이 터진 격이라 하겠다. 현대사에서도 6·25 전쟁에 상당한 의혹이 제기되는 바, 그런 전쟁들에 비교하면 1차 왕자의 난에 부가된 요인들은 새 발의 피에도 미치지 못한다.

다음으로 말할 것은 조영무가 이방원을 파트너로 결정한 것에 대해서다. 조영무가 비록 학식이 떨어진다고 해도 죽고 죽이는 전쟁터에서 잔뼈가 굵은 사람이다. 순간적인 판단력이 동물적인 수준이고 목숨을 걸어야 할 때를 정확하게 아는 조영무는 일단 결정을 내린 다음 후속하는 결정도 신속하게 내렸다.

이럴 경우 왕자들 가운데 누군가와 손을 잡아야 할 것인지는 어렵지 않게 판단이 나왔다. 왕자들과 교분을 나누면서 객관적으로 파악할 수 있는 위치에 있던 조영무의 입장에서도 이방과는 장남이라는 것이 문제였다. 당일의 실록에는 이방과가 두려운 나머지 도주했다가 이방원에 의해 불려온 다음 세자로 거론되는 등 한심하게 기록되지만 그는 절대 그 정도의 인물이 아니다.

왕자들이야 가족을 부양하는 모든 비용이 국고에서 충당되겠지만, 왕자가 되기 전 고려 시절부터 가족과 사병을 비롯한 대규모의 '패밀리'를 부양할 수 있었던 이방과의 경제력은 오늘날의 재벌에 필적한다. 게다가 장남으로 사병까지 막강했기 때문에 왕이나 진배없었을 이방과는 즉위할 수 있게 도와봤자 고마워하지도 않을 뿐더러, 세력을 보아서도 절대 도와서는 안 될 인물이다.

조영무가 무엇 때문에 이방원을 선택했는지에 대한 기록 같은 것은 존재하지 않는다. 그러나 죽음의 위기를 무수하게 겪었을 조영무는 급박한 순간에 누구를 택해야 하는지 판단이 나왔을 것이다. 또한 평소에 나눈 교분과 주변의 평판으로 보았을 때도 이방원이 발군이었다.

실제로 이방원은 일생일대의 기회가 닥쳤을 때 주저하지 않고 판단해 끝내 성공하는 능력은 물론, 성공한 다음에도 잊지 않고 지분을 챙겨주는 '보스'였다. 당대는 물론 조선을 통틀어 적수가 없었던 정치인으로서의 이방원과 같은 시대에 가장 근접했던 인물 가운데 하나인 조영무도 은연중에 그런 편린에 접했으리라.

게다가 이방원은 반역에 필수적인 자본도 가지고 있었다. 정도전에게 사병을 빼앗긴 다음에도 이방원은 실의에 빠지지 않고 다른 가능성과 조우했다. 이방원과 친밀하게 지냈던 조영무는 이숙번도 상당히 가깝다는 것을 잘 알았을 것이다. 그 이숙번이 신덕왕후의 능을 경비하기 위해 병력을 이끌고 들어온 데다, 정도전이 바로 앞에서 연일 술자리를 가지는 등 기회가 중첩되었다고 해도 목숨을 걸고 칼을 뽑을 수 있는 승부사의 기질을 갖추지 않으면 절대 성공할 수 없다.

성공할 수 있는 요인을 두루 갖춘 반역이 성공한 직후 이방과가 세자로 낙점되었지만 어부지리의 형태는 아니었다. 비록 세자가 되었어도 이방과는 다시 막냇동생에게 꿇어야 했다. 당시 42세인 이방과에게 열여섯에 불과한 배다른 막내 이방석은 막내아들 같았겠지만, 친동생이자 막내인 이방원에게 꿇는 것은 의미가 본질적으로 달랐다. 게다가 이방원의 주청으로 인해 세자가 되다시피 했던 이방과는 앞으로 어떻게 처신해야 할지 한숨부터 났다.

나의 주장이 옳다면 쿠데타에서 조영무가 주범이고 이방원은 공범에 지나지 않는다. 심하게 말해서는 하수인에 지나지 않을 수 있기 때문에 '1차 왕자의 난'은 '조영무의 난'으로 수정되어야 타당하겠지만, 실록을 편찬하는 자들에게 명령을 내릴 수 있는 사람은 조영무가 아니라 이방원이다. 처음부터 끝까지 이방원이 기획하고 주도한 것으로 기록해야 모양새가 나거니와, 그래야 비록 지금은 이방과에게 양보해도 다음 대권을 노릴 자격을 갖출 수 있다.

그리고 이성계가 가장 믿었던 심복들에 의해 보위를 빼앗긴 사실은 실록에 기록될 수 있는 성질의 사건이 아니다. 또한 조영무에게 중요한 것은 진실이 기록되는 것이 아니라 생존을 보장받는 것이다. 그렇기 때문에 역사에서 이방원이 처음부터 끝까지 주도하는 반면, 자신의 역할이 미미하게 나타나는 것은 전혀 중요하지 않다.

1차 왕자의 난과 '전두환의 난'은 외형적으로 매우 흡사하다. 1979년 10월 26일 박정희 전 대통령이 가장 믿었던 심복에게 사살당한 다음 계엄령이 선포되고 육군참모총장이던 정승화 대장이 계엄사령관을 겸하게 되었다.

이때 정승화 대장의 명령을 받아 사건을 수사하던 책임자는 보안사령관 전두환이었다. 당시는 전두환을 리더로 하는 육사 11기 출신들이 주축이 된 신군부에서 구성된 사조직 '하나회'가 정치세력화하면서 많은 문제가 대두된 상태였다. 정승화 총장이 하나회를 숙정하려 하자 정보를 장악하고 있던 전두환이 선수를 치게 된다. 전두환 일당이 육군본부를 기습해 정승화 총장을 체포하는 일방으로 언론사를 장악하는 과정에서 진실한 군인들이 사살당하거나 체포되었다. 전두환과 하나회로 상징되는 소수의 정치군인들에 의해 나라가 장악당한 그 사건을 이른바 '12·12사태'라고 한다.

1차 왕자의 난도 위기에 몰린 이방원이 소수의 병력을 이끌고 정도전 등을 기습해 참살하고 삼군부를 제압하는 등 '전두환의 난'과

흡사하게 진행되었다. 그러나 본질적으로 다른 것은 당시의 경복궁이 청와대처럼 무방비 상태가 아니었다는 점이다. 최규하 당시 국무총리가 대통령을 승계했을 때의 청와대는 경호실을 비롯한 안전장치가 쑥밭이 된 다음이어서 고려 말기의 궁궐과 하등 다를 것이 없는 상태였다.

실제로 합동수사본부장을 겸하던 전두환이 총리공관에 권총을 차고 들어가 최규하 대통령에게 '자신의 뜻에 따라 정승화 참모총장을 체포하라고 재가할 것'을 협박까지 했을 정도였다. 반면 이성계가 와병 중이었던 경복궁은 박정희의 위세가 등등하던 청와대보다 더하면 더했지 하나도 못하지 않았다.

그리고 '이방원의 난'이 전두환의 난과 다른 점 가운데 하나는 사조직이 존재하지 않았다는 것이다. 이방원을 주군으로 섬기는 하륜과 이숙번을 중심으로 반역이 숙성되는 광경이 이방원을 수장으로 하는 '조선판 원조 하나회'를 연상하게 하는 것은 사실이다. 그러나 당시에는 그렇게 자유롭게 모일 수도 없었거니와, 하나회와 흡사한 목적과 행동력을 갖춘 사조직이 결성되었다가는 즉시 적발당해 줄줄이 처형장으로 끌려갔을 것이다. 아무렴 정도전이 그렇게 흐리멍덩하겠는가.

'이방원의 난'이 '전두환의 난'과 결정적으로 다른 것은 정보력의 부재와 함께 권력의 내부를 장악하지 못했다는 점이다. 전두환의 난은 이미 청와대를 제압한 상태에서 급격히 성공했던 것에 비해, 이방원은 경복궁을 제압할 능력은커녕 주요한 정보조차 얻을 수 있는 입장이 아니었다. 전두환이 스스로 움직여 반역에 성공한 반면, 이방원은 경복궁 내부에서의 급격하게 변동한 상황에 의해 움직이게 된 것이 근본적인 차이점이다.

진정으로 우스운 것은 이방원이 부르자 조온과 박위가 나온 것과 함께, 조온으로 하여금 경복궁을 무장해제시켰다는 점이다. 그 정도로 경복궁을 장악할 수 있는 상태에서 반역할 작정이었다면 바깥에서 일어나 정도전을 기습하고 삼군부로 진격할 이유가 없다. 일과에 따라 정도전을 위시한 주요 인물들이 등청한 상태에서 조온을 비롯한 '자신의 사람들'에게 명해 일망타진하면 그만이다.

그렇게 손쉬운 방법이 있음에도 군이 정도전을 기습해 죽이고 삼군부를 제압하면서 경복궁으로 진격할 필요는 어디에도 없다. 규모와 이후 역사의 파급력 등의 모든 면에서 '정몽주 암살사건'과 비교할 수 없는 '이방원의 난'은 이방원이 정몽주를 죽였다는 것 이상으로 믿기 어려운 내용으로 도배되어 있다.

앞서 박정희 대통령의 경호실장이었던 차지철과 가장 믿었던 심복으로 박 대통령을 사살한 김재규에 대해 거론했다. 당시 김재규는 중앙정보부장을 역임했던 바, 중앙정보부장은 가장 믿을 수 있는 심복이 아니면 내정될 수 없는 자리였다. 그 정도로 신임이 두터웠던 김재규가 박정희 대통령을 죽이게 된 원인도 '조영무의 난'과 다르지 않다. 간단하게 약분하면 정도전만큼이나 박정희 대통령의 신임이 돈독한 차지철과 반대의 입장에 섰다가 권력에서 배제당할 위기에 처한 것이 원인이었다.

김재규는 마음만 먹으면 박정희 대통령을 위기로 몰아넣을 수 있는 몇 되지 않는 인물이다. 그러나 정작 차지철에게 힘을 실어주면서 김재규를 격분하게 만든 박정희 대통령 자신은 설마 그럴 상황이 발생하리하고는 꿈에서조차 생각하지 않았다. 그때 김재규가 극단적인 방도를 취한 결과가 이른바 '10·26사태'였다.

박 대통령은 물론 경호원들까지 모조리 사살한 김재규로 인해 현대판 '조영무의 난'이 재현되는 것은 충분히 가능했다. 그런데 주군은 물론 '넘버2'까지 제거한 김재규가 납득하기 어렵게도 자신의 아성인 중앙정보부로 가지 않고 육군본부로 향했다가 정승화 대장에게 체포당하는 바람에 '12·12사태'의 제물이 되고 말았다.

그처럼 강력한 권력을 장악했던 박정희 대통령과 이성계는 자신의 안방에 있다가 가장 믿었던 심복에 의해 모든 것을 잃었다는 공통점이 있다. 박정희 대통령이 목숨까지 잃은 것에 비해 이성계는 천수를 누릴 수 있었지만, 내부에서 느닷없이 터진 반역으로 인해 권력을 잃게 된 것은 동일하다.

임금이 우리 전하(이방원)와 더불어 정사공신의 등급을 논하고 도승지 이문화에게 명해 교지를 전했는데 그 교지는 이러했다.

"국가에서 창업한 지 오래되지 않으니 진실로 근본을 바루고 시초를 바로잡아 천명에 안정하고 국조를 만세에 전해야 될 것임에도 불행히 간신 정도전과 남은 등이 상왕께서 병환이 나서 오랫동안 낫지 않는 시기를 당해 어린 서자의 세력을 믿고 난을 일으켜 우리 여러 형제를 해치려 했다. 또한 우리의 이미 이뤄진 왕업을 전복하고자 해 화가 불측한 지경에 있었는데 의안공 이화, 익안공 이방의, 회안공 이방간, 전하 이방원, 상당후 이백경, 좌정승 조준, 우정승 김사형, 참찬문하부사 이무,

조박, 정당문학 하륜, 참찬문하 이거이, **참지문하 조영무**가 충성을 분발해 계책을 결정하고 난리를 평정해 질서 있는 세상으로 회복되게 하고 종사를 편안하게 했으니, 공로가 중대해 영구한 세대에 이르러도 잊을 수가 없겠다.

영안후 양우, 청원후 심종, 봉녕후 복근, 문하시랑찬성사 이지란, 참찬문하 장사길, **상의문하 조온**, 판중추원사 김로, 전 상의중추 박포, 전 중추원학사 정탁, 동지중추원사 이천우, 상의중추 장사정, 동지중추 장담, 중추원부사 장철, 우부승지 이숙번, 상장군 신극례, 대장군 민무구, 호조 의랑 민무질 등은 성심을 써서 보좌하고 난리를 평정해 질서 있는 세상으로 회복시키고 종사를 편안하게 했으니, 공로가 중대해 영구한 세대에 이르러도 잊을 수가 없겠다. 포상의 은전을 맡은 관원은 이를 거행하라." 《태조실록》 7년(1398) 9월 17일

이날 다시금 책록된 공신에 비로소 이방원이 포함되었다. 이때 흥미로운 사실은 조영무가 이방원과 대등한 위치에 배정된다는 것과 함께 '이방원의 사람'으로 경복궁을 무장해제해 결정적인 공을 세웠다는 조온이 차등에 배정된다는 점이다.

그뿐 아니라 반란 당일에 조영무와 함께 '이방원을 진실로 따르는 사람들'로 기록된 신극례도 차등이다. 게다가 이방원과 함께 직접 움직여 정도전을 죽였던 이숙번은 물론 처남 민무구와 민무질 형제들도 차등이었는데, 당일 실록에 단 한 차례 이름만 올렸던 조영무의 공이 그렇게 높았다는 말인가?

공신도감에서 말씀을 올렸다. … 이에 의안공 화, 익안공 이방의, 회안공 이방간, 우리 전하 이방원, 상당후 이백경, 좌정승 조준, 우정승 김사형, 참찬문하부사 이무, 조박, 정당문학 하륜, 참찬문하부사 이거이, **참지문하부사 조영무** 등이 충성을 분발하고 계책을 결정해 난리를 평정해서 질서 있는 세상으로 회복시켰으니 … 청하옵건대 정사일등공신으로 칭하고 … 영안후 양우, 청원후 심종, 봉녕후 복근, 문하시랑 이지란, 참찬문하부사 장사길, **상의문하부사 조온** … 청하옵건대 정사이등공신으로 칭호를 삼아 … 《태조실록》 7년(1398) 10월 1일

구체적으로 등수가 정해졌을 때도 조영무가 일등이고 조온은 이등이다. 그저 반란 당일의 실록에 이름을 한 차례밖에 올라가지 않은 사람과 경복궁을 붕괴시키는 데 결정적인 공을 세운 영웅의 위치가 뒤바뀌었어도 전혀 이의가 제기되지 않는 광경에 대입해도 의문이 발생하지 않을 수 없다.

500년 만에 이름을 돌려받은 개혁가, 정도전

"(정도전은) 도량이 좁고 시기가 많았으며, 또한 겁이 많아서 반드시 자기보다 나은 사람들을 해쳐 그 묵은 감정을 보복하고자 해, 매양 임금에게 사람을 죽여 위엄을 세우기를 권고했으나, 임금은 모두 듣지 않았다. 그가 찬술한 《고려국사高麗國史》는 공민왕 이후에는 가필하고 삭제한 것이 사실대로 하지 않은 것이 많으니, 식견이 있는 사람들이 이를 그르게 여겼다.

처음에 정도전이 한산 이색을 스승으로 섬기고 오천 정몽주와 성산 이숭인과 친구가 되어 친밀한 우정이 실제로 깊었는데, 후에 조준과 교제하고자 해 세 사람을 참소하고 헐뜯어 원수가 되었다.

또 외조부 우연의 장인인 김전이 일찍이 중이 되어 종 수이의 아내를 몰래 간통해 딸 하나를 낳으니 그가 정도전의 외조모였는데, 우현보의 자손이 김진의 인척인 이유로 그 내력을 자세히 듣고 있었다. 정도전이 당초 관직에 임명될 적에 고신告身(임명장)이 지체된 것을 우현보의 자손이 그 내력을 남에게 알려 그렇게 된 것이라 생각해 그 원망을 쌓아 두더니, 그가 뜻대로 되매 반드시 우현보의 한 집안을 무함해 그 죄를 만들어내고자 해, 몰래 거정 등을 사주해 그 세 아들과 이숭인 등 5인을 죽였으며 …"

위의 내용은 정도전을 장량에 비기는 실록의 하반부다. 정도전을 죽인 자들이 그를 극히 좋지 않게 평가한 것은 당연하거니와, 조선이 거의 끝날 때까지도 정도전은 복권되지 못했다. 이성계의 반대편에 섰던 정몽주가 이방원이 즉위한 직후에 복권되고 성균관에 배향되는 극한의 영광을 누린 것에 비해, 조선의 모든 것을 이룩했다고 해도 과언이 아닐 정도전은 죽은 다음 473년이나 지난 고종 8년(1871)이 되어서야 비로소 복권되고 문헌공文憲公의 시호를 받을 수 있었다.

물론 정도전을 복권한 주역은 고종이 아니라 흥선대원군 이하응이다. 망가질 대로 망가진 조선을 완전히 뜯어고칠 작정을 했던 이하응이 전범으로 삼기 전까지 정도전은 이름을 불리는 것조차 금기시될 정도였다. 이후 대한민국이 건국된 다음에도 죽음을 당하더라도 충성을 다하는 정몽주가 독재자들의 구미에 맞았지, 개혁을 부르짖는 정도전은 외면당할 수밖에 없었다.

이성계의 진정한 후계자

종척과 공신을 모아서 도읍을 옮길 것을 의논했다. 서운관에서 상언했다. "(궁궐를 비롯한 주요한 곳곳에) 뭇 까마귀가 모여서 울고, 들까치가 와서 깃들고, 재이가 여러 번 보였사오니 마땅히 수성해 변을 없애야 하고 또 피방하셔야 합니다."

임금이 이에 종친과 좌정승 조준 등 여러 재상들을 모두 불러 서운관에서 올린 글을 보이고, 또 피방해야 될지의 가부를 물으니, 모두 피방해야 된다고 대답했다. 임금이 어느 방위로 피방해야 할지를 물으니 대답하기를 "경기 안의 주현에는 대소신료와 숙위하는 군사가 의탁할 곳이 없고, 송도(개성)는 궁궐과 여러 신하의 제택이 모두 완전합니다" 하니, 드디어 송경에 환도하기로 의논을 정했다.

애초부터 도성 사람들이 모두 구도舊都(개성)를 생각하고 있었으므로,

환도한다는 말을 듣고 서로 기뻐하여 손에 손을 잡고 이고지고 하여 길에 연락부절하니, 성문을 지키어 이를 제지하도록 했다. 《정종실록》 1년(1399) 2월 26일

유후사留後司(수도에서 격하된 개성)로 환도하니, 공후는 모두 따르고, 각 사에서는 반씩만 따랐다. 태상왕이 거가車駕를 움직이니 회안군 이방간 과 각사의 관원 한 사람씩이 따랐는데, 길이 정릉을 지나니 두루 살펴 보고 머뭇거리면서 또 말하기를 "처음에 한양으로 옮긴 것은 오로지 내 뜻만이 아니었고, 나라 사람과 의논한 것이었다" 하고 눈물을 흘리다가 갔다. 《정종실록》 1년(1399) 3월 7일

이성계에게 양위받은 정종은 이듬해 일찍 개성으로 돌아가는 조 치를 윤허했다. '이방원의 난'으로 인해 극히 뒤숭숭해진 상태에서 정도전이 이룩한 한성에 계속 머무르는 것은 좋지 않다는 중의를 따 르지 않을 수 없었다. 물론 정종이 아무것도 하지 않은 것은 아니었 다. 제도권 밖에 있던 아들 불노를 세자로 책봉하려 하고 이성계도 적극적으로 환영했지만, 그것은 대신들에게도 '죽 쒀서 개주는 것' 이상은 아니었다. 자신이 이방원으로 향하는 징검다리에 지나지 않 는다는 현실을 뼈아프게 자각한 정종이 기대할 수 있는 유일한 미래 는 살아서 양위하는 것밖에 없었다.

한편 개성으로 돌아갈 때의 이성계는 왕이 아니었다. 왕보다 두 단 계나 높은 태상왕으로 승진하기는 했지만 끌려가는 신세에 지나지 않았다. 이윽고 경복궁을 나와 정릉을 지날 때 이성계가 흘린 눈물은

무력한 늙은이로 전락한 자신에게 향하는 것이었다.

종친과 훈신에게 명해 여러 도의 군사를 나눠 맡게 했다. 정안공은 강원
도와 동북면을, 익안공 이방의는 경기와 충청도를, 회안공 이방간은 풍
해도와 서북면을, 상당후 이저李佇(이성계의 큰사위이자 이거이의 장남)는
경상도와 전라도를 맡았다. 참찬문하부사 이거이, 조영무, 참지문하부
사 조온, 동지중추원사동지중추원사 이천우도 군사를 맡는 데에 참여
하고, 그 나머지 군사를 맡은 자는 모두 혁파했다. 《정종실록》 1년(1399)
11월 1일

이날 이방원을 비롯한 왕자들과 극히 일부의 공신을 제외한 대부
분의 사병이 혁파되었다. 이때 비로소 이방원이 가문의 발상지인 동
북면을 맡게 되거니와, 반란을 성공시킨 이후 급격히 부상한 이방원
이 자신의 최측근에게만 사병을 가질 수 있도록 배려한 의도는 굳이
말할 필요가 없겠다. 한 가지 주목할 것은 왕실과 혈연이나 척연으로
연결되지 않은 상태에서 계속 사병을 가질 수 있는 사례는 조영무가
유일하다는 점이다.

이방의, 이방간과 정안공은 모두 임금의 동복아우다. 임금이 적사嫡嗣가
없으니, 동복아우가 마땅히 후사가 될 터인데 익안공益安公(이방의)은 성
품이 순후하고 근신해 다른 생각이 없었고, 이방간은 자기가 차례로서
마땅히 후사가 되어야 한다고 생각했으나 배우지 못해 광망하고 어리
석었으며, 정안공은 영예하고 숙성하며 경서와 이치에 통달해 개국과

정사定社(이방원의 난)가 모두 그의 공이었다. 그러므로 나라 사람들이 모두 마음으로 귀부했다.

이를 이방간이 깊이 꺼리어서 처질 판교서감사 이내에게 말하기를 "정안공이 나를 시기하고 있으니, 내가 어찌 필부처럼 남의 손에 개죽음하겠는가!"

… (이방간의 의도를 눈치챈 이방원이) 먼저 조영무를 시켜 모릿꾼[구군驅軍]을 거느리고 새벽에 들에 나가게 했다. 이방간의 아들 의령군 이맹종이 정안공의 저택에 와서 사냥하는 곳을 묻고, 인하여 말하기를 "우리 아버지도 오늘 또한 사냥을 나갑니다" 하므로 정안공이 사람을 이방간의 집에 보내 그 사냥하는 곳을 정탐했는데, 이방간의 군사는 모두 갑옷을 입고 분주히 모였다. 정안공이 이에 변이 있는 것을 알았다.

이때 의안공 이화, 완산군 이천우 등 10인이 모두 정안공의 집에 모였다. 정안공이 군사로 스스로 호위하고 나가지 않으려 하니, 이화와 이천우가 곧 침실로 들어가 군사를 내어 대응할 것을 극력 청했다. 정안공이 눈물을 흘리며 굳이 거절하기를 "골육을 서로 해치는 것은 불의가 심한 것이다. 내가 무슨 얼굴로 응전하겠는가?" 했다.

이화와 이천우 등이 울며 청해 마지않았으나 또한 따르지 아니하고, 곧 사람을 이방간에게 보내어 대의로 이르고, 감정을 풀고 서로 만나기를 청했다.

이방간이 노해 말하기를 "내 뜻이 이미 정해졌으니, 어찌 다시 돌이킬 수 있겠는가?" 했다.

이화가 정안공에게 사뢰기를 "방간의 흉험한 것이 이미 극진해 사세가 여기에 이르렀으니, 어찌 작은 절조를 지키고 종사의 대계를 돌보지 않

을 수 있겠습니까?" 했으나, 정안공이 오히려 굳이 거절하고 나오지 않
았다.

이화가 정안공을 힘껏 끌어 외청으로 나왔다. 정안공이 부득이 종 소근
을 불러 갑옷을 내 여러 장수에게 나눠주게 하고 안으로 들어가니, 부인
이 곧 갑옷을 꺼내 입히고 단의單衣를 더하고, 대의에 의거해 군사를 움
직이게 했다. 정안공이 이에 나오니, 이화, 이천우 등이 껴안아서 말에
오르게 했다.

… 이지란에게 명해 군사를 나눠 활동闊洞으로 들어가 남산을 타고 행
하여 태묘 동구에 이르게 하고, 이화로 하여금 군사를 거느리고 남산에
오르게 하고 또 파자반, 주을정, 묘각 등 여러 골목에 모두 군사를 보내
어 방비했다.《정종실록》2년(1400) 1월 28일

이번에는 이방간이 이방원을 공격하는 사태가 벌어졌다. '2차 왕
자의 난', 또는 '박포의 난'이 벌어진 원인은 정종 이방과의 후계자가
없는 데 있었다. 동생들에게 보위가 돌아갈 수밖에 없는 상황에서 가
장 유력한 이방원을 제압하기 위해 나선 이방간은 먼저 공격한 것이
무색할 정도로 참패당하고 말았다. 사병을 가질 수 있는 자들이 극히
제한된 상태에서 그들의 전부가 이방원의 편에 선 것이 결정적인 패
인이었다. 조영무 등의 공신들과 이화와 이지란 등의 종친들까지 이
방원을 지지한 것은 압도적으로 우월한 이방원의 정치력에 의한 결
과였다.

이방원이 불과 2년 만에 정국을 장악할 수 있을 정도로 급성장한
반면 누구의 지지도 받지 못한 상태에서 거병한 이방간의 참패는 충

분히 예상되었다. 그렇다고 해도 이방간의 입장이 납득되지 않는 것은 아니다. 1차 왕자의 난이 벌어진 본질이 막내를 세자로 세웠기 때문인 바, 이방원이 즉위한 다음에는 형인 자신도 위험하게 될 것이라는 위기감을 가졌어도 하등 이상할 것이 없다. "정안공이 나를 시기하고 있으니, 내가 어찌 필부처럼 남의 손에 개죽음하겠는가!"라는 실록의 대목은 사실일 개연성이 높다.

게다가 이방원을 꺾은 다음 얻어질 열매는 너무나도 달콤했다. 이방원만 제거하면 왕이 될 수 있다는 어렵지 않은 계산은 그리 좋지 않은 이방간의 머리를 마비시켰다.

실록에는 이방원의 난 당시에 공을 세웠음에도 일등공신이 되지 못한 것에 불만을 가진 박포가 이방간을 충동질한 것이 원인이라고 되어 있지만, 믿을 구석이 거의 없다. 이방간이 아니라 누구라도 그런 입장에 처했으면 모험을 걸어볼 여지가 충분하기 때문에 2차 왕자의 난의 발발 역시 필연적이었다. 결국 패배한 이방간과 아들 이맹종은 목숨을 부지할 수 있는 반면, 박포가 모든 것을 뒤집어쓰고 죽는 것으로 처리되었다.

'차기왕위결정전'은 이전에 벌어진 '조영무의 난'에 비하면 약간 위험한 전쟁놀이에 지나지 않았지만, 그로 인해 대세가 완전히 결정되었다. 이미 정종이 즉위한 직후부터 "당장 정안군을 후계자로 삼으시라!"고 목소리를 높였던 신하들은 더 이상 가만있으려 하지 않았다. 신하들에게 떠밀린 정종 이방과가 이방원을 세자로 삼을 것을 발표하는 것은 때늦은 요식행위에 지나지 않았다.

1차에 이어 2차 왕자의 난에서도 승리를 거두고 세자로 책봉된 이방원은 조선을 자신의 명의로 이전하는 수순에 들어갔다. 그때까지 공식적으로 사병을 거느릴 수 있는 그룹은 왕자들과 1차 왕자의 난 당시에 뜻을 함께했던 공신들밖에 없었다.

이방간이 패배한 직후 유일하게 사병을 거느렸던 왕자 이방의가 자진해 모든 것을 반납했다. 이방의는 본래부터 정치와 권력에 마음을 두지 않았지만, 사병을 가졌던 마지막 왕자가 스스로 반납하는 모습을 보인 것은 상징성이 적지 않았다. 왕자들에 대한 사안은 그렇게 정리가 되었지만 공신들은 그렇지 않았다.

참판삼군부사 조영무를 황주에 귀양보냈다. 처음에 대간에서 조영무와 참찬문하부사 조온, 지삼군부사 이천우 등을 탄핵해 서리를 보내 그 집을 지키게 하고, 교장交章해 상언했다.

"병권은 흩어서 주장할 수 없고, 마땅히 체통이 있어야 합니다. 그러므로 지난번에 신 등이 사병을 혁파하기를 청했는데, 전하가 유윤하시고 시행해 서울과 외방의 군마를 모두 삼군부에 붙였으니, 신민들이 기뻐하지 않는 이가 없습니다. 이것이 환란을 염려하고 위태한 것을 막는 것이므로, 종사 만세의 큰 계책이 되는 것입니다. 지금 조영무가 삼군부에서 병기를 거둬들일 때를 당해 즉시 수납輸納하지 않고, 삼군부 사령을 구타해 상하게 하고, 그 군관의 패기牌記(명단이 기록된 장부)를 여러 날 동안 보내지 않고, 많은 사사 반당伴儻(호위병, 즉 사병)을 숨겼습니다.

또 세자(이방원)에게 군사를 혁파하는 까닭으로 경솔하게 불손한 말을 하면서 옥신각신 힐난하고, 서로 모여서 음모해 화란을 선동하려 했습니다. 이천우, 조온 등도 또한 모두 패기를 곧 수납하지 않고 여러 날을

끝면서 …《정종실록》 2년(1400) 4월 18일

   마지막 사냥이 끝난 다음 더 이상 필요 없게 된 사병들을 혁파하려 했을 때 조영무가 대표적으로 거론된다. 1차 왕자의 난에 이어 2차 왕자의 난에서도 공을 인정받아 다시 일등공신으로 책록된 조영무는 사병을 내놓으라는 명령에 응하지 않았다. 놀랍게도 무기를 거두러 갔던 사령을 구타한 데다, 당연히 반납해야 할 패기를 보내지 않은 조영무는 심지어 사병들을 감추기까지 했다. 어명을 경유하는 이방원의 정책에 정면으로 항거하는 조영무가 대간의 탄핵을 당하는 것은 지극히 당연하다.

   그러자 정종의 입장이 난처하게 되었다. 대간의 주청은 지극히 당연하지만 조영무와 조온, 이천우는 이방원의 심복이 아닌가. 정종이 주저하자 대간이 사퇴하겠다는 강수를 두기에 이르렀다. 상황이 그렇게 되자 이방원이 나설 수밖에 없었다.

   당시 실록에 이방원이 "근일에 조영무, 조온, 이천우의 일은 처결하기가 어렵지 않은가? 언관들이 상소해 말하기를 '조영무, 이천우 등이 음모하고 모였다' 하니, 과연 그 말과 같다면 국문해 후일을 경계하는 것이 사리에 당연하나 다만 그 음모한 여부를 정확히 알 수 없다"고 말했다.

   사병을 가진 자들이 '음모하고 모였다'는 것은 곧 반역을 모의한다는 것이다. 그렇다면 즉시 체포하고 국문을 가해 진상을 밝혀야 함에도 이방원은 파직하고 유배하는 것으로 그치게 했다. 특히 조영무는 특단으로 배려되었다고 해도 과언이 아니었다.

태종 이방원이 어떤 인물인가? 외척이 발호할 싹을 없애기 위해 목숨을 걸고 자신을 도왔던 처남 민무구와 민무질을 비롯한 4형제들을 모조리 죽인 것은 물론, 세종의 장인 심온에게 사약을 내리고 집안을 몰살시킨 사람이다. 그렇게 냉혹한 이방원이 자신이 보낸 관리를 구타하고 사병과 무기를 감추면서 장부까지 반납하지 않는 등 투정하는 차원을 한참이나 초월해 정면으로 항거하는 자를 그냥 둔다는 것은 상상하기조차 어렵다.

게다가 같은 위치의 공신 가운데 이거이도 사병혁파에 반대했다가 유배를 당한 다음 풀려나지 못하고 죽었다. 이거이는 아들 둘을 각각 이성계와 이방원의 딸들에게 장가들여 이중으로 사돈이 된 인물이거니와, 심복 가운데서도 심복인 이숙번도 이방원을 믿고 갖은 교만을 부리다가 역시 유배당한 다음 죽을 때까지 복귀하지 못했다.

그에 비해 조영무의 유배는 일시적인 것에 지나지 않았다. 오히려 복귀한 다음 더욱 신임을 얻어 가장 높은 관직까지 역임하는 바, 태종 이방원의 만류에도 스스로 은퇴해 76세의 나이로 자연사하는 행운을 누릴 수 있었던 데는 그만한 이유가 있을 것으로 여겨진다.

그럼에도 조영무는 왜 유배를 갔을까?

이성계가 직접 조영무를 언급하면서 "조온과 조영무가 모두 금병을 맡아 내전에 숙직하다가, 무인년에 과인이 병으로 편치 못한 때를 당해, 옛날의 애호한 은혜는 돌아보지 아니하고 군사를 거느리고 내응했으니 배은망덕한 것이 비할 데가 없다"는 실록의 내용이 결정적이라는 생각에는 변함이 없다.

그리고 그날의 실록 후반부는 '이무는 본래 남은, 정도전 등과 좋아하며 항상 서로 모의를 해 너희들을 무너뜨리고자 했다. 무인년 변에도 왕래하면서 반간 노릇을 행하며 중립을 지키면서 변을 관망해 이기는 자를 따르려 했다. 마침 너희들이 이겼기 때문에 와서 붙은 것이니, 이는 변을 관망하는 불충한 사람이 아니냐? 그러나 모두 정사공신의 열에 됐으니, 만일 급하고 어려운 일이 있으면 무인년의 과인을 배반하던 일을 본받지 않겠는가! 너희들이 만일 나를 아비라고 한다면 이 세 사람을 죄주어서 사직의 장구한 계책을 도모하고, 후세의 불충한 무리를 경계하도록 하라'라는 내용이다.

이때 이성계가 이방원과 이방과에게 '나를 아비로 여긴다면 이 세 사람을 죄주어 후세에 경계하도록 하라'고까지 주장했기 때문에 이방원도 조영무를 형식적이나마 유배할 수밖에 없었던 것이다. 이후 이숙번까지 곁에서 떼어버렸던 이방원이 조영무에 대한 의리를 끝까지 저버리지 않는 것을 보면 결코 '내응했으니'로 그치지 않았을 것이라는 심증이 더욱 강하게 든다. 그리고 '내응했으니' 자체가 조영무가 경복궁에 있었다는 증거가 되기 때문에 그동안의 대세를 반박하는 재료로 충분하다.

이방원의 나라

세자가 예궐해 조복을 갖추고 명을 받고, 가마를 타고 수창궁에 이르러 즉위했다. 그리고 백관의 조하를 받고 유지를 반포했다. 왕은 이렇게 말했다.

"우리 '계운신무태상왕啓運神武太上王'께서 조종祖宗의 쌓은 덕을 이어받고 천인天人의 협찬을 얻어서, 크나큰 명을 받고 문득 동방을 차지해, 성한 덕과 신통한 공과 큰 규모와 원대한 도략으로 우리 조선 억만 년 무궁한 운조運祚를 이룩했고, 우리 상왕께서는 적장자로서 공경히 엄한 명을 받고서 보위에 즉위해 정신을 가다듬어 다스림을 이룬 지 이제 3년이다.

지난 번에 적사가 없었으므로 미리 저부儲副(세자)를 세워야 한다고 하니, 이에 소자가 동모제의 지친이고 또 개국하고 정사할 때 조그마한 공효가 있다 하여 나를 책봉해 세자를 삼고 감무의 책임을 맡겼는데 감내하지 못할까 두려워 매양 조심하고 송구한 마음을 품었다. 어찌 생각했으랴! 이달 11일에 홀연히 교지를 내려 이에 즉위하도록 명하시었다. 두세 번을 사양했으나 이루어진 명령을 돌이킬 수가 없어서, 이미 13일 계유에 수창궁에서 즉위했다.

돌아보건대 이 작은 몸이 대임을 응해 받으니 무섭고 두려워서 깊은 물을 건너는 것과 같다. 종친, 재보, 대소신료에 의뢰하니, 각각 마음을 경건히 해 힘써 내 덕을 도와 미치지 못하는 것을 바로잡도록 하라. 명에 응하는 처음을 당해 마땅히 너그러운 은전을 펴서 경내에 사유赦宥해야 하겠다. 건문建文 2년 11월 13일 새벽 이전의 상사常赦에서 용서하지 못하는 것을 제외하고, 이미 발각되었거나 발각되지 않았거나 이미 결정되었거나 결정되지 않았거나 모두 용서해 면제한다.

감히 유지 전의 일을 가지고 고해 말하는 자는 그 죄로 벌 주겠다. 아! 천지의 덕은 만물을 생산하는 것보다 더 큰 것이 없고, 왕자王者의 덕은 백성에게 은혜롭게 하는 것보다 더 큰 것이 없다. 하늘과 사람의 두 사이에 위치해 위로 아래로 부끄러움이 없고자 하면, 공경하고 어질게 해 하늘을 두려워하고 백성에게 부지런히 하는 것이다. 힘써 이 도에 따라서 부하負荷된 임무를 수행하겠다. 너희 신민들은 나의 지극한 회포를 몸 받도록 하라." 《정종실록》 2년(1400) 1월 13일

그해 11월 11일에 건강이 좋았던 정종이 풍질을 사유로 전위할 의사를 밝혔다. 재삼재사 사양하던 이방원이 이틀 뒤인 11월 13일 마침내 보위에 올랐다. 이방원이 약간 오래 맡겨 두었던 권리를 되찾은

그날, '준비된 제왕' 이방원이 자신을 용상에 끼워 넣은 직후부터 조선은 진정한 의미에서의 신국으로 거듭나기 시작했다. 게다가 건문제가 이방원의 즉위를 공식적으로 인정했을 뿐 아니라 숙원 가운데 숙원이었던 계열사로의 편입이 현실로 다가오기까지 했다.

사은사 서장관인 교서소감 안윤시와 통사通事(통역관) 판전중시사 이현이 명의 서울에서 돌아왔으므로, 각각 안마鞍馬를 내렸다. 윤시 등이 아뢰기를 "황제가 통정시승 장근과 문연각대조 단목예를 보내어, 고명誥命(황제의 인증서)과 인장印章(옥새)을 싸 가지고 사은사와 함께 오는데, 이미 압록강을 건넜습니다" 하니, 임금이 듣고 대신에게 이르기를 "밤의 꿈에 모후(신의왕후 한씨)께서 흰 적삼을 입으시고 나에게 이르시기를 '내가 이미 옮겨 왔다'고 하시며 기뻐하시는 모양 같았다. 꿈을 깨고 나서 이상하게 여기어, 마음속으로 사모의 정을 견딜 수 없었는데, 오늘 성사盛事(국가의 중대사)가 장차 이른다는 말을 들었으니, 어제 모후의 하늘에 계신 혼령이 미리 아시고 기뻐하신 것이 아닌가?" 했다. 백관과 대소한량, 기로들이 모두 나와 하례했다. 《태종실록》 1년(1401) 5월 27일

임금이 강사포와 원유관을 갖추고 여러 신하의 하례를 받았다. 이날에 삼사우사三司右使 이직, 총제 윤곤 등이 예부의 자문咨文을 가지고 왔으므로, 각각 안마를 내렸다. 자문의 내용은 이러했다.
"건문 3년 4월 15일 조선국 권서국사 이李의 자문에 '친형(공정왕 이방과) 아들이 없어 그 뒤를 잇게 했는데, 뜻밖에 친형이 갑자기 풍병에 걸리어 국사를 임시로 맡기매, 스스로 생각하기에 어리석고 용렬해 감히 감당

할 수 없어 두세 번 사양했으나 … 16일 늦게 본부本部에서 주본을 갖춰 봉천문에 아뢰어 성지를 받들었는데 '저 사람이 이미 윤리 상에 어긋난 일이 없고 조정에 충순해, 간절히 와서 청하니 고명과 인신을 모두 주라'고 했으므로 … 고명 한 통, 사각에 전문으로 새긴 조선국왕 금인 한 개와 금인지 한 개를 함께 상자 속에 넣었다."《태종실록》1년(1401) 6월 12일

몽매에도 고대하던 황제가 하사하는 인증서와 옥새가 도착한다는 전갈에 기뻐하지 않을 수 없었다. 그러나 비로소 명의 계열사로 확실하게 인정받게 되었다는 기쁨이 가라앉기에는 긴 시간이 필요하지 않았다. 건문제가 이방원을 제후국의 왕으로 인정하는 조치를 취한 것은 좋은 의도에서가 아니었다.

명은 이방원이 고명을 받기 이미 3년 전부터 내전에 돌입한 상태였다. 잇달아 숙부들을 제거한 건문제가 가장 강한 연왕을 그냥 둘리 만무했다. 주체가 주원장의 제사에 참여하기 위할 목적으로 군대를 이끌고 남경에 도착하자 건문제가 "혼자 들어오라!"고 요구한 것이 내전의 빌미가 되었다. 그런 사실은 고려 사람으로 요동의 동녕위에 살다가 그쪽의 군대에 징집당한 다음 갖은 고생을 겪다 탈출한 자에 의해 알려지게 되었다.

주체가 자위권 수호 차원에서 전쟁을 벌인 시기는 이방원이 반역하기 직전인 1398년 8월 초였다. 이후 주체가 승승장구하자 위기감에 휩싸인 건문제가 조선의 환심을 얻기 위해 임시직의 권지국사를 왕으로 격상해 승인하고 계열사로 인정하는 조치를 취한 것이지, 갑

자기 아량을 베풀고 싶어서 그런 것은 아니었다.

사은사 박돈지가 길이 막히어 경사京師(남경)에 조회하지 못하고 돌아왔는데, 황제의 조서를 전사傳寫해 가지고 왔다.
봉천승운황제奉天承運皇帝(건문제 주윤문)는 조詔하기를 "짐이 황조의 보명寶命을 공경히 받들어서 상하의 신기神祇를 이어 받들었는데, 연 사람(연왕 주체)이 부도해 마음대로 간과干戈(창과 방패, 병력)를 움직여 만성萬姓을 포악하게 해하므로, 여러 번 대병을 일으켜 토벌했다. 근자에 여러 장수들이 군율을 잃어서, 도적의 군사가 회수准水(양자강)를 침노해 강을 건너 대궐을 범하고자 하므로 … 슬프다! 짐이 덕이 없어 도둑을 부른 것은 진실로 말할 것이 없거니와, 그러나 내 신자臣子가 짐을 버리고 돌보지 않겠는가? 각각 마음을 다해 난을 평정하면 봉상封賞(논공행상)의 법전에 의해 공을 논해 행할 것을 짐이 아끼지 않겠다. 그러므로 이에 조유하는 바이니 지극한 회포를 체인體認(체인회득體認會得, 충분히 체감하고 납득함)하라." 《태종실록》 2년(1402) 8월 1일

마침내 올 것이 오고야 말았다. 이미 1402년 7월 중순에 주체가 승리를 거둔 상태였지만 당시는 정보의 입수가 지극히 늦거니와, 연왕의 지역이 차단당한 상태였기 때문에 어떻게 돌아가는지 전혀 알 수 없었다. 그러나 명에서 내전이 발생한 사실과 대단히 심각한 상황으로 발전되고 있다는 정도는 충분히 인식한 상태였다.
고명과 인장을 내린 건문제가 황제의 체통이 손상되는 것을 감수하면서까지 직접 호소했더라도 응하는 것은 너무나 위험했다. 원이

홍건적의 발호를 막기 위해 고려에 지원군을 요청한 사례가 있기는 했지만, 그때와 지금의 상황은 차원이 달랐다. 건문제의 호소에 응해 연왕의 배후인 요동을 공격했다가 연왕이 승리를 거두는 날에는 어떻게 되겠는가. 게다가 건문제가 황제의 체통까지 내려놓고 호소하는 자체가 위급하다는 것을 입증하거니와, 연왕이 승리를 거둘 수 있는 역량을 갖춘 인물인 만큼 조선이 할 수 있는 것은 아무런 행동도 취하지 않는 것밖에 없었다.

2품 이상의 기로들을 자문紫門에 모아 도망 온 군사들을 받아들일 것인지의 가부를 의논하게 했다. 전지하기를 "임팔라실리林八剌失里 등 3,000여 호가 도망 올 때, 하지휘河指揮와 요천호姚千戶 등이 1,500의 군사를 이끌고 추격하니 팔라실리 등이 다 죽여버렸고, 심양, 개원 양위兩衛의 군마가 와서 추격하니 또한 그 반수를 죽이고 강계江界에 와서 입국을 청한다. 아직 강변에 머물러 두고 그들의 움직임을 볼 것인가? 만약 입국을 허용하지 아니했다가 식량이 떨어지고 형세가 궁해지면 난을 일으킬 것은 의심할 나위가 없다. 군사를 모아 방어하게 되면 농사가 때를 잃게 될 것이다. 얼음이 얼 때가 되면 더욱 염려되니, 강을 건너오도록 허락해 각처에 나누어 둘 것인지?" 했다.
이에 강변에 머물러 두고 그 움직임을 보자는 사람이 23인, 강을 건너오도록 허락해 각처에 나누어 두자는 사람이 12인이었다. 또 각사에 명해 그 가부를 헌의하게 했더니 의견이 분분해 일정하지 않았다.《태종실록》2년(1402) 4월 16일

비록 연왕 주체가 압도적으로 승리하고 있는 상태였지만 내전의 후유증이 조선까지 밀려들었다. 당시 명이 요동을 제어하기 위할 목적으로 요충지에 군사지역인 위衛를 설치했으며 고려에도 철령위를 설치하려 했었던 것은 앞서 말한 바 있다. 직할 지역인 요양과 심양, 개원 이외에 20개 정도 건설된 위에 거주하는 고려인과 여진족, 한족 등 가운데 여진족이 가장 많고 사납다는 것 역시 전술했었다.

명은 여진족을 회유하고 이용할 목적으로 족장에게 관직을 줘 위를 다스리게 회유했는데, 임팔라실리는 동녕위東寧衛의 천호로서 3,000호를 거느리는 실력자였다. 그러던 가운데 내전이 벌어지는 바람에 명의 지배력이 느슨해지자 임팔라실리가 일족을 이끌고 도주하는 사건이 벌어졌다.

그러자 인근을 다스리는 하지휘와 요천호가 1,500을 이끌고 추격에 나섰다가 깨끗이 전멸당하고 말았다. 이후 요동의 핵심인 심양위와 개원위에서 본격적으로 추격에 나섰지만 오히려 임팔라실리에게 궤멸적인 타격을 당했다. 고려에 들어오기 이전의 이성계를 방불케 하는 임팔라실리가 압록강 건너에 도착한 다음 망명을 요청하는 상황이 실록의 내용이다.

통사 강방우가 요동으로부터 평양에 이르렀는데, 서북면도순문사가 방우의 말을 비보飛報하기를 "6월 13일에 연왕이 전승해 건문황제가 봉천전에 불을 지르게 하고 자기는 대궐 가운데서 목매달아 죽었으며, 후비, 궁녀 40인이 스스로 죽었고, 이달 17일에 연왕이 황제의 위에 올랐는데, 도찰원 첨도어사 유사길과 홍려시소경 왕태와 내사 온전, 양영 등을 보내 이들이 조서를 가지고 이미 금월 16일에 강을 건너왔고, 역사 두 사람과 본국 내관 세 사람이 따라옵니다" 했다.

임금이 일찍이 박석명에게 말하기를 "꿈에 중국 사신이 이르렀는데 내가 사람을 시켜 성지를 전사傳寫하게 해 보았으니, 중원에 반드시 기이한 일이 있을 것이다" 했는데, 이때에 이르러 과연 들어맞았다. 《태종실록》 2년(1402) 9월 28일

4년이나 지속된 내전의 결과 먼저 도발한 건문제가 모든 것을 잃었다. 건문제가 50만 대군을 투입하는 등 외형적으로는 압도적이었지만, 전쟁의 흐름과 기회를 포착하는 안목을 갖추고 위기관리 능력이 뛰어난 데다, 실전경험이 풍부한 군대까지 가진 연왕을 당해낼 수 없었다.

당시 주체가 승리할 수 있는 요건을 갖춘 것은 사실이겠으나 역설적이게도 주원장이 도운 덕택이 컸다. 주원장이 대대적으로 자행한 배은망덕한 숙청으로 인해 주윤문을 보호할 친위세력의 씨를 말린 것이 제 발등을 찍은 부메랑으로 돌아왔다. 풍부한 전투경험과 강력한 충성심으로 무장한 건국공신들이 생존해 있었다면 주체가 승리할 확률이 급격히 줄어드는 것은 상식에 해당한다.

손자를 보호하기 위한 숙청이 오히려 독이 되어 돌아온 것에 고소를 금치 못하겠지만, 국가적으로 보았을 때 극히 긍정적인 결과가 초래되었다. 주윤문을 물리치고 3대 황제로 즉위한 주체가 그 유명한 영락제永樂帝다. 정화鄭和에게 분부해 세계 역사에 유례가 없는 원정을 시행한 것으로도 유명한 영락제는 중국사 역대를 통틀어 최고의 황

제로 꼽히는 당태종 이세민과 견줄 수 있을 정도로 위명이 쟁쟁하다. 내전으로 인한 피해를 단기간에 극복하고 내치와 외치의 모든 면에서 타의 추종을 불허하는 위업을 이룩한 영락제는 아무리 칭찬해도 부족하지 않다.

하등극사賀登極使(주체가 등극한 것을 축하하는 사신) 서장관 조말생이 돌아와 아뢰기를 "황제가 명해 좌통정 조거임에게 고명誥命(인증서)을 도지휘 고득에게 명해 인장을 가지고 가게 해, 이미 의주에 이르렀습니다" 했다.

처음에 하륜, 이첨, 조박 등이 경사에 이르니, 황제가 윤등을 불러 말하기를 "너희들이 짐이 즉위한 까닭을 아느냐? 건문(주윤문)이 고황제(주원장)의 뜻을 돌보지 않고 숙부 주왕周王(주체의 친형제 주숙朱橚)을 쫓아내고 골육을 잔해했으며 또 짐을 해하고자 해 군사를 일으키므로, 짐도 역시 죽기가 두려워 부득이 군사를 일으켰다.

그러나 짐이 두 번이나 화친하려고 했는데, 건문이 듣지 않았다. 이에 군사를 들어 그 모사하는 신하를 치려고 하니, 건문이 서로 만나기를 부끄러워해 궁문을 닫고 스스로 불에 타 죽었다. 주왕과 대신이 짐에게 '고황제의 적장자이니 마땅히 제위에 올라야 된다'고 하므로, 부득이 즉위했다. 처음에 어찌 위位를 얻는 데에 뜻이 있었겠는가?" 했다.

윤이 고명과 인장을 예부시랑 조예에게 청하니, 예가 말하기를 "정보呈報(절차에 의해 처리)하는 것이 좋다" 했다. 곧 정보하니, 예부에서 주문하매 이를 주라고 명한 것이었다. 《태종실록》3년(1403) 4월 2일

영락제가 이방원이 건문제에게 받았던 고명과 인장에 대해 문제 삼지 않는 유연한 태도를 견지함에 따라 그토록 원하던 숙원이 완성되었다. 명 중심의 질서에 편입되면서 비정규직인 권지국사에 지나지 않던 국왕의 정통성을 인정받은 조선은 비로소 고려와 완전히 단절하고 진정한 의미에서의 창업에 매진할 수 있었다.

겨우 내전을 끝내고 즉위한 주체의 입장에서 주원장처럼 조선을 자극해서 좋을 것이 없거니와, 건문제에게 승인받은 이방원이 끝까지 움직이지 않은 것에 대한 보답도 필요했다. 그로 인해 비록 작더라도 절대 무시할 수 없는 조선의 군사력에 대한 우려를 불식하고 그 방면의 안전을 보장받는 실리까지 취할 수 있었다. 또한 주원장의 아집 때문에 전쟁으로까지 비화할 수 있었던 심각한 현안들이 일시에 소통되는 등 조선을 승인하면서 얻을 수 있었던 실익도 막대했다.

비로소 조선과 명의 관계가 긍정적으로 정립되고 상생하면서 발전할 수 있는 토대가 구축되었지만, 정도전의 부재에 대한 아쉬움이 적지 않다. 정도전이 어이없게 기습을 당해 죽지 않았다면 명의 역사가 변했을 개연성이 충분하다. 그렇지 않아도 요동정벌을 외치던 정도전에게 건문제와 연왕 사이에 발생한 내전은 가뭄의 단비 이상의 호재였을 것이 분명하다.

어떤 일이 발생할지 모르는 이상 국경의 수비를 단단히 해야 한다는 현실적 주장을 내세워 반대파들의 입에 자물쇠를 채우고 준전시 상태로 돌입하는 것은 상식적이다. 그런 상태에서 건문제의 지원 요청이 들어오면 상황이 돌이킬 수 없는 방향으로 흐르게 된다.

건문제가 연왕을 반역자로 규정한 상태에서 "주원장에게 정식으

영락제永樂帝. 명의 3대 황제로 한의 무제, 당의 태종과 비견되는 명군으로 꼽힌
다. 명의 수도를 남경에서 북경으로 천도했으며 자금성을 축조했다. 혈족과 상쟁
을 벌인 끝에 권력을 쟁취하고, 즉위 이후 국가의 기틀을 확고하게 다졌다는 점에
서 조선 태종과도 곧잘 비교된다.

로 책봉받은 황제를 도와야 한다!"는 명분을 내세우면 누구도 반대할 수 없게 된다. 그래도 반대하는 자가 나타난다면 대역을 적용해 처형한 다음 압록강에 던져 요동정벌을 위한 제물로 바치면 그만이다. 이후 전개되는 상황에 따라 건문제에게 지분을 받게 되면 사병혁파는 아무것도 아닐 성과를 거둘 수도 있었을 것이다.

물론 반대의 의견들도 타당성이 충분하다. 가장 먼저 지적되는 것은 주체가 보유한 군사력이다. 주체는 몽골의 세력을 방비하기 위해 본국에 남겨둔 병력을 제외하고도 건문제와 승부를 겨룰 수 있을 정도의 군사력을 가진 상태였다. 그런 주체에게 10만 이상을 동원하기 어려운 조선은 승부가 되지 않을 것이라는 기본적인 주장이다. 또한 주체가 몽골세력과의 전투는 물론, 50만 이상을 동원한 건문제를 물리치는 과정에서 보여준 역량을 감안해도 조선에 전혀 승산이 없다는 주장이 대세다.

그러나 조선이 상대도 되지 않는다는 주장들은 결과론에 지나지 않는다. 건문제를 몰아세우던 주체가 조선군에게 배후를 공격당하면 전쟁의 양상 자체가 달라질 수 있다. 배후의 위협에 대비하는 것과 실제로 그런 상황을 맞는 것은 전혀 다르거니와, 동서고금을 막론하고 배후를 위협당하는 상태에서 결과가 좋았던 사례가 드물다.

건문제의 요청에 응한 조선군이 주체의 뒤통수를 강타한 덕택에 한숨 돌린 건문제가 반격에 나서게 되면 상황이 변할 개연성이 적지 않다. 게다가 전쟁은 누가 지휘하느냐에 의해 승부가 갈리는 경향이 강하다. 정도전에게 지휘를 받는 조선군은 숫자 이상의 위력을 발휘할 수 있겠지만, 아쉽게도 당시 조선에는 정도전이 존재하지 않았다.

그 외에도 가장 위협적인 몽골세력들이 당시 침공할 여건이 되지 않는 등 주원장이 여건을 마련했다고 해도 과언이 아닌 주체는 외부적으로도 아주 운이 좋았다. 이런저런 요인들이 복합적으로 결합하고 발효해 역사가 이뤄지는 만큼, 이방원이 건문제의 요청을 받아들이지 않은 것도 명의 역사에 영향을 미친 것으로 보아도 무방하다. 이 부분에 대해서는 사병혁파가 막바지에 이른 단계에서 이성계의 상태가 일시적으로 나빠지고 조영무가 기회를 놓치지 않은 결과가 나비효과로 작용한 것으로 결론짓겠다.

　　이방원도 주체만큼이나 운이 많이 따랐지만 능력 역시 주체에 못지않았다. 이성계가 정도전에게 선택되다시피 하고 이방과가 자신의 것이 아닌 보위에 억지로 앉혀진 것에 비해 이방원은 자발적이고 능동적이었다. 두 번 다시 오지 않을 기회를 놓치지 않고 잡은 데다, 특히 가장 중요한 종주국에서의 승인을 두 차례나 받은 이방원은 조선을 창업한 이성계보다 오히려 윗길이다. 이후의 조선은 이방원에게서 비롯되었다고 해도 과언이 아닌 만큼 정도전에 대한 아쉬움을 상쇄하고도 남음이 있다.

이방원이 감춘 역사의 진실

태상왕이 조준과 뜻이 맞아 … 마침내 태상왕의 계책에 찬성해 심덕부,
정몽주 등 일곱 사람과 더불어 공양왕을 맞아 세웠다.

문하평리에 옮기고 책훈策勳해 조선군충의군을 봉했다. 세상에서 이를
'구공신九功臣'이라 이른다. 경오년 겨울에 찬성사가 되고, 신미년 6월에
중국에 들어가서 성절을 하례했는데, 길이 북평부北平府를 지나게 되었
다. 이때 태종황제太宗皇帝(영락제)가 연저燕邸(연나라의 지역)에 있을 때인
데, (태종황제가) 마음을 기울여 (조준을) 대접했다. 조준이 물러와서 사
람들에게 말하기를 "왕이 큰 뜻이 있으니 아마 외번外藩에 있지는 않을
것이다" 했다.

그때 정몽주가 우승상으로 있었는데, 태상왕의 심복과 우익을 없애려
고 해 비밀히 공양왕에게 고하기를 "정책定策(창왕을 폐하고 공양왕을 세우
려는 계책)할 때에 준이 이의가 있었습니다" 하니, 공양왕이 이 말을 믿

고 조준에게 앙심을 품었다.

임신년 3월에 정몽주가 태상왕이 말에서 떨어져 병이 위독할 때를 타서 대간을 시켜 준과 남은, 정도전, 윤소종, 남재, 오사충, 조박 등을 탄핵해, 붕당을 만들어서 정치를 어지럽게 한다고 지적하며 모두 외방으로 귀양 보냈다가 이내 수원부로 잡아 올려 극형에 처하려고 했다.

4월에 우리 주상께서 조영규로 하여금 정몽주를 쳐 죽이게 해 조준이 죽음을 면하고 찬성사에 복직되었다.

7월 신묘에 조준이 여러 장상將相들을 거느리고 태상왕을 추대했다. 태상왕이 즉위하던 날 저녁에 조준을 와내臥內(침실)로 불러들여 말하기를 "한문제漢文帝가 대저에서 들어와서 밤에 송창宋昌으로 위장군衛將軍을 삼아 남북군을 진무하게 한 뜻을 경이 아는가?" 하고, 인하여 도통사 은인銀印과 화각畫角, 동궁彤弓을 하사하면서 이르기를 "5도의 병마伍道兵馬를 모두 경에게 위임해 통솔하게 한다" 했다. 《태종실록》5년(1405) 6월 27일

조준이 사망했을 때를 기록한 졸기 가운데 일부다. 이성계가 업적의 대부분을 조준과 더불어 논의한 것처럼 나타난 것은 깊이 생각할 조차 없는 고의적인 오류다. 게다가 우왕을 폐하고 공양왕을 즉위시켰을 때 '조선군충의군을 봉했다'는 것도 어이없기는 마찬가지다. 그때는 고려가 멸망하기 이전인 데다, 조선의 국호가 공양왕이 폐위당하고 이성계가 즉위한 이후에 승인받는다는 것을 감안하면 나가도 너무 나갔다는 탄식을 금할 길이 없다.

그뿐 아니라 인용한 실록에서 거의 항상 조준이 먼저 나오고 정도

전이 다른 사람들과 함께 나오는 것도 사실과 다르다. 물론 조준의 비중도 적지 않았다. 그러나 정도전이 아니었다면 조선의 건국이 가능하지 않았을 정도였음에도 조준과 역할이 바뀐 것은 이방원이 정도전을 죽이고 보위에 올랐기 때문이다.

그것이야 그렇다고 치자. 조준이 명에 사신으로 갔을 때 '북평부를 지나치다가 만난 태종황제'는 주원장의 넷째아들이자 이후 명의 3대 황제 영락제가 되는 연왕 주체다. 그런 연왕이 누군지조차 알지 못했을 조준을 '마음을 기울여 대접했다'는 것도 가당치도 않거늘, 조준이 돌아온 다음 '장차 연왕이 황제로 등극할 것이다!'며 떠들었다는 것은 또 무엇인가?

게다가 이성계가 즉위하던 날 조준을 따로 침실로 불러 이런저런 이야기를 주고받다가 "5도의 병마를 모두 경에게 위임해 통솔하게 한다"며 전군총사령관에 임명하기까지 한다. 그런 수준은 아무것도 아닐 정도의 《태종실록》은 도무지 믿기 어렵거니와, '주상께서 조영규로 하여금 정몽주를 쳐 죽이게 해 준이 찬성사에 복직되었다'는 등의 내용 역시 사료로서의 가치가 전혀 함유되어 있지 않다.

실록은 결코 진실을 말해주지 않기 때문에 사실과의 관계를 구획해야 할 필요가 절실하다. 정몽주의 죽음이 백주대낮에 벌어진 정치적 목적에서의 테러인 것은 분명한 사실이되 진범은 따로 있었다. 또한 '1차 왕자의 난'으로 인해 이성계가 하야하고 이방원이 즉위하게 되는 것 역시 사실이지만, 지금까지 진실로 유통된 사건의 이면에는 전혀 다른 진실이 매장되어 있지 않은가? 역사를 다루는 사람들은 실록에 적시된 사실을 진실로 착각하고 호도하지 말아야 할 것이다.

3부 · 함흥차사 살인사건, 반란의 재구성

1장

⋮

이성계는 함흥차사를
죽이지 않았다

함흥차사는 없다

심부름 보낸 사람이 소식조차 없는 것을 이르는 '함흥차사咸興差使'
의 발원지는 이성계다. 이방원이 반역해 어린 세자를 죽이고 보위에
오르자 극도로 분노한 이성계가 궁궐을 떠나 고향 함흥의 옛집으로
돌아가는 것으로 이야기가 시작된다.

이성계가 함흥에서 돌아올 생각을 하지 않자 이방원이 난처해졌
다. 경위야 어쨌든 반역을 일으켜 배다른 동생을 죽인 다음 이성계까
지 끌어내리고 즉위한 것은 사실이다. 그로 인해 분노한 이성계가 계
속 함흥에 머물자 백성들에게 체면이 서지 않을 것이 우려된 이방원
이 함흥으로 돌아올 것을 호소하는 차사를 보냈다. 게다가 이성계가
함흥으로 갈 때 옥새까지 가져갔기 때문에 어떻게 해서든 돌아오게
해야 했다.

그러나 이성계는 마음을 바꾸지 않았다. 오히려 차사들이 미처 용흥강龍興江을 건너기도 전에 이성계가 신궁의 솜씨로 사살하는 것이 반복되자 나중에는 차사로 보낼 사람의 씨가 마를 지경이었다.

'방석의 변'이 있은 후 태조가 함흥으로 돌아가 돌아오지 않자 태종은 계속 사자를 보냈다. 그러나 태조가 그를 찾아오는 사자마다 모두 활로 쏘아 죽이자 마침내 가려고 하는 인사가 없게 되었다. 아들로서의 도리로 고심하던 태종의 모습을 보고 성석린成石璘이 자원해 함흥 땅으로 찾아갔다. 태조를 만나 환궁을 이야기하자 태조는 성석린에게 태종이 시켜서 온 것이 아니냐고 물었고, 성석린은 이를 부인하며 거짓말을 할 경우 자기 아들의 눈이 멀 것이라고 했다. 이후 과연 그의 두 아들은 눈이 멀었다.

… 문안사(차사)가 한 사람도 돌아온 이가 없었다. 태종이 여러 신하에게 묻기를 "누가 갈 수 있는가?" 하니 응하는 사람이 없었으나, 판중추부사 박순朴淳이 자청해 갔다. 박순은 하인도 딸리지 않고 새끼 달린 말을 타고 함흥에 들어가서 태조 있는 곳으로 향했다. 젊었을 때부터 친분이 깊던 박순이 오자 태조는 차마 활을 쏘지 못하고 들어오라고 했다. 이때 박순이 망아지를 나무에 매어놓고 그 어미를 타고 나가니 어미가 머뭇거리면서 뒤를 돌아보고 서로 부르며 울고 앞으로 나아가려 하지 아니했다.

태조가 말이 하는 짓을 보고 괴이히 여겨 물었더니, 그가 아뢰기를 "새끼가 길가는 데 방해가 되어 매어 놓았더니 어미와 새끼가 서로 떨어지는 것을 참지 못합니다. 비록 미물이라 하더라도 혈육의 정은 있는 모양입니다" 하고 넌지시 비유하니 태조가 척연히 슬퍼했다.

태조는 박순이 잠저에 있을 때 사귄 옛 친구로서 머물러 있게 하고 보내지 않았다. 하루는 태조가 박순과 더불어 장기를 두고 있을 때 마침 쥐가 그 새끼를 끼어 안고 지붕 모퉁이에서 떨어져 죽을 지경에 이르렀어도 서로 떨어지지 아니했다. 박순이 다시 장기판을 제쳐놓고 엎드려 눈물을 흘리며 더욱 간절하게 아뢰니 태조가 이에 서울로 돌아갈 것을 허락했다.

박순이 서울로 돌아가겠다는 태조의 허락을 듣고 곧 그 자리를 하직하고 떠나니 태조를 따라와 모시고 있던 여러 신하들이 "감히 전하를 미물에 비유한 박순을 그냥 둘 수 없다!"며 극력으로 죽일 것을 청했다. 태조는 그가 용흥강을 이미 건너갔으리라 짐작하고는 무사에게 칼을 주면서 이르기를 '만약 이미 강을 건넜거든 쫓지 말라' 했다.

마침 박순은 병이 나 중도에서 체류했다가 겨우 강에 도달해 배에 오르고 아직 강을 건너지 못했으므로, 무사가 허리를 베어 죽였다. 태조가 크게 놀라 애석하게 여겨 이르기를 "박순은 좋은 친구다. 내가 마침내 전일에 그에게 한 말을 저버리지 않으리라" 하고 드디어 돌아오기로 결정했다.

태종은 순의 죽음을 듣고 곧 그의 공을 생각해 벼슬을 증직했으며, 또 화공에게 명해 그 반신을 그려서 그 사실을 나타냈다. 박순의 부인 임씨는 부고를 듣고 스스로 목을 매어 죽었다. 《연려실기술》

대중매체에는 흔히 이성계가 환궁한다는 보고를 받고 크게 기뻐한 태종 이방원이 친히 교외로 나가 맞이하려는 것으로 나타난다. 그

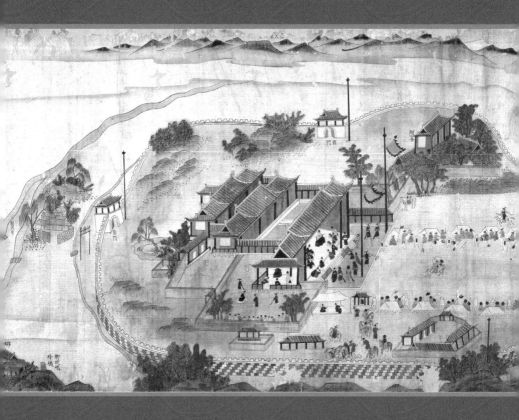

북관별과도北關別科圖. 함흥에서 실시된 무관시험
을 그린 그림. 함흥은 고려시대 윤관이 여진정벌
로 확보한 지역 가운데 하나로 이성계의 본거지
이기도 해 풍패지향豐沛之鄕, 즉 제왕의 고향으로
불렸다. 1731년. 국립중앙박물관 소장.

러나 하륜이 '태상왕의 화가 완전히 풀리지 않았으니 만일에 대비해 차일을 받치는 기둥을 큰 나무로 할 것'으로 조언했다. 과연 태종이 알현하려 하자 태조가 소매에서 활과 화살을 꺼내 태종을 향해 쏘았다. 그러나 태종이 급히 기둥 뒤로 몸을 피해 죽음을 면했다.

그러자 이성계가 "이제는 네 것이니 가지고 가라"며 옥새를 주었다. 태종이 옥새를 받고 장수를 기원하는 술잔을 올리려 했다. 이때 하륜이 다시 '직접 술잔을 바치지 말고 내시에게 대행할 것'을 말했다. 태종이 그 말대로 하자 태조는 술잔을 비운 후 소매에 숨겨 둔 철퇴를 꺼내며 "모두가 하늘의 뜻이다!"라며 길게 탄식했다. 이후 태조가 옥새를 물려주고 돌아온 다음 천수를 누린 것으로 나타난다.

이성계를 맞이하기 위해 북상하던 이방원이 국정을 살피기 위해 임시로 의정부를 설치한 지역이 지금의 의정부시가 되는 등으로 생생함이 더하다. 공전의 히트를 기록했던 사극을 비롯해 여러 작품들에서도 그렇게 나타난다.

이에 따라 함흥차사와 그에 따른 비화를 사실로 알고 있는 사람들이 적지 않지만 전혀 그렇지 않다. 이방원이 함흥으로 차사를 파견했던 자체가 없거니와, 이성계가 이방원을 죽이기 위해 활을 쏘거나 철퇴를 숨겼던 적도 없었다. 함흥차사는 야사에서 튀어나온 허망한 이야기에 지나지 않지만, 이방원이 즉위한 지 불과 2년밖에 지나지 않은 상태에서 이성계에 의해 발생한 사건은 소개할 가치가 충분하다.

아들에게 겨눈 아비의 칼

건문제와 4년에 걸쳐 싸웠던 내전에서 승리한 연왕 주체가 즉위한 다음 이방원에게 고명과 인장을 내려주기 반년 전쯤에 발생한 사건은 조선을 뒤흔들었다. 가장 중요한 명과의 외교가 정상화되어 첫 단추를 제대로 꿰면서 홀로서기가 출발되던 때에 놀랍게도 반역이 발생했다. 더욱 놀라운 것은 반역자가 이성계라는 사실이다.

공정왕이 아들이 없고 개국 정사의 계책이 모두 정안군에게서 나왔다 해 도승지 이문화를 보내 태조께 사뢰고 책봉해 왕세자를 삼았다. … 겨울 11월에 공정왕이 본래 풍질이 있었으므로 별궁에 물러앉고 태종에게 선위하니, 태종이 울면서 사양해도 되지 아니하여 드디어 수창궁에서 즉위했다.

태조가 기뻐하며 말하기를 "강명한 임금이니 권세가 반드시 아래로 옮

기지 않을 것이다" 했다. 《태종실록》 총서

이방원은 대낮에 도깨비를 만난 것처럼 황당했겠지만 이성계는
그렇지 않았다. 실록에는 이방원이 즉위할 때 이성계가 기뻐하면서
'강하고 현명한 왕이니 누구에게도 휘둘리지 않고 잘 다스릴 것' 등
의 덕담을 했다고 기록되어 있으나 결코 본심일 수 없다. 이성계는
감히 반역해 사랑하는 아들들을 죽이고 보위를 차지한 이방원을 하
염없이 증오했지만 힘이 없었다. 허울 좋은 태상왕으로 승격한 다음
궁궐에서 소일하던 이성계에게 기회가 찾아온 것은 1402년(태종 2)
10월 말이었다.

태상왕이 사신 온전에게 징파도에서 잔치를 베풀었다. 온전이 금강산
에서 돌아오매, 태상왕이 중로中路에서 청해 잔치를 베풀었다. 임금이
기생과 풍악을 보내고, 또 종친과 별시위를 보내어 호종하게 했다. 태상
왕이 별시위를 거느리고 동북면에 행차하려고 하니, 변현 등이 아뢰기
를 "주상께서 전하가 사신을 보려고 하시기 때문에 신 등을 보내어 시
위하게 한 것이고, 처음에는 거가를 따라 깊이 먼 지방까지 들어간다는
사실은 알지 못했습니다. 하물며 자금과 식량의 준비가 넉넉지 못하니,
멀리 대가大駕를 따르기가 실로 어렵습니다" 했다.
태상왕이 말하기를 "너희들은 모두 내가 기른 군사인데, 지금 어찌하여
나를 배반하느냐?" 하고, 인하여 눈물을 흘리니 변현 등이 마지못해 따
랐다. 《태종실록》 2년(1402) 10월 27일

그때 이성계는 임진강의 징파나루에서 명의 사신을 맞이해 연회를 베풀고 있었다. 종주국에서 칙사가 파견되면 조선도 최대한의 예의를 갖춰야 했다. 상왕이나 태상왕이 나가 사신을 맞이하도록 했는데, 정종과 이성계도 공식행사를 주관하는 것을 통해 모처럼 밥값도 하면서 바깥바람을 쐴 수 있었다. 또한 당시의 사신 온전은 이전부터 안면이 있었던 데다, 금강산을 유람하는 등으로 인하여 외교적 긴장이 상당히 이완된 상태였다.

우호적인 분위기에서 접대를 마친 이성계가 별시위의 지휘관에게 뜻밖의 요구를 한다. '태상왕이 별시위를 거느리고 동북면에 행차하려고 하니'의 요구는 너무나 상식적이지 않다. 별시위는 사신을 맞이해 무사히 개경으로 안내하기 위한 호위와 의전의 목적으로 임시로 파견된 부대다. 온전을 만나 잔치를 베풀었으면 속히 개경으로 돌아와야 할 이성계는 어이없게도 별시위를 이끌고 함흥 방면으로 가려고 했다. 게다가 온전과도 헤어지려 했으니 가장 중요한 외교에 크나큰 결례까지 범하는 행위가 아닐 수 없다.

파견된 목적과 완전히 상반된 요구를 받은 지휘관이 정상적인 이유를 들어 곤란함을 표시했다. 그러나 이성계는 "내가 너희들을 길렀는데 어찌 배반할 수 있느냐?"며 눈물까지 흘렸다. 결국 별시위는 따를 수밖에 없었다.

한편 수창궁에 있다가 전갈을 받은 이방원은 경악을 금치 못했다. 불길한 예감을 받은 이방원이 잇달아 사람을 파견했지만 이성계를 만나지 못했다. 이미 이성계는 북방을 향해 전력으로 질주하는 상태였다. 11월 3일에야 겨우 내관이 이성계를 만날 수 있었으나 만난 것

이외의 특별한 일이 없었다.

이성계의 전갈이 들어온 것은 11월 5일이었다. 이성계는 "지금까지 한 번도 조상의 묘에 참배하지 못했으므로 일단 참배하고 금강산을 여행한 다음 돌아가겠다"는 뜻을 밝혔지만 도무지 믿을 수 없었다. 이미 한겨울이나 다름없는 계절부터가 북방으로 가기에 적합하지 않을 뿐더러, 조상에게 참배하는데 무엇 때문에 별시위가 필요하다는 말인가? 불길함이 더더욱 견고해졌다.

안변부사 조사의 등이 군사를 일으켜 사람을 주군州郡에 보내 군사를 조련했다. 대호군 안우세가 마침 동북면에서 돌아와서 역마를 달려 그 연유를 고했다. 사의는 곧 현비 강씨의 족속인데, 강씨를 위해 원수를 갚고자 한 것이었다. 《태종실록》 2년(1402) 11월 5일

상호군 박순을 동북면에 보냈는데, 저쪽 군중에서 피살되었다. 박순이 함주에 이르러 도순문사 박만과 주군 수령에게 '사의思義를 따르지 말라'고 교유하다가, 마침내 저쪽 군중에 피살되었다. 《태종실록》 2년(1402) 11월 8일

회양부사 김정준에게 말 한 필을 내렸다. 정준이 와서 고하기를 "태상왕의 거가가 철령을 지났습니다"고 했기 때문이었다. 《태종실록》 2년(1402) 11월 8일

그날, 놀랍게도 안변을 다스리는 조사의가 반란을 일으켰다는 급

보가 닿았다. 함흥과 인접한 안변은 동북면의 핵심으로 신의왕후 한 씨의 친정이 있는 지역이기도 하다. 그 안변에서 일어난 반란과 이성계의 행동은 무관할 수 없을 것 같다.

11월 8일에는 거의 동시에 급보가 도착했다. 함흥 인근의 안변부사로 있는 조사의가 불온하게 움직인다는 보고에 의해 파견된 박순이 반란군에게 죽음을 당했다는 것과, 이성계가 철령을 넘어 그쪽으로 향한다는 급보를 받은 이방원의 표정이 이지러졌다. 이방원은 기가 막힌 나머지 웃음까지 나왔다.

조사의가 거병한 명분으로 제출한 "신덕왕후의 원수를 갚겠다!"는 외침도 어이없기는 마찬가지다. 조사의는 강씨와 친족도 아니었고 특별하게 가까운 사이도 아니었다. 결정적으로 안변은 이성계를 위해 갖은 고생을 다하다가 먼저 죽은 한씨의 친정이 있는 지역이다. 그런 안변에서 무엇 때문에 원수 같은 강씨를 위해 목숨까지 걸면서 반란을 일으켰다는 말인가? 도무지 납득할 수 없었지만 분명한 사실은 조사의의 배후에 있는 자가 이성계라는 점이었다. 게다가 조사의가 박순을 죽인 이상 전쟁을 피할 수 없었다.

조영무로 동북면, 강원, 충청, 경상, 전라도 도통사를, 이빈으로 서북면 도절제사를, 이천우로 안주도 도절제사를, 김영렬로 동북면, 강원도 도안무사를, 유양으로 풍해도 도절제사를 삼았다. 《태종실록》 2년(1402) **11월 12일**

조영무를 중심으로 하는 전국적 규모의 진압군을 편성한 이방원이 출전을 명했다. 바야흐로 아들과 아비가 반역을 주고받는 보기 드문 역사가 펼쳐지기 직전이었다. 이방원의 심중은 어떻게 표현하기 어려울 정도로 착잡했겠지만, 어떻게든 이기고 봐야 했다. 패배하는 날에는 이방석의 전철을 밟게 될 뿐더러 앞으로 이룩할 원대한 역사가 싹을 틔우기도 전에 폐기될 판이었다. 한 번도 패배하지 않은 위대한 장군 이성계의 칼과 정도전을 죽이고 천하를 차지한 이방원의 창이 불꽃을 튀기기 시작했다.

그러던 가운데 이천우가 정찰의 목적으로 적지로 파견한 일백의 기마유격대가 섬멸당했다는 급보에 이방원의 안색이 변했다. 당시의 기마유격대는 지금의 전차와 대등한 위력에 번개 같은 속도까지 겸비한 최강의 전력이었다. 정찰과 기습에 특화된 전력을 백 여기나 잃었다는 것은 보통 손실이 아니다. 실제로 기마유격대를 송두리째 상실한 결과는 대참패로 이어졌다.

> 이천우가 조사의의 군사와 더불어 옛 맹주의 애전에서 싸워 패해, 천우가 포위를 당했다. 아들 이밀 등 10여 기와 함께 역전力戰하여 포위를 뚫고 나왔다. 《태종실록》 2년(1402) 11월 20일

이천우는 이성계의 형 이원계의 아들로 어렸을 때부터 전쟁터를 누빈 역전의 장군이다. 이번에도 안주도절제사에 제수될 정도로 용맹과 신임이 높았던 이천우가 참패한 끝에 아들을 비롯해 겨우 10여 기만 이끌고 탈출했다는 급보를 받은 이방원은 다시 경악했다.

이천우를 어린아이 다루듯 할 수 있는 사람은 오직 이성계가 유일

하다. 선봉 이천우에 이어 주력 조영무까지 참패하는 날에는 정부군으로 변신한 이성계의 반란군이 거침없이 개경으로 진격할 터였다. 입장을 바꿔도 항복해도 살려주지 않을 만큼 수창궁을 위시한 모든 곳이 암울하게 가라앉았다.

임금이 경성(개성)을 출발해 금교역金郊驛 북쪽 교외에 머물렀는데 민제, 성석린, 우인렬, 최유경 등에게 명해 경성을 지키도록 했다.《태종실록》 2년(1402) 11월 21일

거가車駕가 원중포元中浦에 머물렀다.《태종실록》 2년(1402) 11월 22일

개경을 출발한 이방원은 21일에 금교 북방에 진출하고 이튿날에는 원중포에 도착해 지휘소를 설치한 것으로 나타난다. 원중포는 황해도 연안에 있는 왕실의 휴양지로서 고려시대부터 왕들이 행차해 사냥도 하고 휴양을 즐기던 곳이다. 금교와 원중포의 거리가 그리 멀지 않아 다음 날 그쪽에 나타나는 것은 충분히 가능하다. 그러나 개경과 직선거리에 있는 금교에서 지휘하는 것이 전략적으로 타당한데다, 여차하면 바로 개경으로 돌아갈 수 있기 때문에 왜 원중포에 지휘소를 설치했는지 언뜻 이해되지 않는다. 그런데 그것과는 비교조차 하기 어려울 정도로 납득하기 어려운 사태가 벌어졌다.

조사의의 군사가 안주에 이르렀는데, 밤에 궤멸되었다. 조사의의 군사가 살수薩水가에 주둔했었는데, 밤에 스스로 궤멸되어 물을 건너다가 얼

음이 꺼져서 죽은 자가 수백여 인이었다. 처음에 김천우란 자가 조사의의 군사에게 잡혔는데 그 군사가 아군의 수를 물으니, 이천우가 말하기를 "조영무는 동북면으로 향했고, 이천우, 이빈, 김영렬, 최운해 등은 맹주에 이르렀고, 또 황주와 봉주 사이로 군사 4만여 명이 나왔는데 여러분들은 어떻게 이를 당하려는가?" 했다.

군사들이 이 말을 듣고 모두 두려워서 얼굴빛이 변했다. 조화趙和가 군중에서 도망하려고 꾀해 밤에 군막에 불을 지르고 크게 소리치니, 군사들이 모두 놀라서 사방으로 흩어졌다. 《태종실록》 2년(1402) 11월 27일

믿기 어렵게도 자신들에게 붙잡힌 포로의 위협에 반란군이 궤멸되었다. 당시 반란군은 두 차례나 승리를 거두어 사기가 하늘을 찌르는 상태인 데다, 이방원이 그 정도 규모를 파견할 것쯤은 충분히 예상했을 터였다. 게다가 이성계를 따르는 여진족들까지 합류할 것으로 알려져 더욱 고무되었을 반란군이 진압군의 규모를 듣고 두려운 나머지 붕괴되었다는 것을 믿으라는 말인가?

처음에는 연승을 거두던 반란군을 붕괴하게 만든 요인을 이성계의 부재로 해석했었다. 반란에 앞장세워진 조사의가 실질적인 지휘권을 장악할 목적에 의해 이성계를 감금하려는 등으로 내분이 발생한 결과가 전면적인 붕괴로 이어졌을 것이라는 짐작은 나름대로 설득력이 없지 않다. 그러나 조사의가 그럴 정도의 인물이 되지 못하거니와, 반란군이 붕괴한 결정적인 원인을 제시하기 어려웠다. 또한 조사의가 한씨의 친정 지역에서 강씨의 복수를 외치며 거병한 것도 납득되지 않기는 마찬가지였다.

2장

⋮

조사의의 난은 없었다

이성계는 왜 실패했는가?

'아비의 난'이 실패한 원인은 지나치게 졸속했던 데 있다. 이성계는 이전에도 반역을 일으킬 기회가 적지 않았다. 당시의 이성계는 비교적 바깥출입이 자유로운 상태였다. 불교에 심취해 인근의 사찰에 다녀오고 휴양을 떠나기도 했으며, 명에서 사신을 보내면 맞이하는 등 공식적인 외출까지 가능한 상태였다.

임금이 태상왕을 소요산에 가서 뵈었다. 임금이 조용히 헌수했다. 태상왕과 임금은 술이 거나하자 시를 읊고 화답했다. 시연하였던 종친과 성석린 등이 태상왕의 환가를 극력 청했다.
또 사뢰기를 "염불하고 불경을 읽음에 어찌 꼭 소요산이라야만 되겠습니까?" 하니, 태상왕이 말하기를 "그대들의 뜻은 내가 이미 알고 있다. 내가 부처를 좋아하는 것은 다른 것이 아니라 다만 두 아들과 한 사람의 사위를 위함이다" 하고, 공중에다 큰 소리로 말하기를 "우리들도 이미 서방정토로 향해 있다"고 했다. 태상왕은 무인년에 병이 든 뒤로부터 마음이 항상 답답해 즐겁지 아니하기 때문에, 유행遊幸이 점점 잦아졌다. 《태종실록》 2년(1402) 1월 28일

당시 이성계는 작년 11월 26일부터 소요산의 사찰에 나가 있는 상태였다. 걱정이 된 이방원이 여러 차례나 종친과 중신을 보내 돌아올 것을 청해도 응하지 않았다. 결국 이방원이 직접 가서 청하기까지 했다. 그러자 이성계는 "내가 나가 있는 것은 이방석과 이방번은 물론, 사위 이제까지 죽인 너와 함께 있고 싶지 않기 때문이다. 나도 머지않아 그들을 따를 것인데 번거롭게 궁궐에 있을 이유가 없지 않느냐?"는 등으로 이방원을 민망하게 만들었다.

그런 약점을 쥐고 있는 만큼 기후가 좋은 시기를 택해 "조상의 묘를 참배하겠다"고 하면 이방원으로서는 반대할 명분이 없게 된다. 그렇게 해서 정식으로 동북면에 들어가면 바로 이성계의 영토가 될 수 있다. 가병이나 다를 것 없는 최강의 함경도 병력에 자신을 동족으로 여기는 여진족까지 합친 다음 믿을 만한 자를 내세워 거병하면 승산이 높은 전쟁을 벌일 수 있다.

그러나 이성계는 마치 "지금부터 반역하겠다!"는 것을 통보하는 것처럼 별시위를 이끌고 동북면으로 들어갔다. 게다가 능력이 시원치 않은 조사의 같은 자를 내세운 데다, 이방원으로 하여금 대비할 시간을 충분히 제공하는 등으로 실패를 자초했다.

또한 호응이 없었다는 것도 주요한 원인이다. 이방원이 진압하기

독수오백년償壽伍百年. 조선왕실의 인장 중 하나로 '오백 년을 누리다'라는 뜻이다.

조선 태조 이성계의 어진. 아들에게 모든 것을 빼앗겼지만, 역설적으로 그 아들에 의해 자신이 건국한 조선은 오백 년이 지속되었다.

위해 개경을 비웠을 때 내부에서 적은 규모라도 호응하는 세력이 나타났다면 치명적이었을 것이다. 또한 진압군의 지휘관 가운데서도 이성계에게 동조하는 자가 있다면 그 역시 이방원에게 극히 좋지 않은 결과를 선사했을 터인데도 그런 움직임이 전혀 나타나지 않았다.

내부에서 호응하기는커녕 전부가 이성계를 따르려 하지 않았다. 오히려 그들은 이성계를 지극히 한심하게 여기고 있었다. 비록 이방원이 반역해 이방석과 이방번을 죽이고 보위에 올랐다지만 원인을 제공한 자는 바로 자신이 아니던가. 그러고도 뻔뻔하게 "내가 부처를 좋아하는 것은 네게 죽음을 당한 두 아들과 한 사람의 사위를 위함이다" 따위로 말하다가 결국 반역까지 일으켰으니 뭐라고 할 말이 없을 지경이다.

게다가 당시 이방원은 나라를 안정적으로 꾸려나가고 있는 데다, 이성계의 바깥출입도 제한하지 않고 소요산으로 직접 찾아오는 등 아들로서 효도를 다하고 있는 상태였다. 조정에서는 이성계에게 들어가는 비용이 과다하고 지나치게 불교를 섬기는 것을 지적하기까지 했다. 그래도 아비를 감싸고 효도를 다하는 아들을 죽이겠다고 칼을 들고 덤볐으니 호응이 발생하기 어렵다.

만일 이성계가 이기는 날에는 자신을 배반하고 반역자인 이방원에게 충성한 모든 자들의 씨를 말릴 것이 분명한 이상 상식적으로 생각해도 호응이 생성될 수 없는 상태였다. 그에 비해 이방원은 모든 것을 객관적으로 판단하고 명분을 가질 수 있게 움직였다. 게다가 이방원은 이성계가 반역을 일으켰음에도 내관과 승려를 파견해 문안하기까지 했다.

이방원은 반란군이 자멸하던 날에도 내관을 보내 문안했다. 이성계는 반역을 노렸던 전쟁에서 패배했을 뿐 아니라 명분을 비롯한 모든 것에서 패배하고 말았다. 생애 마지막 전쟁에서 최초의 패배를 당한 이성계에게 남은 것은 태상왕이라는 허울밖에 없는 바, 문제는 전면적으로 붕괴했던 1402년 11월 27일 이전부터 심상치 않은 조짐이 나타났다는 점이다.

지은주사知殷州事 송전이 도망왔다. 송전이 아뢰었다. "이천우가 싸움에 패해 신은 저쪽 군사에게 잡혔는데, 그 도진무都鎭撫 임순례가 신을 시켜 군량을 나눠주게 하며 말하기를 '군사의 수가 6,000에서 7,000명이 되는데, 올량합兀良哈(여진족의 일파)이 오면 족히 만 명은 될 것이다' 했습니다. 신이 몰래 도망해 오다가 길에서 보니, 그 군사가 혹은 40명, 혹은 30명, 혹은 20명씩 떼를 지어 도망하는 자가 많았습니다."《태종실록》2년(1402) 11월 25일

이미 탈주병이 꼬리를 물었거니와, 조사의에게 붙잡혔던 포로들이 계속 도주하는 등의 조짐이 잇달아 발생한 상태였다. 앞서 말했듯이 먼저 두 차례나 이겨 사기가 하늘을 찔러야 할 반란군들이 오히려 도망병이 속출했다는 것은 언뜻 믿기 어렵다. 그러나 본진마저 어이없게 붕괴하는 것을 보면 반란군의 내부에 심각한 문제가 있었던 것이 분명하다.

조선의 미래에 도움이 된 반란

　문제의 본질은 이번에도 이성계였다. '아비의 난'을 일으켰을 당시 이성계는 정상적인 상태가 아니었다. 별시위들 앞에서 눈물을 흘린 것부터가 정상적으로 여겨지지 않거니와, 반역을 일으킨 자체가 지극히 비정상적이다. 게다가 거병한 다음 이방원이 보낸 사람들을 만나거나, 목숨이 걸린 전쟁을 제대로 지휘하지 못하는 모습 등을 종합하면 아무래도 정신에 심각한 증상이 발생한 것 같다.

　정확히 말해서 이성계는 반역을 당한 직후부터 제정신이 아니었다. 하나부터 열까지 모든 것을 알아서 척척 추진하고 밝은 미래를 기대하게 했던 정도전은 물론, 세자 이방석을 비롯한 사랑하는 이들이 처참한 죽임을 당했을 때 받은 충격은 필설로 형용하기 어려웠을 터였다. 그것만 해도 견디기 어렵거늘, 모든 것을 잃고 무력하게 전락한 다음부터 차곡차곡 누적된 충격은 그의 내면을 빠르게 부식시켰을 것이다.

이성계가 반역을 일으키기 한참 이전부터 정상적인 상태가 아니었겠지만 천하무적의 위명은 아직도 쟁쟁했다. 특히 이성계의 본거지였던 지역에서는 거의 신앙으로 추앙했던 바, 이성계가 돌아와 복수를 천명하자 화산이 폭발하는 것처럼 끓어올랐다. 앞장세워졌던 안변부사 조사의부터 말단병사들까지 이성계가 이번에도 승리할 것을 믿어 의심치 않았다. 조사의가 박순을 죽인 것은 승리를 간구하는 제물을 바친 것과 같았다.

게다가 연속된 두 차례의 승리는 그들을 더더욱 끓어오르게 했지만, 얼음물에 빠진 것처럼 차갑게 식어버리기에는 긴 시간이 필요하지 않았다. 믿기 어렵게도 이성계는 싸울 의사가 없었다. 두 차례나 연승을 거둬 사기가 하늘을 찌르는 상태에서 기세를 몰아 진격하는 것은 너무나 타당했다. 앞으로 한두 차례 더 승리를 거둔다면 바로 개경을 노릴 수 있음에도 이성계는 움직일 줄 몰랐다. 그뿐 아니라 이방원이 보낸 자들을 만나는 등 도무지 납득되지 않는 이성계의 행태는 급격한 균열을 일으켰다.

태상왕의 거가가 평양부에 머물렀다. 태상왕이 말하기를 "내가 동북면에 있을 때에 국왕이 사람을 보내지 않았고, 맹주에 있을 때도 역시 사람을 보내지 않았으니, 감정이 없지 않은 것이다" 했다.

시자侍者가 말하기를 "주상께서 전 정승 이서와 대선사 익륜, 설오를 시켜 문안하게 하였사온데, 길이 막혀서 도달하지 못하고 돌아갔습니다" 했다.

이에 태상왕이 이렇게 말했다. "모두 내가 믿고 중하게 여기는 사람이기 때문에 보낸 것이다."《태종실록》2년(1402) 12월 2일

잘나가던 반역을 와르르 붕괴시키고 애꿎은 부하들을 떼죽음으로 인도한 이성계는 혹한이 점령한 평양에 웅크리고 있었다. 이번의 대화도 정상적이지 않았지만, 분명한 것은 더 이상 기회가 주어지지 않을 것이라는 점이었다.

평양에 머무르던 이성계가 금교에 당도하자 이방원이 직접 나가 맞이한 다음 개경으로 돌아오는 것으로 '아비의 난'이 종료되었다. 이후 12월 18일, 아들과 함께 체포된 조사의는 물론 일당으로 지목된 자들이 처형되었다. 반란을 모의한 혐의만 있어도 참혹한 고문을 가해 내막을 알아내고 관련자를 색출하는 등 한바탕 난리가 벌어지는 것을 감안하면 처리가 지나칠 정도로 신속하고 간략한 데다, 규모 역시 단출하기 짝이 없다. 제대로 조사하면 이성계가 나올 수밖에 없는 이상 하수인에 지나지 않는 조사의에게 모든 것을 뒤집어씌운 다음 입을 막아버렸을 터였다.

조사 기간과 후폭풍을 최대한 줄인 이방원은 영락제에 의해 정식으로 승인을 받거니와, '아비의 난'은 오히려 아들에게 큰 이득을 줬다. 전국적인 동원을 통해 중앙군이 정착된 데다, 전국의 모든 지역을 확고하게 지배할 수 있게 되었다. 특히 가장 껄끄러웠던 동북면까지 직접 굴복시켜 다스릴 수 있게 되었으니, 장차 세종이 북방으로 진격해 오늘날의 국경선을 확정짓는 쾌거의 기초가 그때 마련되었던 것이다.

조사의는 왜 강씨의 복수를 명분으로 내세웠는가?

　조사의가 강씨의 복수를 외치며 거병했던 미스터리를 해체하도록 하자. 처음에는 그 부분이 상당히 미심쩍었지만 《태종실록》의 기록이라는 것에 대입하면 쉽게 약분된다. 이성계의 하수인에 지나지 않는 조사의가 그렇게 외쳤을리 만무하겠지만, 뭔가 명분으로 삼았을 것으로 기록에 남겨야 할 것이다.

　어차피 이성계를 주범으로 특정할 수 없는 상황에서 신덕왕후 강씨가 만만할 수 있다. 강씨의 복수를 한다는 것은 이방석의 복수를 하겠다는 것과 다르지 않거니와, 이미 죽은 강씨가 반박할 리 만무하다. 사건의 본질을 흐리고 강씨와 이방석을 한꺼번에 폄훼할 용도로 무리하게 끼워 맞춘 것인 바, 후세에서 납득이 가지 않을 수밖에 없다. 정몽주 암살사건과 조영무의 난과는 미스터리의 규모와 용도가 비교할 수 없이 미세하지만, 차제에 밝히는 것도 의미가 없지 않을 것이다.

3장

⋮

그들은 떠나고
조선만이 남았다

뿌리 깊은 나무, 조선

임금이 덕수궁으로 나아가 기거했다. 처음에 길창군 권근, 옥천군 유창이 덕수궁에 나아가서 전위가 불가하다는 뜻을 아뢰니, 태상왕이 말하기를 "이것은 하늘이 그렇게 시키는 것이라, 내 또한 어찌 제지할 수 있겠는가? 나라에 대신이 있으니 더욱 힘쓰라" 했다.

이날 태상왕이 조용히 주상에게 말하기를 "근일의 일을 문무대신으로 나에게 고해 주는 사람이 없었는데, 오직 길창군과 옥천군만이 달려와 울면서 고해 주었다. 나는 왕의 충신은 오직 이들 두 재신(권근과 유창)뿐이라 여긴다. 또 나라를 전하는 것은 국가의 대사인데, 왕이 나에게 고하지 아니함이 옳겠는가? 더구나 왕은 수염과 머리카락이 벌써 희어졌나? 학문이 아직 통하지 못했나? 사리를 알지 못하는가? 갑자기 물러나 편안히 쉬려 하는 것은 또한 무슨 뜻인가? 내가 백 세를 맞은 뒤에는 자의대로 행하게 두겠지만, 아직 죽기 전에는 다시는 이 말을 듣고 싶지 않다" 하고, 마침내 큰 잔에 술을 부어 왕에게 벌을 주려 했다.

임금이 아뢰기를 "신이 혼자 들어와 곁에 모시고 있으니, 부왕의 말씀을 누가 알 수 있겠습니까?" 하니, 태상왕이 "옳도다" 하고 즉시 지신사 황희黃喜를 불러들여 앞서의 말을 전부 했다.

황희가 말하기를 "여러 재상들은 상감을 두려워해 감히 모두 나오지 못하고, 권근과 유창을 시켜 온 나라 사람의 뜻으로 아뢰게 한 것뿐입니다" 하니, 태상왕이 말하기를 "옳도다. 내가 전일에 일찍이 대신들을 접견하지 아니한 까닭이다" 하고, 인하여 황희에게 말하기를 "그대는 큰 잔으로 그대의 주상에게 술을 부어 권하라" 했다.

임금이 자리를 피해 부복하고 황희로 하여금 먼저 태상왕에게 드리게 하니, 태상왕이 말하기를 "비록 너의 벌주잔이나, 내 또한 먼저 마실 것이다" 했다. 이날 임금이 몹시 취해 환궁했다. 《태종실록》 6년(1406) 8월 30일

이날 이방원이 세자 양녕대군에게 전위할 뜻을 비쳤다. 나중에 양녕대군을 폐하고 세자로 책봉한 충녕대군에게 전위하기는 하지만, 당시 이방원은 보위를 넘겨줄 의사가 전혀 없었다. 그럼에도 전위를 입에 담은 것은 작년에 다시 한성으로 환도한 이후 명과의 관계가 거북하게 마찰하거니와, 신하들까지 고분고분하지 않는 등으로 인해 경직된 분위기를 전환할 용도였다.

태종이 누구도 예상하지 못한 초강수의 카드를 꺼내들자 뜨끔했던 신료들은 양녕대군과 함께 "제발 전위를 거두시라!"며 읍소할 수밖에 없었다. 이방원이 분위기를 자신의 방향으로 이끄는 과정에서

이성계가 덕수궁을 방문했다. 이성계의 방문은 신하들을 대신해서 전위를 취소하려는 명분을 제공하려는 목적일 수 있겠지만, 반역을 주고받으면서 피를 뿜기까지 했던 두 사람의 왕은 서로에게 맺힌 것이 적지 않았다. 특히 이방원에 대한 이성계의 원한은 쉽게 풀릴 수 있는 성질의 것이 아니었다.

그때 덕수궁을 방문한 이성계가 아비와 선배로서의 입장에서 타이르고 이방원이 수용하는 태도를 보였다. 당시 이성계의 발언은 원론에도 미치지 못하는 하소연과 신세한탄에 가깝지만, 이방원이 무리 없는 태도로 받아들였다. 이성계가 내리는 술을 마시고 크게 취한 이방원이 경복궁으로 환궁하는 것으로 전위가 거두어지는 바, 아비에게 반역하고 정도전과 이방석을 죽이면서까지 빼앗은 보위의 가치가 새삼스럽다.

> 태상왕이 별전에서 승하했다. 임금이 항상 광연루 아래에서 자면서 친히 진선進膳(식사)의 다소와 복약에 있어서 선후의 마땅함을 보살폈는데, 이날 새벽에 이르러 파루罷漏(새벽 3시에서 5시 사이)가 되자 태상왕께서 담痰이 성해 부축해 일어나 앉아서 소합향원을 자시었다. 병이 급하매 임금이 도보로 빨리 달려와 청심원을 드렸으나, 태상이 삼키지 못하고 눈을 들어 두 번 쳐다보고 승하했다. 상왕이 단기單騎로 빨리 달려오니, 임금이 가슴을 두드리고 몸부림을 치며 울부짖는 소리가 밖에까지 들리었다. 《태종실록》 8년(1408) 5월 24일

이날 이성계가 유통을 다했다. 향년 74세, 형용하기 어려울 정도로

어지러운 세상에 등장해 무수한 전쟁에서 끝까지 살아남고 왕으로서의 영광까지 누렸던 이성계의 말년은 필부보다 못했다. 이럴 줄 알았으면 이방우나 이방과에게 보위를 전해야 했다고 몇 번이나 후회했지만, 후회는 때를 놓친 다음 방문하는 손님에 지나지 않았다. 세상에서의 유통이 끝난 이성계가 얻을 수 있는 것은 태조의 칭호와 건원建元으로 불리는 능밖에 없었다.

> 큰비가 내려 물이 넘쳐서, 백성 가운데 빠져 죽은 자가 있었다. 의정부에서 아뢰기를 "광통교의 흙다리[토교土橋]가 비만 오면 곧 무너지니, 청컨대 정릉貞陵 구기舊基의 돌로 돌다리를 만드소서" 하니, 그대로 따랐다.
>
> 《태종실록》 10년(1410) 8월 8일

이성계가 사망하고 2년이 약간 더 지난 다음 무덤에서 벌떡 일어날 일이 발생했다. 당시 도성을 가로지르는 청계천에는 변변한 다리가 없었다. 큰 비가 내리면 하천이 넘치는 바람에 백성들이 빠져 죽기까지 하자 의정부에서 튼튼한 돌다리를 신축할 것을 건의했다. 매우 타당한 건의라 할 것인데, 기가 막히게도 강씨의 능에 사용했던 석재를 사용하자는 것이 아닌가? 게다가 의정부의 건의는 바로 수용되었다.

> 정릉의 영역을 정했다. 의정부에서 아뢰기를 "정릉이 경중京中에 있는데도 조역이 너무 넓으니, 청하건대 능에서 백 보 밖에는 사람들에게 집을 짓도록 허락하소서" 하니 이를 허락했다. 이에 세력 있는 집에서 분

연하게 다투어 좋은 땅을 점령했는데, 좌정승 하륜이 여러 사위를 거느리고 이를 선점했다. 《태종실록》6년(1406) 4월 7일

신덕왕후 강씨를 사을한沙乙閑의 산기슭으로 천장했다. 처음에 의정부에 명해 정릉을 도성 밖으로 옮기는 가부를 의논하게 하니, 의정부에서 상언하기를 "옛 제왕의 능묘가 모두 도성 밖에 있는데, 지금 정릉이 성 안에 있는 것은 적당하지 못하고, 또 사신이 묵는 관사에 가까우니, 밖으로 옮기도록 하소서" 했으므로, 그대로 따랐다. 《태종실록》9년(1409) 2월 23일

이미 이성계 생전에 정릉에 바짝 근접해 주택을 건축하는 것을 허락했던 이방원이 이성계가 죽은 다음 정릉을 도성 밖의 골짜기로 옮겨버렸다. 당시 양주의 관할이었던 사을한은 울창한 수림으로 인해 접근하는 것이 곤란할 지경으로 오지였다. 어릴 때 정릉동에 거주하면서 이따금씩 정릉을 가보았는데, 1970년대에도 음산할 정도로 호젓했었다. 호랑이를 비롯한 맹수들이 예사로 출몰해 사람을 해치던 당시에 정릉을 사을한으로 이전한 것은 푸대접 이상의 의미가 있다.

물론 빌미를 제공한 사람은 이성계다. 상당한 토지를 점유하는 능을 도성 내부에 조성하면 가치가 높은 지역의 토지 이용률이 저하되거니와, 모든 면에서 경제적이지 못할 것은 상식적이다. 게다가 광화문에서 얼마 떨어지지 않은 지역이라면 더더욱 곤란할 텐데도 군이 그렇게 한 것은 정치적 의도가 개입된 탓이다.

이방석이 세자로 책봉된 다음 사망한 강씨의 능을 광화문에 근접

한 지역에 조성한 이유는 이방원을 비롯한 신의왕후 한씨 소생의 왕
자들과 차별하기 위한 용도도 포함된다. 이성계가 보위에 오르기 이
전에 사망해 개성에 묻힌 다음에야 왕비로 추존된 한씨에 비해, 생존
한 상태에서 왕비에 책봉된 강씨는 자연스레 차별되었다. 이성계의
사랑을 듬뿍 받았던 강씨가 유일한 정식 왕비인 이상, 그렇지 못한
상태로 사망한 신의왕후 소생의 왕자들이 오히려 떨거지 비슷한 대
우를 감내하라는 의도가 어렵지 않게 읽힌다.

특히 이방원 같은 왕자들의 입장에서 정릉을 볼 때마다 그런 생각
이 들지 않을 수 없겠거니와, 이성계가 툭하면 찾아가 눈물을 흘리며
강씨를 그릴 때마다 증오가 숙성되었을 것은 길게 말할 필요가 없을
줄 안다. 게다가 이성계가 죽은 다음 아무래도 강씨 옆에 묻힐 개연
성이 농후하기 때문에 보위에 오른 이방원이 특단의 조치를 내릴 것
역시 충분히 예견되었다.

이방원이 정릉 주변에 주택을 건설할 것을 명한 조치는 이성계를
제외한 모든 자들의 열화와 같은 환영을 받았을 것이다. 이후 사을한
으로 이전한 다음 발생한 토지를 서로 차지하기 위해 치열한 접전이
벌어졌을 것 역시 상식에 해당한다 하겠다.

그러다 광통교를 신축할 필요가 생겼을 때 "정릉에 남아 있는 석물
들을 이용하면 어떻겠느냐"는 주청이 들어오자 이방원이 깊이 생각
할 것도 없이 허락했다. 강씨는 물론 이방석의 정체성까지 말살할 의
도였을 것은 두말할 필요도 없다. 방금 말했다시피 이방석은 생존한
정식 왕비의 소생으로 세자가 되었기 때문에 오히려 정통성이 우월
할 수도 있다. 이방원은 이방석을 꾸준히 서자라고 폄훼했지만, 정릉

이 그 자리에 존재하는 한 이방석의 정통성이 훼손되기 어렵다.

정릉을 사을한으로 이전한 다음에도 여전히 흔적이 남았다. 광통교를 신축할 때 정릉을 이전하면서 남은 석물들을 사용하면 비용과 노력이 크게 절감되는 직접적 효과와 함께, 이방석의 흔적이 완전히 제거될 수 있으니 그게 바로 일석이조다. 게다가 백성들이 정릉의 석물이 포함된 광통교를 밟고 지나가면 강씨를 모욕하는 효과까지 추가될 수 있는 만큼 의정부의 건의는 흔쾌하고 신속하게 승낙되었다.

노상왕께서 인덕궁仁德宮의 정침正寢에서 훙薨했다. 향년 63세, 재위 3년, 거한居閑(왕위를 내놓고 물러난 상황) 20년이다. 《세종실록》 1년(1419) 9월 26일

이날 이방과도 천수를 다했다. 나이를 비롯한 사항들은 실록에 간단히 소개되어 있거니와, '노상왕老上王'이라는 칭호는 세종에게 보위를 전위하고 상왕으로 물러난 이방원과 구별하기 위함이다. 비록 원치 않는 자리에 올랐어도 이방과는 나름대로 행복한 삶을 영위할 수 있었다. 왕까지 역임하고 물려준 다음 취미생활도 즐기면서 천수를 누린 데다, 왕비를 제외하고 7명의 후궁에게 15명의 아들과 8명의 딸을 둬 자식복도 남부럽지 않았다. 이성계와 이방원을 연결하는 징검다리로 기능했던 이방과도 빠르게 사라져버렸다.

위대한 오백 년의 설계자, 태종

이방원도 전임자들을 따라가야 했지만 그가 남긴 족적들은 어떤 제왕과도 비교하기 어렵다. 반역을 통해 보위에 오른 자들은 공신들에게 휘둘리다가 천수를 다하게 마련이고 보위를 물려받은 아들까지 기를 펴지 못하기 십상이다. 그러나 이방원은 끝까지 칼자루를 잡았거니와, 제왕의 그릇이 되지 못하는 후계자 양녕대군을 폐하고 위대하다는 표현이 한참이나 모자랄 성군의 시대를 열게 했다.

또한 세종에게 일찍 양위해 제왕의 기틀을 잡을 수 있도록 후견한 이방원은 사병을 완전히 혁파하고 부강한 국가를 물려줘 세종으로 하여금 오늘날의 국경을 확정할 수 있도록 했다. 그뿐 아니라 대마도를 정벌해 왜구를 근절하고 명에 대해서도 저자세로 일관하지 않았던 이방원은 국제적으로도 불세출의 제왕이었다.

태종 이방원이 세종에게 보위를 물려준 다음에도 병권을 장악한 다음 대마도를 정벌한 사실은 널리 잘 알려져 있다. 그에 비해 명과 대립각을 세운 사건은 그렇지 않다. 태종의 말년에 가까운 재위 17년에 영락제가 내관 장신에게 1만에 달하는 병력을 주어 만주 지역으로 진입하게 하는 사건이 있었다. 영락제가 여진족을 제어할 목적에 의해 만리장성을 나와 깊숙이 전진해 기지를 구축하려는 의도는 좋았지만, 그로 인해 적지 않은 문제가 야기될 수 있었다.

경원부를 경성으로 옮기라고 명했다. 연사종이 상서하기를 "이달 24일에 경원천호慶源千戶 안을귀가 첩정해 말하기를 '통사 최용수를 보내 적賊(여진)의 형세를 엿보니, 오도리가 군사를 거느리고 구로가仇老家 근지에 주둔해 방패를 만들고 또 은밀히 군마들을 깊은 곳에 모이게 했는데, 혹은 백여 인 혹은 50여 인이었습니다. 보야甫也의 아들 토온土穩은 50여 인을 거느리고 옹구참雍丘站의 요로인 회현檜峴 등처에 횡행해 초마哨馬와 연기가 서로 바라보이니, 경원이 사면으로 적에게 포위되었고 성 안에는 저축한 양식이 모두 허갈되어 군민이 먹을 것이 떨어졌으며 초목樵牧을 못해 우마가 몹시 주립니다' 했으니, 원컨대 경성으로 이배하여 인명을 살리소서" 했다.

임금이 보고 지신사 안등, 좌대언 김여지에게 이르기를 "경원을 이치移置(후퇴)하는 것은 내 계책이 이미 정해졌는데, 어째서 여러 말을 하며 지금까지 미루는가? 급히 명하여 옮기라" 했다. 《태종실록》 10년(1410) 4월 28일

두만강 하류에 바짝 붙은 경원은 여진족의 침략이 극심했던 나머

지 후방인 경성으로 이동하게 했다. 이후 영락제가 여진족들을 제어할 목적으로 내관 장신과 적지 않은 규모의 부대까지 파견하기에 이르렀다. 태종이 경원을 후방으로 이동하라고 명령한 것은 사실이지만 완전히 포기한 것은 아니었다. 그런데도 영락제가 경원이 빤하게 보이는 두만강 너머에 부대를 파견하고 기지를 건설할 움직임까지 보이는 것은 그냥 넘어갈 것이 아니었다.

게다가 명은 피차 국경을 나서 작전하는 등의 경우에는 사전에 통보한다는 외교적 원칙도 준수하지 않은 상태였다. 조선의 입장에서 영락제의 의도가 심각한 분쟁으로 비화할 우려가 높았다. 철령을 내놓으라는 주원장의 행패로 인해 위화도 회군까지 벌어졌거니와, 임팔라실리가 망명한 사건 등이 생생한 조선으로서는 극도로 긴장하지 않을 수 없었다.

대호군 지함을 함길도에 보내어 함길도도안무사 이지실에게 전지하기를 "용성龍城의 성자城子를 쌓는 것을 이미 역사를 시작했거든 이번 가을에 다 쌓고, 만일 역사를 시작하지 않았거든 도안무사가 경성절제사 황상과 더불어 전에 간 지리地理하는 사람 이양일을 데리고 부가적富家狄, 시원時原 사이에 성을 쌓을 만한 곳을 택해 용성의 성을 쌓는 군사에다가 적당하게 수를 더해 뽑아 목책성을 설치하고 경원부를 두라" 했다. 대개 내관內官(명의 내관) 장신張信이 고경원古慶源(경원의 옛땅)에 위衛(명의 군사지역)를 설치하고자 하므로, 먼저 목책을 만들고 부府를 둬 장신으로 하여금 소문을 듣도록 한 것이다. 《태종실록》 17년(1417) 8월 22일

이때 태종 이방원은 단호하게 경원을 부활할 것을 명령했다. 태종의 명령에 의해 조선군이 성을 쌓고 방어력을 강화하는 것을 유심히 관찰하던 장신이 부대를 이끌고 철수했지만, 만일 그때 단호하게 대처하지 않았다면 상황이 어떻게 발전했을지 모를 일이다. 두만강에 바짝 근접한 명의 새로운 위가 텅 빈 경원을 영향권에 두고 여진족과 교전하게 되면 더 이상 조선의 영토일 수 없게 된다. 이후 경원을 손에 넣은 명이 주변을 잠식하게 되면 새로운 쌍성총관부가 등장하는 것은 시간이 문제일 따름이다.

당시 태종의 대처는 지극히 현명하고 효과적이었다. 그때의 대처가 나중에 북방육진을 개척할 수 있는 기초가 되었던 데다, 태종 자신이 서북사군의 개척에 나섰으니 오늘의 국경선을 확정지을 수 있게 해준 은혜에 감사하지 않을 수 없다. 게다가 조선을 통틀어 부모 이상으로 섬기던 종주국 명에게 그런 방식으로 대처한 왕은 오직 이방원이 유일한 만큼 자주적인 측면에서도 칭송하지 않을 수 없다.

태상왕이 연화방蓮花坊 신궁新宮에서 훙하니, 춘추 56세였다. 태상왕은 총명하고 영특하며, 강직하고 너그러우며, 경전과 《사기》를 박람해 고금의 일을 밝게 알고, 어려운 일을 많이 겪어 사물의 진위를 밝게 알며, 한 가지 재주와 한 가지 선행이 있는 자도 등용하지 아니한 일이 없고, 선대의 제사에는 반드시 친히 참사하고, 중국과의 교제에는 반드시 정성을 다하고, 재상에게 국사를 위임하고 환관을 억제하며, 상 줄 데 상 주고 벌 줄 데 벌 주되 친소親疎로 차등을 두지 아니하고, 관직을 임명하되 연조로 계급을 올려 주지 아니하고, 문교文教를 숭상하고 무비武備를 닦으며, 검박한 덕을 행하고 사치와 화려한 것을 없애 20년 동안에 백성이 편하고 산물이 풍부해 창고가 가득 차 있고, 해적들이 와서 굴복하고, 예의가 바르고 음악이 고르며, 모든 법의 강령이 서고 조목이 제정되었다. 《세종실록》 4년(1422) 5월 10일

길었다고 하기 어려운 재위 기간에 일일이 거론하기조차 어려운 업적을 세운 이방원을 누구와 비교하는 자체가 가능하지 않겠지만, 업적의 대부분이 정도전의 정책을 이용한 결과에 지나지 않는다는 비판도 없지 않다. 그러나 아무리 훌륭한 정책이라도 능력이 안 되고 품성이 되지 않는 자에게 들어가면 국가와 백성을 해치는 도구로 차용될 따름이다.

능력만큼이나 대단한 리더십을 발휘해 신생 조선을 안정시키고 롱런의 기틀을 다진 이방원은 태종이라는 묘호가 조금도 어색하지 않다. 어떤 제국의 태종에게도 뒤지지 않을 이방원이 정몽주를 죽였다고 해도 믿음이 가거니와, 이성계의 심복 가운데서도 심복들을 자신의 사람으로 만들었다고 해도 이순신이 명량에서 연출한 기적처럼 당연한 모습으로 다가온다. 독사의 두뇌와 호랑이의 심장을 가진 불꽃같았던 사내 이방원에 대한 이야기를 이번으로 그칠 생각은 없다.

나가는 글

이전부터 나는 역사를 집필함에 있어 '새로운 것을 발굴하거나 기존에 유통된 사실을 반박하거나, 최소한 기성품을 보강할 수 있어야 하는 것'을 철칙으로 여겼다. 그것에 대입하면 이번 작업은 완전히 새로운 형태의 화석을 발굴한 것만큼이나 만족스럽다. 게다가 남들이 무수하게 파헤쳤던 지층에 웅크렸던 진실을 적출한 기쁨은 무엇으로도 표현하기 어렵다.

이번의 출발도 의심이었다. 승자를 지나치게 상세하게 조명하고 화려하게 수식하는 것을 의심했던 바, 대부분 사실과 다르거나 사기에 가까운 부검 결과가 추출되었다. 옳지 못한 수단으로 이긴 자들이 자신들의 입맛대로 기록한 것들에는 지문 감식까지도 필요없을 정도의 증거가 도배되어 있기 십상이니까. 철저하게 왜곡되고 날조된 역사가 오히려 합리적 의심을 유발해 부검의를 부르게 되는 것에 다시 쓴웃음이 배어난다.

이번 작업을 통해 다시 한 번 절감하는 것은 합리적 의심이 외면당한다는 점이다. 이방원이 정몽주를 격살하도록 명했다는 것과, 주도적으로 반역을 이끌어 이성계를 보위에서 끌어내렸다는 내용이 실록에 기재된 것은 사실이다. 그러나 실록에 나타났다고 해서 사실일 수 없거니와, 진실일 리는 더더욱 만무하다. 그럼에도 합리적 의심이 외면당하는 것은 돈이 되지 않기 때문이다.

소설과 영화처럼 돈과 직접적으로 결부되는 바닥에서 그런 기록들을 기반으로 하는 것은 맹수들이 먹잇감을 찾아 나서는 것만큼이나 당연하다. 거짓의 역사가 그들에 의해 다시 가공된 다음 대중에게 전달되는 과정에서 움직일 수 없는 진실로 응고되는 것은 대단히 흔쾌하지 못하지만, 이쪽에서도 지속적인 관심을 가져야 할 것이다.

정몽주를 죽인 범인이 이방원일 수 없다는 것처럼 새롭게 밝혀진 진실에 의한 역사를 내놓으면 자연히 손님들이 찾을 테니까. 그것이 역사를 다루는 자들의 의무이거니와, 승리한 자들에 의해 날조된 역사의 토양은 충분히 비옥하다.

이번에 세상에 내보낸 부검 결과가 새로운 역사가 파종될 수 있는 자양분으로 기능하기를 바라며, 오직 몸으로 모든 것을 완성해야 했던 시대의 분들께 존경을 바친다. 또한《조선왕조실록》을 국역하고 무료로 공개한 분들과 힘들게 노력해 끌어낸 결과를 흔쾌히 공개한 모든 분들께 감사드린다.

생활을 비롯한 모든 것이 어렵고 작가로서의 미래마저 불투명했던 시절에 귀중한 자료를 구입해주고 용기를 잃지 않게 도와준 박정도 독자께 다시 한 번 감사의 말씀 전한다. 형제보다 굳게 뭉쳐 서로를 밀어주고 끌어준 정명섭 작가와, 지식과 지성을 한몸에 갖추고 날카로운 질책을 아끼지 않은 김유영 교수께도 감사드린다.

고교 이래 친구인 진용규 유원종합건설 대표이사께 특히 감사드린다. 나의 책이 나올 때마다 주변에 알린 것만 해도 감사할 일이거늘, 사업에 바쁜 와중에도 물심양면으로 후원했던 친구에게 감사를 전하는 것이 너무 늦었음에 미안할 따름이다. 또한 동문회를 맡아 오랫동안 노고했던 이성덕 동문회장께도 감사의 말씀을 전한다.

한국일보에 취업할 수 있도록 해주신 오춘길 부장님은 진실로 아버지 같은 분이다. 결혼을 할 수 있고 가족을 건사할 수 있는 데다, 작가가 될 수 있었던 모든 것이 한국일보에 의해 가능할 수 있었으니 감사드리지 않을 수 없다. 아울러 한국일보 이래의 동료이자 최근까지도 생계를 배려해준 김동원 부장께도 감사의 말씀 전한다.

고교 선배인 문웅 교수께도 감사드린다. 선후배를 떠나 같은 문학인으로 교분했던 문웅 교수의 문운이 대성할 것과, 원하는 것을 얻게 되기를 간절히 기원한다.

마지막으로 고교 선배이자 용인대학교 영문학교수로 정년퇴임하신 이명룡 선배님께 존경의 말씀을 드린다. 오래 전부터 시인으로 왕성하게 활동했던 이명룡 선배님은 여럿이나 되는 어린이들을 자식처럼 양육해 대학교육은 물론, 사회의 간성이 될 수 있도록 자신을 희생하신 분이다. 지금도 지역사회를 위해 일하는 선배님의 사업이 크게 번창할 것을 간절히 바란다. 무엇보다, 이 책을 끝까지 읽어주신 독자님들께 감사를 전한다.

설계자 이방원의 냉혹하고 외로운 선택

조선 건국 잔혹사

1판 1쇄 인쇄 2018년 7월 21일
1판 1쇄 발행 2018년 7월 31일

지은이 배상열
펴낸이 고병욱

기획편집실장 김성수 **책임편집** 허태영 **기획편집** 김경수
마케팅 이일권 송만석 현나래 김재욱 김은지 **디자인** 공희 진미나 백은주
제작 김기창 **관리** 주동은 조재언 신현민 **총무** 문준기 노재경 송민진

펴낸곳 청림출판(주)
등록 제1989-000026호

본사 06048 서울시 강남구 도산대로 38길 11 청림출판(주)
제2사옥 10881 경기도 파주시 회동길 173 청림아트스페이스
전화 02-546-4341 **팩스** 02-546-8053

홈페이지 www.chungrim.com
이메일 cr2@chungrim.com
페이스북 https://www.facebook.com/chusubat

ⓒ 배상열

ISBN 979-11-5540-131-6 03910